満洲国における宣撫活動のメディア史

——満鉄・関東軍による農村部多民族支配のための文化的工作

王楽
Wang Le

公益財団法人 新聞通信調査会

まえがき

現代中国を理解するには「宣伝」という概念が必要不可欠である。権威主義体制にある中国では、「宣伝」は、ネガティブなイメージを含むプロパガンダというより、むしろ長い歴史をもつ中国共産党の一つの伝統として、前向きで明るい中国の未来像と結びつく。党はもちろん、人民解放軍、警察、中央と各級の地方政府といったすべての公的機関の組織のなかに、宣伝関係の部署が存在する。宣伝関係の部署は、自らの組織の構成員や外部の一般民衆に向けて宣伝キャンペーンを行っている。とりわけ外部向けの場合、党と組織の意志と新しい政策などを伝達するために、メディア機関と連携し、一般民衆にとってわかりやすい宣伝キャンペーンを企画する役割を果たしている。

中国は、広大な国土と56の民族を有する。その現代中国の社会体制において、宣伝活動のあり方は、民族、職業、地域ごとに異なっている。文化、宗教、言語が多種多様な中国では、いかに宣伝を通して統治を行い、共同体意識を創出するかが、現在でも差し迫った課題だとみなされている。この難題に直面したのは、中国共産党だけではない。中国東北地方にかつて存在した満洲国における帝国日本の支配層も同様である。

現代中国の宣伝体制には二つの源流があるといわれる。一つは旧ソ連の影響であり、もう一つは1950年代に東北地方や華北地方などで整備された「宣伝網」体制である。しかし、実際にはそれ以前に満洲国という傀儡《かいらい》国家で、宣撫《せんぶ》宣伝活動と呼ばれる体系的な宣伝活動が存在した。「五族協和」を掲げる満洲国においては、民族をこえた共通言語がなく、識字率も3割程度であった。そのため、日本人支配層は、軍事占領前後に民心把握と社会再建のために、満洲国農村部において、複数のメディアと活動を併用する宣伝活動を実施していた。このような満洲国の宣撫宣伝活動の重要性は、これまでの先行研究では見逃されている。満洲国の宣伝活動を研究することは、現代中国における「宣伝」を理解する前提となるといえよう。

かつて宣撫宣伝活動が行われた満洲国農村部は、「匪賊《ひぞく》」と呼ばれた共産党系および国民党系の反日武装勢力が潜伏していた地域である。非識字者が多く、また多様な民族からなる農村部においては、宣伝合戦において種々のイデオロギーの対立が先鋭化した。[1] そして、そこでの宣撫宣伝活動では、複数のメディアと活動の相互連関が見られた。これは、一見して現代日本の「メディアミックス」という広告戦略と類似しているが、実態としては現代の「メディアミックス」とは異質な、植民地支配を目的とした宣伝の手法であった。

満洲国の宣撫宣伝活動では、口頭宣伝、ポスター、紙芝居、映画といった複数のメディアや、施療施物などの活動を通して娯楽慰安が提供された。各種のメディアの製作や利用、さらには施療施物などの活動にあたっては、そこに娯楽性と宣伝性の両方を持たせた。それによるそれぞれの補完効果が期待されており、これが満洲国のメディア文化の土台を成す。

満洲国では、記念行事や祝祭の際に、ポスターやビラが発行され、配布あるいは掲示された。日中戦争勃発後には、記念切手や記念絵はがきなども発行された。[2] そうした宣伝物のデザインにあたっては、帝国日本の軍事的な拡張に協力的な態度をとった画家のみならず、抵抗的な態度をとった日本人左翼画家もまた、満洲国において絵画を創作し、それが日本側の宣伝の道具として利用された。満洲国の日本人支配層であれ民間知識人であれ、満洲国のイメージとその流通に力を入れた。そのため、満洲国には宣伝のための図像メディアが豊富に蓄積された。それら宣伝メディアこそ、まさしく満洲国の図像メディア文化の集大成といえよう。本書では、宣撫宣伝活動を考察していくが、それにより、満洲国の図像メディアの制作、流通と利用という一連のプロセスをより可視化できるようになる。

宣伝メディアのなかでも、特に映画は重要である。満洲国の映画というと、まずは満洲映画協会（以下、満映）が想起される。満洲国における映画工作の指導理念は、映画が植民地政策における「飴《あめ》と鞭《むち》」の飴として、漢民族を日本に自発的に従わせるものでなければならない、というものであった。満映の映画は、中国侵略の道具として位置づけられていたものの、性急に国策の宣伝を盛り込むことは要求されなかった。[3]この映画工作の理念は満映が行った巡回映写の経験によっても裏付けられる。満映は、宣撫宣伝活動の一環として、農村部で巡回映写を実施していた。映画上映では、同時に講演と施療施薬活動も行われ、映画の内容とこれらの活動は相互連関していた。そうした場で、映写技師と関係者は常に現地の観衆たちのフィードバックも収集した。満映の作品の内容も、次第に満洲国の多民族と農村部に寄り添ったものとなり、宣伝性より娯楽性が強調されるようになっていった。この現地化する満映の作品の製作方針が映画の上映活動とどのような関係を持つのかを考察するため、宣撫宣伝活動を探究しなければならない。

本書は、満洲農村部におけるメディアとそれによる宣伝活動の実態を初めて明らかにするものである。そして、映画や施療施物や講演など、複数の活動の相乗効果から成り立たせる宣撫活動に注目し、複数のメディアによる「宣伝」概念の本来の意味を取り戻す。

他方で、満洲と呼ばれる中国東北部は、19世紀後半から日中露三国がせめぎあう舞台でもあり、中国人、ロシア人、日本人、朝鮮人、蒙古族そして満洲族が住んでいた。このような満洲では、文学、芸術、工業、経済などについては日本人支配層が主導していたが、トランスナショナルな文脈で各国・各民族の影響もある。トランスナショナリズムの舞台としての満洲国は、中国・ヨーロッパ・日本のそれぞれの文化的要素が集まる言語的結節点であり、その文学と歴史はほかの東アジア地域と異なっている。[4]従来の満洲研究は、それを取り巻く国家と内に抱える多民族のせめぎあいと協調という歴史的な文脈を、満洲の発展と結びつけることで満洲のトランスナショナルな性格を浮き彫りにしてきた傾向がある。本書は、こうした視点を継承するとともに、日本人支配層が意識的に満洲のトランスナショナルな要素を生かすことで、開発を促進しようとしたという側面に着目する。その上で、帝国日本のファシズムから生まれた宣撫宣伝活動が、満洲国のトランスナショナルな文脈のなかで展開し、変容していく様子を分析する。

本書は序章と終章のほか、4章から成る。序章では、問題の所在、研究目的、研究対象と方法および本書の構成を説明する。第一章では、宣撫活動の実施に伴う「宣撫」概念の形成について明らかにする。第二章では、満洲国の宣撫活動のあり方の起源と展開を明らかにするため、宣撫活動の歴史的な発展とその人的・技術的な基盤について分析する。第三章では、宣撫活動を実施する上で、どのように効果的な方法を模索したか、その経緯を明らかにする。第四章では、宣撫活動の実践について、代表的な例を取り上げて明らかにする。終章では、宣撫活動が現地社会の影響によって変容し、さらに現地社会の変容に拍車をかけたことを明らかにする。そして、こうした動態的かつ重層的な特徴をもつ宣撫活動が、戦後の中国共産党と中国国民党に影響を与えた可能性を指摘する。

なお、本書が使用した多様な資料には「満州」と「満洲」という二つの表記がある。本書では、表現上の混乱を避けるために、すべての表記を「満洲」と統一した。また、本文の引用文中のルビは筆者(引用者)によるものである。

［注］

1 バラク・クシュナー『思想戦　大日本帝国のプロパガンダ』明石書店、2016年（=Kushner, Barak. 2006. The Thought War: Japanese Imperial Propaganda. University of Hawai'i Press)

2 貴志俊彦『満洲国のビジュアル・メディア』吉川弘文館、2010年

3 佐藤忠男『キネマと砲声——日中映画前史』リブロポート、1985年

4 Culver, Annika A. and Norman Smith. 2019. Manchukuo Perspectives: Transnational Approaches to Literary Production. University of Hong Kong Press

満洲国における宣撫活動のメディア史

目次

終章……297

序章

第一節 問題意識と研究目的

建築家イオ・ミン・ペイは、マサチューセッツ工科大学建築学科の卒業研究(1940年)で、当時の中国西南部の農村部に適した宣伝施設の設計を行っている。1937年の日中戦争勃発後、中国各地の民衆は避難のため西南部へと殺到し、この地に数え切れない村落が出来上がった。このような村落向けに、蒋介石率いる国民政府は、国家主義的な宣伝を行う必要に迫られた。ペイは、このような中国農村部の住民は読み書きができず、新聞紙よりも視聴覚的な表象により引きつけられるのだとして、村落ごとに各種の視覚メディアを配置した宣伝基地を設計した。この施設は、劇場、映画上映設備、写真と資料の展示会場、放送局を備えたものである。さらにペイは、全国の宣伝政策と実施計画を統一的に管理する中央機関「宣伝省」を首都に仮設し、そこから計画的に演劇隊、映画フィルム、博物館展示物、講演者などを各村落の宣伝基地へ送って巡回させる構想を示している。[1]

ここに示されたような、1930年代の中国の農村部をモデルとしたペイの宣伝理解は、地域ごとに国民党と共産党が総動員運動を主導するという、彼自身の経験に基づくものと考えられる。1930年代、国民政府は民族精神高揚のために、教育を重要視する郷村《きょうそん》建設運動を展開した。一方の共産党も、この時期に長征(国民党軍に包囲された紅軍=中国共産党軍=が江西省瑞金の根拠地を放棄し、陝西省延安まで1万2500キロメートルを行軍したこと)をきっかけとして、それまでの労働運動の経験から、ソ連由来の共産主義イデオロギーを現地化して、農村中心の宣伝政策を行う手法を1935

年に確立した。[2]

これまでの研究では、1930年代の中国農村部を対象とする宣伝活動を論じる際、国民党であれ共産党であれ、党派性を強調する傾向があった。前述のペイの構想もまた、党派性に基づく宣伝体制としてとらえられがちである。しかし、中国における宣伝体制には、国民党でも共産党でもない、もう一つのルーツが存在する。それが、中国東北部において関東軍と南満洲鉄道株式会社(以下、満鉄)がつくりあげた傀儡《かいらい》国家満洲国における、多民族集住農村部に向けた視聴覚メディアによる体系的な巡回宣伝活動である。そこで日本人が主導して構築した多民族向けの宣伝技法については、まだ十分に解明されていない。本書は、これまで十分に検討されてこなかった、満洲国農村部における日本人主導の宣伝活動を取り上げ、それを1930年代から1940年代にかけての中国農村部における宣伝活動として位置づけていく試みである。

当時、満洲国農村部で実施された宣伝活動において重要視されたのが「宣撫《せんぶ》」と呼ばれる活動である。満洲国の宣伝活動の様子を伝える機関誌『宣撫月報』では、両者は一括され「宣撫宣伝工作」あるいは「宣伝宣撫活動」と呼ばれている。「宣撫」については、満洲国の統治政策で大きな意義を持っていたが、現代では研究上の分析概念としても使われることはめったにない。そこで本書では、あえて「宣撫」という言葉に光を当てることで、多民族集住の農村部という満洲国に特殊な状況での統治の実態を明らかにする。

「宣撫」という言葉は、日中戦争期には、ある種のロマンチシズムをおびた、先端的で、思想的、政治的な用語であった。この語は日本語においては1970年代にはほぼ死語となった。竹内実によればそれは、この語が無意識に潜む過去の中国における戦争責任を自覚させるため、それを忘却するためである。[3] 実際1930年代には、「宣撫」という用語は宣撫班という制度を通して、満鉄の鉄道愛護運動（満洲国内における鉄道を沿線住民の手で防衛愛護するように動員する工作。以下、愛路運動）に端緒をもつ満洲国の宣撫宣伝活動から、中国各地を占領した日本軍へ広がっていった。なかでも、満洲国における宣撫宣伝活動は、人口の9割を占めた農村部を中心に広範囲で実施され、1930年代以降の帝国日本の植民地、中国占領地における宣伝工作の方向性の決定に多大な影響を与えた。[4]「宣撫」概念は、この時代の満洲国やほかの中国占領地における宣伝活動を考察する上で、避けて通ることのできないものである。

満洲国の農村部における宣伝活動が、なぜ「宣撫宣伝」と呼ばれていたのだろうか。

「宣撫」ということばそのものの起源は、中国・唐代の制度、「宣撫使」に始まり、中央から派遣されて地方の安定を図る高級軍司令官のことであった。「宣撫」という用語はこの制度の発足にあたって造語されたものらしく、古典にこの熟語はないが、「上の意を宣《の》べて下を恤《めぐ》むこと」の意味である。明・清になると、辺境の漢民族からいえば異民族である「土民」にあたえられる世襲の職名となった。日本軍に附属した「宣撫班」は、日本軍の将校・下士官・兵士から構成されたという点、中国の「宣撫使」とおなじく武官職であった。[5]

宣撫班という制度は、満鉄の愛路運動に端を発し、満洲国を経て日本軍全体へ拡大していった。

満鉄が唐代の「宣撫」という語を参照したのは、日本の軍事拡張を唐の異民族征服の戦争と同一視していたからである。[6]「宣撫」に内包される「異民族」と「地方の安定」が、満鉄と満洲国の実情にも合致すると考えられた。他方、「宣伝」の初出は、中国の古典では『三国志』の『蜀志・馬忠伝』と『魏略李孚伝』である。そこでは、上から下へ政権の命令の伝達を意味する。「宣」は「上から下へ」という方法を表現する字であり、「伝」はこの方法を実践する動作とされている。[7]このほか、『抱朴子・勤求』と『謝恩許新翻経論入目録流行表』という二つの仏教典籍において、「宣伝」は特に宣教を意味している。

満鉄はこの「宣伝」の本来の意味に加え、戦争と結びつく「宣撫」という語の意義を見いだしていた。「宣撫」という語の起源である唐代には、異民族との戦争が激しさを増しており、その対策として民族政策と組織的な宣伝が講じられるようになった。唐代の宣伝は、主に「宣諭《せんゆ》」「宣慰《せんい》」「宣撫」という三つの種類に分けられる。「宣諭」は自国民衆に対する宣伝、「宣慰」と「宣撫」は開戦前と占領後に行われる工作を意味する。「宣撫」は、「宣慰」が持つ心理的な慰安の面を含みながら、「撫」の字が意味する「占有」の面が強調されており、占領後の教化工作を重要視するものである。[8]満洲における「宣撫」は、「武力で制圧した地域の民衆の反乱・反抗を抑圧・誘導するために占領軍やその支配政府が行う文化的工作」[9]を意味しているといえる。

「宣撫」は、「宣伝」と比較すると、戦争と海外の異民族という二つの要素を含む独特な語である。「宣伝」が戦時か平時かを問わずにドメスティックな範囲で行われるものとして使われるのに対して、海外の異民族との戦争になると、それは「宣撫」へと変容する。戦時期の東アジアにおける宣伝活動の重層的なあり方を検討する上で、「宣伝」と区別される「宣撫」の様相を解明することが必要である。

宣撫活動の実態については、中国・日本双方でその調査が行われてきたが、そのアプローチは両者で異なった傾向を示している。宣撫活動についての史料としては、機関誌『宣撫月報』、日中両国で公開された宣撫班の工作計画関連の一次資料、元宣撫員による回想録や日記などといった記録文学などがある。これらは主として、軍事作戦を支援すべく策定された宣撫活動の実施主体、あるいは元宣撫員や日本軍兵士などの当事者の視点によるものである。中国においては、宣撫班の活動に関する歴史研究が蓄積されているが、それらはこうした史料をファシズム的な侵略を裏付けるものとし、宣撫活動を日本軍の侵略活動の一部として位置づけている。一方、日本側では、元宣撫員の記録文学を対象とする文学研究、映画、宗教、運動会、制度などの個別の対象に絞ったメディア史的あるいは軍事史的な研究が蓄積されており、多くの場合その焦点は日本軍と日本人知識人による現地の統治体制への協力に当てられる。中国側は日本によるファシズム的侵略戦争というマクロな歴史認識を前提とした議論を行う傾向があるのに対して、日本側は宣撫活動に携わった個人や機関などよりミクロな視点からの歴史像を描き出す傾向にあるといえよう。

これら双方の議論で欠落しているのが、現地社会による宣撫活動の変容という視点である。これまでの「宣撫」に関する研究の蓄積は、いずれも帝国主義とファシズムの枠組みで議論されており、現地社会が宣撫活動にどのような変化をもたらしたかという点について十分な注意を払ってこなかった。

本書で焦点を当てる満洲国の農村部は、満洲国人口の90%以上が居住する空間である一方、メディア環境は備わっていない。識字率が低く、多民族状況で言語的な一体性も乏しかった。武装勢力の潜伏拠点にもなり、「近代化」の遅れが指摘されるところであった。こうした地域で宣撫活動を行っていたのが「宣撫班」であった。農村に派遣された宣撫班は、講演、映画、蓄音機放送、紙芝居、診療活動、物品配布などを通して宣撫活動を行っていた。それは西洋医療技術やメディア設備などの日本の近代化の産物を、継続的に満洲国の農村部へ持ち込むことでもあった。一方で、宣撫活動の手法そのものも現地社会に適応する形で、より動態的かつ重層的なものへとその手法を変化させていった。

しばしば指摘されるように、満洲国の近代化は国共内戦（1946年から1949年まで続いた中国共産党と中国国民党の内戦）で揺れる戦後中国に継承され、国共両勢力は工業施設や各機関の設備、さらに留用日本人技術者などの満洲国の「遺産」をめぐってしのぎを削った。東北部には満洲国崩壊前の状態が残されており、そこで中国共産党はメディア機関をいち早く占拠し、満洲国の「遺産」を利用することで宣伝活動を開始した。東北部における中国共産党の宣伝体制と宣伝文化は、しばしばソ連のノウハウを導入することで構築されていったといわれる。とりわけ、中国での歴史研究や中国共産党の党史研究では、延安時代（1935年に長征を終え、1937年1月に延安に到達した中国共産党が、国共内戦により1948年に華北に進軍するまでの13年間）の農村向け宣伝工作の経験とソ連からのノウハウの導入が1949年以降の共産党の宣伝体制をつくりだしたとされている。これは中国共産党の統治体制を独自の成果として位置づける歴史観に立脚しており、満洲国時代と1949年以降の中国東北地区は意図的に断絶される。こうした中国共産党中心の歴史観に対して疑義を唱える歴史研究が近年行われている。ニコル・バーンズ（2018）は、1949年以降に中国共産党が複雑な統治体制を急速かつ円滑に機能させた点について、戦間期の社会の発展やソ連の支援、共産主義イデオロギーに基づく土地改革に加え、1949年以前の非共産党的要因の相乗効果を強調している。[10]この点について本書は、バーンズと関心を共有する。戦後の中国農村部における共産党の円滑な統治体制を説明する一つの手がかりとして、満洲国政府による農村部向けの宣撫活動という非共産党的要素を位置づけてみたい。本書が満洲国の都市部ではなく農村部での政策に積極的な意味を見いだすのは、それが中国共産党の農村統治の一つのルーツと考えられるからである。

本書では、こうした問題意識から、これまで蓄積されてきた都市部を前提とした活字メディアによる戦時期宣伝研究の枠組みを超え、農村部とそこに居住する多民族の非識字層に向けた視聴覚メディアによる宣撫宣伝活動について実証的に検証していく。本書の目的は、満洲国の農村部で独自の展開を遂げた「宣撫活動」を研究対象とし、その動態的かつ重層的な実態を明らかにすることにある。

第二節　研究対象と研究方法

1　対象としての宣撫宣伝活動

本書は「政治的な主張を大衆へ伝達し大衆を説得し輿論《よろん》を操作する行為」を広義の宣伝と位置づけたうえで、その重要な一部をなした宣撫活動を研究対象として設定する。満洲国農村部で行われた宣撫活動は「宣撫宣伝工作」あるいは「宣伝宣撫活動」と呼ばれていた。本書は、広義の宣伝も含めた活動全体を指すとき「宣撫宣伝活動」を、宣撫に特化した個別の活動を示すとき「宣撫活動」を使うことにする。宣撫宣伝活動の本来の目的は、関東軍や満鉄、満洲国政権に対する信頼と服従の念を呼び起こすことにある。満洲国のスローガンや時局の説明に関する宣伝のみならず、占領地社会の再建のために、武器回収や衛生知識の普及、農業技術の伝達などを宣撫宣伝活動の必要不可欠な一環として行った。ただし、本書は従来の政治史、社会史また医療史などの領域で行われた宣撫活動研究で対象となってきた「匪民《ひみん》分離」の移住政策、日本語学校の設立、診療活動そのものなどの社会政策的な実践は分析対象としない。そのため、本書はメディア史の研究として、あくまで広義な宣伝のなかの一部として宣撫を位置づけ、その部分を扱うものである。

このような宣撫活動は、農村部という空間、多文化多民族のターゲットおよび他の変革的な活動を補助する役割などさまざまな要素に影響されながら、次第に独自の特徴を形成していった。たとえば、宣撫活動のなかでのほかの活動やメディアの併用という文脈のなかで使用された特定のメディア(とその内容)への受け手の解釈が、製作側の意図を離れて宣撫活動の趣旨へ接近することがある。あるいは、診療活動での治療と施薬においては、対象となる民族によって、民衆に国策宣伝としての目的を映像を通して認識させるような手段を用いることがある。そのため、単一のメディアのみの歴史を分析するメディア史の方法であれ、歴史のなかのメディアのあり方を分析する歴史社会学の方法であれ、宣撫活動を十分に解明することができない。それゆえ、本書は、宣撫活動における重層的なメディアの利用を手がかりに、一次資料に基づいて満洲国農村部の統治政策の実態を実証的に解明するメディア史研究でもある。

2 研究方法と資料について

本書では、「宣撫活動の概念の形成の経緯」「歴史的な発展」「満洲国での実施の変遷」そして「代表的な実践例」という四つのアプローチから宣撫活動のあり方を考察する。そこで、主に宣撫活動の実施に関わった各種の機関の内部資料および、宣撫活動の現場を経験した知識人による記録を用いる。

満洲国における宣撫活動に関する史料の特徴として、宣撫活動の企画や報告書などに関わる内部資料のほか、満洲国で刊行された日本語の文学雑誌や映画雑誌などにみられる記述は極めて断片的であるという点があげられる。それは、宣撫活動の対象となった農村部の多様な民族から構成される大衆の多くは非識字層であり、自らの手で記録を残していないためである。そのため、本書ではあくまでも実施側の日本人や官僚、日本人知識人の立場による資料を使用する。

また、資料の公開状況などによるアクセスの問題や資料の偏在という問題も存在する。公文書の公開が厳しく制限されている中国側では、宣撫活動の公式記録はほとんど開示されていない。そこで、わずかにアクセスできた中国側資料に加えて、それを補完すべく日本側の公開資料とアメリカ側の資料を調査した。本書では中国側資料については、中国国家図書館（北京市）、東北烈士紀念館（黒《ヘイ》龍江《ロンジャン》省ハルビン市）、侵華日軍第七三一部隊罪証陳列館（黒龍江省ハルビン市）、黒龍江省図書館、ハルビン市図書館、長春電影博物館（吉林省長春市、旧満洲映画協会）、偽満皇宮博物院（吉林省長春市）、吉林省図書館、長春市図書館、九・一八歴史博物館（遼寧省瀋陽市）、遼寧省図書館、遼寧省档案館《とうあん》、瀋陽市図書館所蔵において調査した。日本側資料については、外務省外交史料館、防衛省防衛研究所戦史研究センター史料室、国立国会図書館、国立公文書館、アジア歴史資料センター、早稲田大学演劇博物館、ジェトロ・アジア経済研究所図書館、京都大学各部局図書室、国際日本文化研究センターにおいて調査した。アメリカ側資料については、ハワイ大学マノア校図書館（ハワイ州ホノルル）、ハーバード大学燕京図書館の満洲国コレクション（マサチューセッツ州ケンブリッジ）、コロンビア大学C・V・スター東アジア図書館のマキノ・コレクション（ニューヨーク州ニューヨーク）において調査した。これらの機関での活字資料および映像資料の調査から、宣撫活動に関する公開資料は日本が最も多いこと、アメリカの資料は中国および日本の資料との重複が多いことがわかった。資料の多くが日本に原本が所蔵されるものであり、本書での使用資料が日本側のものに偏っている点はあらかじめ断っておきたい。そのうえで、本書では主として満洲国にいた日本人官僚と知識人の視点から浮き彫りにされる宣撫活動を対象として明らかにする。

日本語資料のなかでも、特に重要な資料が満洲国の宣撫活動担当者の間で流通した機関誌『宣撫月報』（1936年7月〜1945年1月、満洲国国務院総務庁弘報処）である。当初は満洲国国務院総務庁情報処が発行元であったが、1937年に満洲国国務院総務庁弘報処に改称された。そのため、年代によって発行元が異なるが、本書では弘報処に統一した。部外秘とされた『宣撫月報』には、政府内部の活動や本音の議論、各地方政府から寄せられた宣撫活動の企画書や報告書が豊富に掲載されている。同月報の創刊は、宣撫活動の能率の向上、各機関の緊密な連絡、各地の宣撫活動の状況の共有を目的としていた。当時満洲国農村部において、国民党系と共産党系の反日勢力が頻繁に宣伝活動を行っており、そうした思想戦的な脅威に対し、満洲国政府は対抗策としての宣撫活動を立案していた。これを背景に、『宣撫月報』では各種思想戦における宣伝活動の理論や技術など、宣撫活動と直接関わる内容を掲載している。[11]本論文では、この『宣撫月報』を重視し、それぞれ第一章の31％、第二章の25％、第三章の44％、第四章の22％の引用を同月報から行っている。

そのほか、各章ではトピックごとに異なる資料を使用している。第一章では、主に弘報処が刊行した満洲国独自の宣伝理論に関する研究書である『宣伝の研究』と満洲国協和会の機関誌『協和運動』を参照している。第二章では、満鉄弘報課の機関誌『弘報内報』、国有鉄道を管理する満鉄鉄道総局機関誌『同軌』、満鉄社員会の機関誌『協和』、満鉄社員の回想録、当時の一般向けに出版された鉄道愛護運動紹介資料群と防衛省防衛研究所の関東軍機密書類を引用している。第三章では、満洲映画協会の宣伝月刊誌『満洲映画』を利用している。第四章は、内容が多岐にわたるため、さまざまな資料を併用した。宣撫活動に関する資料の多くは、出版物に散在する断片的な記述であるが、本書ではそれらを可能な限り収集し、分析した。こうした各種の満洲国関係資料における膨大な宣撫活動の記述を収集した点もまた、本書の特徴であるといえる。

第三節 本書の構成

本書は序章と終章のほか、4章から成る。以下、各々の章の構成について概観していく。[12] 第一章では、宣撫活動の実施に伴う「宣撫」概念の形成について明らかにする。「プロパガンダ・宣伝」理論における東アジアと欧米の連続性を見いだすことで、満洲国農村部の宣撫活動がいかなる論理によって展開されたのかについて論じる。そして誰が、どういった経緯で、どのような知見を背景として満洲国における「宣撫」の意義を模索したのか、いかなる論理でどのような環境で自律的概念としての「宣撫」を構築したのかについて考察する。そのうえで、宣撫活動のターゲットの特徴とメディアの独自の特徴を明らかにする。

第二章では、満洲国の宣撫活動のあり方の起源と展開を明らかにするため、宣撫活動の歴史的な発展とその人的・技術的な基盤について分析する。まず満鉄における弘報の意義を考察したうえで、満洲国宣撫活動の濫觴《らんしょう》とされた満鉄の慰安活動と鉄道愛護運動の実態を明らかにする。そして満鉄宣撫班の宣撫活動と、その経験を踏まえて発展を遂げた関東軍の宣撫活動との比較から、満洲国の宣撫活動に継承された特徴を指摘する。さらに、満洲国の宣撫活動の変容の基盤となった、人員的制度と物質的基盤をそれぞれ取り上げ、それらが宣撫活動に与えた影響について考察する。

第三章では、宣撫活動の実施側がより効果的な方法を模索する経緯を明らかにする。まず、教化目的の講演と娯楽目的の映画上映を取り上げ、互いの内容の影響を受けることで、それぞれの内容がいかに変遷していったかについて考察する。そして診療活動と映画の相互影響も視野に入れ、診療活動と映画上映を組み合わせる実施方法による映画内容の変容について説明する。さらに、貧しい人に無料で治療を施したり、物資を与えたりする施療施物活動と娯楽を提供する複数の活動のなかで使用されるメディアの内容が、いかに他のメディアあるいは活動の意味を補足する役割を果たすようになったかを分析する。

第四章では、宣撫活動の実践について代表的な例を取り上げて明らかにする。人口が分散した満洲国農村部で最も大衆を集めたのは、廟会《ミャオホイ》と呼ばれる宗教的な祭礼とそれと同時に行われる定期市である。まず、第一節では、南満における漢族の「娘々廟会《ニャンニャンミャオホイ》」を分析する。「娘々廟会」において、観光事業の宣伝という商業主義が、伝統行事や診療活動、各種のメディアの同時実施、講演、座談会、映画などとどのように接合していったかについて検討する。そして第二節では、異なる民族の集住がみられる満洲国での宣撫活動の実践例として蒙古族のラマ教廟会を取り上げ、蒙古族対策としての「宣撫活動」の方法を検討する。具体的には、ラマ教廟会で行われてきた講演や座談会と、映画とを組み合わせた方法を考察する。これによって、先行する章で見てきた宣撫活動の概念の形成と実践の展開を総合的に示すことができる。

［注］

1 Pei, Ieoh Ming. 1940. “Standardized Propaganda Units for War Time and Peace Time China.” Bachelor Thesis of Architecture, School of Architecture, Massachusetts Institute of Technology

2 Merkel-Hess, Kate. 2016. The Rural Modern: Reconstructing the Self and State in Republican China. University of Chicago

Press; Perry, Elizabeth. 2012. Anyuan-Mining China's Revolutionary Tradition. University of California Press；高橋伸夫『党と農民——中国農民革命の再検討』研文出版、２００７年

3 竹内実「特集「戦後」批判の原点　ああ 大東亜共栄圏・宣撫の思想（上）」『新日本文学』１９７２年10月号、42頁

4 山本武利『日本のインテリジェンス工作』新曜社、２０１６年、１０９頁

5 前掲書（竹内、１９７２）42頁

6 「宣撫」という言葉が日本本土の公文書で最初に使用されたのは、１８７０年の『太政類典』における「宣撫使ヲ設ケ長州ニ遣ル」という日誌である。これは中国側の使い方を継承し、中国の「宣撫使」と同じ官職の任命に関して記載したものである（「宣撫使ヲ設ケ長州ニ遣ル」『太政類典・第一編・慶応３年〜明治４年・第16巻・官制・文官職制二』）。一方、満洲で初出するのは、１９０６年の日露戦争で発送された日本軍の『各軍戦役の宣撫に基く意見集印刷依頼　印刷局長』という公文書である。この文書は、日本軍の総務部長から印刷局長宛てに出されたもので、日露戦争の戦役の実践に基づく意見集を印刷し、各軍団へ配布するという指示の詳細が記載されている（「ＪＡＣＡＲ（アジア歴史資料センター）Ref.C06041337800、「明治39年４月分臨号書類綴　参謀本部副官」（防衛省防衛研究所）」）。右記の資料から推測すると、満洲における「宣撫」という言葉の起源は、日露戦争で日本軍によって実施された軍事作戦を伴う工作という意味合いを指していたと思われる。

7 王樊逸「唐代的戦争文学与戦争宣伝」『山東社会科学』２０１１年５期、１２０‐１２１頁

8 王樊逸「宣諭・宣慰・宣撫——唐代戦争宣伝考論」『新聞春秋』中国新聞史学会、２０１４年３月／中国社会科学網（中国社会科学院）http://www.cssn.cn/xwcbx/xwcbx_xws/201403/t20140319_1034023_2.shtml（閲覧２０１９年５月１日）

9 山本武利「『宣撫月報』とはなにか」『日本のインテリジェンス工作——陸軍中野学校、７３１部隊、小野寺信』新曜社、２０１６年、１７６頁

10 Barnes, Nicole Elizabeth. 2018. Intimate Communities: Wartime Healthcare and the Birth of Modern China 1937-1945. University of California Press

11 山本武利「解説——『宣撫月報』の性格」『宣撫月報解説・総目次・索引』不二出版、２００６年

12 本書では、欧米の宣伝理論が満洲での現地化を経て宣撫理論へ変容したものと位置づけている。つまり宣撫活動が欧米理論を応用しつつ、満洲国各地の特徴に合わせる調整を行っていたことを本書の前提としている。しかし、もう一つの仮説もありえる。それは、欧米の宣伝理論と満洲の宣撫理論はそもそも別物だったという可能性である。本書はあくまで前者に沿って構成されている。

第一章

宣撫とは何か

満洲農村部における宣撫《せんぶ》宣伝活動は、常に複数のメディアと活動を統合することで、占領地社会の反日的な空気を抑止しつつ、日本軍による社会再建に積極的に協力させる施策であった。序章で論じたこの事実を改めて確認することから本論を出発させよう。これについて当時イギリス外務省のF・C・ジョーンズは満洲国独自の宣伝活動について「満洲国政権と大東亜共栄圏の秩序を安定させるため、このような宣伝工作は新聞、ラジオ、映画や講演といったメディアを通して行われた。特に宣伝班を派遣し、農村部で華やかな宣伝ポスターを貼ったり、列車や自動車で各村落を巡回した方法もあった」[1]と述べている。この宣伝活動の具体的な様子について、満洲農村部における女子宣撫隊の活動を経験した小説家の大滝重直は次のように記述する。

王君(引用者注/新京市出身の女子学生)は次の部屋で協和進行曲を奏で始めた。三十人ばかりの人がもう集まってきてゐる。それがせまい部屋の中に犇《ひし》めき合ってゐるのであったが、レコードがなり始めると彼らはしいんと静まった。「行け!行け!はらからよ。心を一にして進め!進め!われらここに民となりしは。けにや奇しき縁、縁!われらが歓び護る掟は。協和、協和、協和。」……この鉄路からはなれた奥地、この間まで一年に五度も六度も匪賊にやられてゐたと

図1-1　蒙古人向けの宣撫活動の様子
(出典:「驚異　花火に見入る蒙古人　奉山線西海口」『観光東亜』第5巻第7号、1938年)
不二出版の復刻版からの引用

いふこの部落は、いまかうした新しい国の光をもとめる歌が歌はれだしてゐるといふ事実の前に、私はまことに名状すべからざる感慨を覚えるのであった。満洲国々歌もうたはれた。それらは他の娯楽音楽とともに夕方までつづいた……この女子宣撫隊の人々はまだいづれも若い娘さんたちばかりである。ハルビンや新京の女学校をでたような廿歳《はたち》前後のいい家の娘さんたちであった。きれいに断髪した一行八人の彼女たち……「満洲はきのうの東北三省ではなく、王道によって立つ新しい満洲である。」王君の演説が二十分ばかりつづくと、女子宣撫隊の娘たちが代る代る立ってやりはじめた。[2]

宣撫活動は、若い女性の宣伝員を起用し、女性の魅力あふれる煽情的な合唱や講演などの活動を、農民たちが接触したことのない電気メディアと組み合わせる形で実施された。間近に見る都市裕福層出身の若い女性の身体によって引き起こされる性欲、自動的に音楽を演奏する蓄音機の音を聞いて生じる興奮、奉天省西海口における蒙古人向けの宣撫活動の様子を記録した図1-1に示したような花火を初めて見たときの驚異の感覚こそ、農村部の労働者階級に対して国策宣伝を植えつける宣撫活動の効果を決定する重要な要素であった。こうした論述的・言語的コミュニケーションと感性的・象徴的なコミュニケーションの統合を重視する傾向は20世紀のドイツにおける宣伝活動にもよく見られるものである。[3] ここで「意図した方向に行動を誘う説得コミュニケーション」[4]という情報伝達コミュニケーションの面を強調する従来の「宣伝」とは異なる「宣撫」の側面が浮上する。占領地の民衆の武装抵抗を放棄させ、占領軍に協力させるように、厚生的な手段をもって行われるのが「宣撫」の特徴である。[5]

前述した満洲国農村部における「宣撫」と佐藤卓己が指摘するドイツの事例との類似性は、情報の伝達と感情の喚起とを分担するメディアと他の活動の役割に見いだせる。このような満洲国とドイツが共有する宣伝活動における役割分担の類似性は偶然によるものなのだろうか。これまでの満洲国の文化についての議論では、前述のF・C・ジョーンズのように、満洲国を帝国日本の拡張の一部として描き、この東アジアの帝国主義と西側資本主義の断絶を前提としたきらいがある。本章では、宣伝理論における東アジアと西側諸国の連続性を見いだすことで、満洲国農村部の宣撫宣伝活動がいかなる論理によって展開されたのかについて論じていきたい。誰が、なぜ、どのような知見を背景に満洲国に「宣撫」をもたらしたのか。いかなる論理でどのような環境で「宣撫」を自律的な概念として作り上げたのか、これらの点について論じることで、本書のメディア史的考察の幕開けとしたい。

第一節　欧米宣伝理論の導入

本節では、満洲国の宣伝工作担当者の間で流通した機密機関誌『宣撫月報』と満洲国独自の宣伝理論を説明する唯一の出版物『宣伝の研究』[6]において、欧米の宣伝理論がどのように紹介され、引用されているかについて明らかにし、その上で、編集担当者である満洲国国務院総務庁弘報処（以下、弘報処）の日本人官僚がそれらの構成を練り上げていく経緯を分析する。まず、編集部で選択される欧米の理論の特徴について確認し、その後満洲国の宣撫活動に対する編集部の知識人官僚の理解の過程を論じる。

1 満洲国で流通していた欧米宣伝理論

満洲国は日本本土に先駆けて欧米の宣伝理論を紹介していた。[7]『宣撫月報』1938年9月号の記事「戦時宣伝の実際(一)」では、欧米の宣伝理論の紹介について、「宣伝統制の問題が識者間はもとより世界諸国の各国家的関心事である際……いつ有事の勃発せんとも計り知れず、従って非常に強力な組織的宣伝が必要とされている」と、その背景が説明されていた。[8]ここで同誌の編者たちが示唆するのは、他国の宣伝経験を勉強することを通して、宣伝政策関係者は満洲国の宣伝方法を組織的に組み立てなければならないという認識である。組織的宣伝が必要とされている理由について、弘報処(当時は情報処)が発行した『宣伝の研究』に以下のような記述がある。

世界大戦(引用者注/第一次世界大戦)後、思想戦は次第に国際的となり、階級的による横の連絡は密となり、思想に国境なく全くインターナショナル的色彩を帯び、それと同時に国家を単位とする国際思想戦が猛烈に展開されるに至った。労働運動、共産主義運動、ファッショ運動が国際的に働く反面に各国家、独自の思想を以て他国の思想を克服せんとしてゐる。[9]

ここから、当時各国の思想戦が盛んに行われており、他国の宣伝に影響されかねない環境に置かれた満洲国が独自の宣伝思想を立ち上げるために、宣伝の学知をすでに何十年間も蓄積してきた欧米諸国の経験と現状を吸収する必要性が認識されていたことがわかる。それによって反日勢力のイデオロギーに抵抗することが「組織的宣伝」の目的であったことがうかがえる。

このように、体制やイデオロギーを超えて役立つ理論や資料を蓄積する満洲国宣伝関係者の姿勢は、満洲国で出版・所蔵された宣伝理論や工作関係の刊行物に反映されている。満洲国における宣伝理論関係の刊行物は、主に二つの種類に大別できる。一つは日本で刊行されて満洲国の図書館に収蔵された出版物である。とりわけ、南満洲鉄道株式会社（以下、満鉄）は、大連から長春までの満鉄附属地における情報収集と文化政策宣伝の拠点として31カ所の図書館を設置しており、[10]日本から送られた書物を多く収蔵していた。もう一つは満鉄や満洲国政府、満洲国内の出版社などが刊行したものである。山本武利（２００６）が示すように、『宣撫月報』におけるハロルド・ラスウェルの*Propaganda Technique in the World War*（１９２７）の翻訳版の掲載をはじめとして、「満洲国が日本本土より先駆的に欧米のプロパガンダ理論を紹介」していた。このほかにも、１９２０年代までに日本語で翻訳された欧米宣伝理論についての本が、満洲国に数多く流入していた。たとえば、リップマンの『輿論《よろん》』（１９２３）やル・ボンの『民族発展の心理』（１９１０）および『革命之心理』（１９１４）、タルドの『輿論と群集』（１９２８）、マクドゥーガルの『聚団《しゅうだん》心理』（１９２５）などがそれに当たる。また、１９４０年代からドイツやイタリアやフランスの文化政策を紹介する書籍も満洲国の図書館に所蔵されるようになった。

当時の満洲国の図書館のコレクションには、欧米のみならず、日本や中国の宣伝理論と工作に関する書籍も幅広く含まれていた。このような図書館の蔵書状況から、満洲国各機関の蔵書も、日本で刊行された本や満鉄が発行した本で構成されていたことがうかがえる。こうした満洲国における欧米宣伝理論に関する読書空間を踏まえて、満洲国各機関の刊行物の編集部は次第に新しい理論を求めていった。新しい宣伝理論は、主に弘報処と満洲国協和会によって発行された媒体に掲載された。弘報処と満洲国協和会は宣撫活動を担当するため、実施側の民族別を考えたうえ、ほとんどの刊行物について日本語と中国語の2言語版を発行した。なかでも、弘報処の『宣撫月報』と『宣伝の研究』が宣伝理論を主に掲載している刊行物である。

『宣撫月報』はその性格ゆえ、読者はほとんど満洲国宣撫活動の関係者であり、これらの記事は現実の宣撫活動に最大限活用できるように選択されたものだった。そのなかで、枢軸国のドイツやイタリアに対して好意的な紹介文も見られる。たとえば、ラスウェルの『宣伝技術と欧州大戦』の日本語版を紹介する次のようなコラムがある。

本書に収録されたのは前大戦中の聯合《れんごう》国側の行った巧妙なる宣伝に対し独逸側の失敗の連続を示すものであるが今次大戦に於けるナチ独逸の圧倒的宣伝及英仏側の無統制と対比し読む時非常な興味を呼び起こされる。

ここでは、枢軸国の立場に立って、太平洋戦争勃発後に両大戦期の枢軸国と連合国双方の宣伝を比較しようと提唱している。ただ、１９４１年２月の「宣伝研究書の少い折柄一冊に纏《まと》められたことは研究家の為めに喜びとすることが出来よう」[11]という記述からは、１９４１年においても宣伝研究書が相変わらず少ない現実を指摘しており、こうした現実が満洲国における欧米宣伝理論の導入の動機となっている。

『宣撫月報』は、満洲国の危機感に基づいて、狂熱的なナチ関係文献の翻訳より有事に役立つ実践的かつ合理的な欧米の学知を導入しようとしていたと山本は指摘している。[12]『宣撫月報』を舞台とした欧米宣伝理論を輸入する試みは、一つは日本本土への翻訳と分析の依頼、もう一つが満洲国政府自らによる翻訳と資料整理の二つの形で行われた。前者については、大学教員、関連研究機関の知識人への翻訳と分析の依頼が多かった。

これらの依頼原稿は、はじめに『宣撫月報』に掲載されて、のちに日本で新刊の一部として出版された。たとえば、今泉孝太郎の「ナチスの宣伝理論と方法」（１９４１年７月号）はその一部が「ドイツの宣伝理論と方法」というタイトルで、新しい内容を加え、『学生・思想・生活――決戦下の構想』（三田文学出版部、１９４３年）として日本で出版された。また、戸沢鉄彦の「宣伝の意義」（１９３８年３月号）は、『宣伝概論』（中央公論社、１９４２年）に先行して紹介されており、『宣伝概論』に強い影響を与えている。１９３８年から１９４０年11月にかけて、ラスウェルの『世界大戦に於ける宣伝の技術』が断続的に連載され、１９４０年12月に日本の高山書院で発行されている。これは訳者である小松孝彰の「好意により」、『宣撫月報』のために訳出されたものであるという。[13]その小松による「宣伝は何を狙うか?・」（１９３８年12月号）は、それまでの欧米宣伝理論の先行文献を整理する記事であり、これは現存する小松のほかの著作[14]のいずれにも再録が確認できない。そのほか、沢田謙の「英米の宣伝力とその伝統」（1941年10月号）は『報道写真』（1941年10月号）に転載された。このような日本で転載されたケースのほか、逆に日本の媒体から満洲国の媒体に転載されたケースもある。レオナード・W・ドウーブ『宣伝の心理と技術』の日本語訳は、1939年8月に内閣情報部により発行されたが、1941年2月号の『宣撫月報』でその一部が掲載された。

満洲国政府の官僚が翻訳・整理した資料についても、『戦時宣伝の実際——クリユハウスの秘密』（キャムベル・スチュアート、1938年9月号から1939年2月号まで連載）は、『クルーハウスの活動——英國の宣傳秘密本部』という書名に変えて、1943年9月に日本の内外書房より刊行された。

当時の日本では、戦意高揚目的の出版物がブームとなっており、数多くの宣伝理論が世に出された。それらは、表面的な紹介や時局便乗の精神論が多かった一方、学問的姿勢を保持した研究書は極めて少ないと佐藤は指摘している。[15] また、難波功士は戦時期の日本で広告など商業的な仕事が消滅していくなかで、広告制作者がプロパガンディストへと転身したと述べている。[16] 戦時期の日本側の宣伝出版物は、現実の宣伝工作から遠く離れる宣伝出版物の作家たちによる学問的でもなく実用的でもない、「宣伝出版物＝商業的な仕事」という出版環境から生まれたものであった。

しかし、満洲国側の図書館の蔵書や『宣撫月報』の掲載に求められたのは、学者による学問的な論考や、宣伝工作を直接担当する官僚による実用的な翻訳や考察であったとみられる。日本へ輸入される『宣撫月報』の宣伝理論は、内閣情報部の影響も受けつつ、「宣伝出版物＝商業的な仕事」という風潮に新風を吹き込むものであった。

こうした満洲国と日本の間で循環する、学問的かつ実用的な論考を構成する言説について以下、具体的に見ていきたい。

まず、これらの論考では、宣伝の意味を明らかにする際、英米側のコミュニケーション学の宣伝理論とナチスの宣伝理論を論理的に区別する傾向がある。今泉孝太郎は当時慶應義塾大学法学部政治学の教授を務めていた。今泉は1941年までの先行研究を踏まえて、欧米の宣伝研究は学問的な研究対象として科学的に捉えている一方、宣伝そのものを軽視している。また、ナチスの宣伝理論について、宣伝をあえて目的を達成する手段として考えており、それ自体の善悪を判断しないものとして位置づけていると指摘した。さらにこの点について、今泉は具体的に次のように論じている。

欧米の社会学者又は社会心理学者も亦《また》宣伝の本質には二つの要素が注意されねばならないと説き、宣伝の社会的機能を強調し（社会学的）、同時に、その心理的過程を説示してゐる（心理学的）……社会学的見解は宣伝を目して社会統制の手段即ち輿論に影響する要件の一と考へてゐる……社会心理学者は『宣伝』なる言葉を心理学的意味に用ひる傾向がある。宣伝が個人の心理的傾向における影響を強調するのである。

ヒトラーの宣伝理論は要約すれば、凡そ次の三点となる。一、宣伝は手段であるから、宣伝を効果的ならしめるには、宣伝の対象に適応するやうに、之を合理的に組立てねばならない。二、宣伝は大衆的でなければならない。宣伝の対象たる大衆は女性的にして知的水準の低いものであることを考慮に入れ、之を全般に理解せしめ、之を全般的に抱擁することを考へる必要がある。三、宣伝は、反復徹底せしめることにより、始めてその目的を達成し得る。之も亦、大衆が受動的であり積極性を缺《か》くことからの帰結である。[17]

今泉は欧米の研究では「宣伝＝コミュニケーション」という図式が従来の社会学と心理学の枠組みで論じられること、また宣伝そのものと宣伝の対象である社会と個人が研究者の主観的な優劣の判断を含めずに考察されていることを論じている。一方、ナチスの宣伝理論では、宣伝はただの手段であり、もっとも重要視されている宣伝の効果次第でいつでも調整できる。また宣伝の対象である大衆を「知的水準の低」く「受動的で積極性を欠」く存在とみなしている。さらに、欧米社会学に基づく宣伝理論について、宣伝を輿論に影響を与える手段として位置づけるものとしており、一方のナチス宣伝理論については、宣伝が輿論をつくる手段としていると論じ、後者を実用的な方法と捉えている。

欧米の社会学・心理学研究分野における宣伝研究という枠組みについては、戸沢鉄彦と小松孝彰がそれぞれ宣伝の意味をめぐって欧米の先行研究を整理している。当時京城帝国大学の政治学の教授であった戸沢は、欧米の理論を参考にすることを通して、宣伝を「暗示によって行はれる」「平和的な誘導努力」と定義している。そのうえで、宣伝について「輿論をあやつる事によって特殊の目的を達するために行はれるもの」[18]だと見ている。宣伝は輿論を操作することであり、輿論が宣伝を構成するものではないと考えている。

内閣情報部の小松孝彰は、ギルモアーの『政治とプロパガンダ』、トムソンの『行為の源泉』、リップマンの『輿論』、ダンラップの『社会心理学』、ストロングの『プロパガンダの問題』とラスウェルの『世界大戦に於ける宣伝の技術』を参照しつつ、宣伝の本質は大衆の感情を創造し、利用することで大衆の支持によりある種の目的を達成させることとまとめている。そのなかで、宣伝がいかに大衆を統率するかについて、小松は宣伝のターゲットとしての大衆を「群集」に当てはめて、群衆理論を取り上げている。[19]

当時の『宣撫月報』における宣伝のターゲットに関する理論では、「大衆」より「群集(群衆)」という言葉を多用する傾向がある。満洲国と日本の間を往来していた宣伝理論は、宣伝工作のターゲットを群衆理論の枠組みにおいて検討する傾向が強い。

小松はル・ボンの「常に群集の心が、勢力あるものに、つかうとする服従に過ぎないのである……総ての成功せる指導者は直感に依るが、確信に依るが、又は群集の要求する緊要な方法に依って彼等を導くのである」[20]という理論を引用し、輿論という概念を取り除きつつ、宣伝を、「群衆」を統治する手段と考えた。このような主張は、学者の今泉や戸沢と異なる、政府側の官僚知識人としての立場によるものでもあった。満洲国側はこうした立場に立った宣伝理論を一貫して生産していた。たとえば、弘報処総務班の蘇星による『群衆・煽動・宣伝』では、以下のようにル・ボンの理論を説明している。

故にマーチンは「思考形式が思考の対象となる」と云ひルボンは「群衆の想像心を感動せしむるものは事実自体ではなくしてそれ等の事実が発生と注意せらるゝに至る方法に在る……群衆

の想像心を感動せしむる技術を知るといふ事は同時に群衆を統制する技術を知るといふ事である」と云って居る、群衆をして一定の思想感情を共有せしめ一定の行動に就かしむるのは或意味に於て指導の暗示の方法如何に依るといふも過言ではない、果して群衆の指導者は如何なる方法に依って大衆を有効に指導するのであるか指導者は示唆を有効に行ふに當って如何なる方法を選ぶか、多くの群衆心理学者が共通して群衆暗示の根本条件と為すものは示唆が理智よりも主として感情に訴へらるべき事である、群衆自体が感情的であり低理智である以上当然に庸《よう》があらねばならぬ。[21]

蘇はル・ボンを引用しつつ、「群集」を「群衆」と表現している。同時に、「大衆」という語も混用していることから、満洲国政府側にとって宣伝には強力な効果があり、宣伝対象としての満洲国の多民族は即効的に影響を受けてしまう「群衆」として見ていたことがわかる。ル・ボンを多用するのも満洲国側の宣伝理論の特徴でもあった。満洲国陸軍軍官学校教授である船越巧は『世界史における政治宣伝』の「政治宣伝の手段としての標語」という章を翻訳し、この章の中心的な理論は『群集心理学』に就て考へたが、その時我々は、如何なる程度に於て『群集心理』が衝動性と興奮状態と想像力とを惹き起こされるか、また是が原因となって如何なる程度に於て絵画と言語と弁説の影響を受けるかを論及した」[22]ものであり、ル・ボンの『群衆心理』を満洲国の宣伝工作の実情にふさわしい理論と考えた。

以上のように、満洲国宣撫活動の実施側による宣伝理論の読書環境について明らかにしてきた。

日本で出版された宣伝理論関係の本の多くは、満洲国の図書館に流入した。このような読書環境に基づいて、政府内部の機密機関誌『宣撫月報』には、学問的な視点に立っている日本の学者、統治側の立場にある日本政府と満洲国政府の官僚による宣伝理論が掲載されている。『宣撫月報』の要請を通して満洲国と日本の間に生産された学問的な宣伝理論は、社会学分野の方法に沿って日本の学者たちによって発展・整理されている。一方、満洲国側はより多くの欧米理論を翻訳しつつ、「実用的」な宣伝理論を書き上げている。このようなル・ボンの群衆論をナチス宣伝理論における「目的達成の手段としての宣伝」と「受動的で影響されやすい大衆」的な宣伝理論まで発展させようとする姿勢は、『宣撫月報』以外の満洲国政府の文章にもよく見られている。

2　宣伝と群衆概念の拡散

以上に述べた通り、『宣撫月報』には、欧米の宣伝理論、経験とそれを議論する論説が数多く掲載されている。その背景について、本項で論じていく。

『宣撫月報』とその中国語版『弘宣』のほかに、弘報処や協和会などといった宣撫活動の実施側は、数多くの内部資料を刊行していた。これらの非売品の内部資料は、ほとんどが散逸している。本項はそのなかでも現存している『宣伝参考資料』シリーズの第１集『宣伝の研究』を対象として、宣撫活動の実施側の間に配布された参考資料に見られる宣伝の意味づけを明らかにしていく。

『宣伝の研究』は１９３５年に単独のパンフレットとして刊行されたが、１９３６年から『宣撫月報』に連載されている。この冊子には、中国語と日本語という二つのバージョンがあり、満洲国における宣伝の重要性と特徴について、主に欧米の理論と事例を用いる形で、その意味と方法を教える教育本である。この冊子では、第一章「満洲国における宣伝の重要性」が満洲国宣撫活動の背景を説明している。これによれば、当時の満洲国では「識字工作再教育運動と低文化克服工作戦」を展開しなければならない必要性があったが、「国内の啓蒙工作は各民族が雑居することによって一層その困難を重加する」[23]現実もあると指摘されている。このようなジレンマを打破するために、宣撫活動の担当者は、この冊子が紹介する宣伝の概念と宣伝工作の方法を参考にしなくてはならなかった。当時満洲国では、旧軍閥思想、共産主義思想、三民主義思想などさまざまな「反日」のイデオロギーが存在していた。[24]こうした状況にあって、『宣伝の研究』は次の構成で宣撫活動の担当者を教育しようとしている。

この冊子は満洲国の実情に即し、宣伝に関する説明を論理的に展開している。まず、宣伝の意義、起源と発展について、欧州の宣伝理論および事例を取り上げ、宣伝を欧州からの舶来物として位置づけている。次に、宣伝の組織の章になり、満洲国独自の組織、主に農村部の組織と農村部における共産党系反日勢力の組織を浮き彫りにしている。満洲国における宣伝は、主として農村部を基盤として実施されるものだとうかがえる。そのうえで、このような満洲国の農村部における宣伝が具体的にどのような人を対象として行われているかについて理論化する章では、ル・ボンの『群衆心理』を抄訳している。ここに「満洲国農村部の大衆＝群衆理論における群衆」という図式を成立させ、続く第五章「宣伝手段」では、理論化される各種の宣伝方法を鮮明に具現化するため、古代欧州の歴史と宗教、シェイクスピアの小説、ソ連の映画理論と近代ドイツの小説の内容を多種多様に取り上げている。最後の「宣伝者」という章でも、満洲国の現状を踏まえて、ナチスの宣伝者とキリスト教の伝教師のイメージを融合させ、満洲国の宣伝者のあり方を提案している。要するに、『宣伝の研究』においては日本の事例が少なく、編者である弘報処(当時は情報処)は満洲国における宣伝工作では日本は学ぶべき対象ではなく、宣伝の発源地としての欧州の文化から理論、経験と発想を汲み取るべきという思想を持っていたと思われる。これにより、満洲国独自の宣伝工作の理論と方法を練り上げようとしていた。

『宣伝の研究』における欧州の理論と事例による説明は三つの種類に大別できる。まず、「第四章宣伝対象」の部分は直接にル・ボンの『群衆心理』の一部を翻訳したものである。また、ギリシャやローマカトリック教、キリスト教、パリ・コミューンなどといった欧州の宗教と歴史のエピソードを通して、宣伝手段の意義を説明している。さらに、シェイクスピアの『ジュリアス・シーザー』(坪内逍遙訳)を多く引用することで、宣伝が実施される様子を浮き彫りにしようとする。

『宣伝の研究』は情報処、のちの弘報処が自らル・ボンの群衆論を翻訳する試みであった。当時日本で刊行された宣伝関係の本で、ル・ボンの思想を紹介している文献はすでに存在しており、それらは満洲国の図書館に所蔵が確認されている。たとえば、ル・ボンの『民族発展の心理』(1910)と『革命之心理』(1914)、『群衆論』(1913)、『群衆社会学』(1937)、『群衆心理学講話』(1921)、『群衆行動の心理的考察』(1922)などである。1910年に日本で最初にル・ボンの『群衆心理』を翻訳したのは、大日本文明協会である。その後『宣伝の研究』が発行された1935年まで、赤城正蔵出版の『群衆心理』（1914）、『ルボンの群衆心理説』（事業之日本社出版部、1926）と新たな翻訳が出版されている。『宣伝の研究』は前述の翻訳ではなく、編者自身の訳出とみられる。編者は翻訳のほかに、ル・ボンの文体とル・ボンに取り上げられている事例を模倣して、満洲国の実情に即した、自らの見解や前章と後章の起承転結を加筆している。ここで翻訳されたのはル・ボンの『群衆心理』の第一編「群衆の心意」の第二章「群衆の感情及び道徳」の一部である。満洲国の宣伝工作の実施側が読み解いていた宣伝対象に関する説明はル・ボンの群衆理論に基づくイメージといえよう。

こうした「大衆＝群衆」というイメージの根底にあるのは「宣伝＝欧州の歴史から発源するもの」という図式である。『宣伝の研究』は満洲国における宣伝がキリスト教の宣教のために誕生した「プロパガンダ」という言葉と同じ起源を裏付けさせるように、欧州の宗教発展と同じ合理性と正当性を持たせるように、ギリシャやローマカトリック教、キリスト教などの欧州の宗教と歴史のエピソードを通して、満洲国の宣伝工作における方法と宣伝者のあり方が欧州の宗教と歴史的に共通する印象を与えようとしている。これは、読者に自らの仕事の必要性と神聖性を感じさせようとする試みであろう。さらに、『宣伝の研究』にはシェイクスピアも引用されており、このことから編者は完全に満洲国の宣伝事情を欧州と同一視していたようである。

このように、1936年から発行された『宣撫月報』が米国社会学・心理学の分野で議論された宣伝理論を豊富に掲載していることには、編者である弘報処によって刊行されたほかの宣伝参考物に欧州文化を主体とする群衆と宣伝概念が拡散していたという背景があるともいえる。

1935年に出版された『宣伝の研究』は欧州社会学理論、宣伝理論、宗教、歴史と文学を多用することで、満洲国独自の宣伝を構成しようとする試みであり、これは外国文化を熟知する当時の情報処とのちの弘報処に在籍していた官僚の貢献であった。次項ではこのような宣伝刊行物を誰が創作していたかを解明していく。

3　伝導者としての記者官吏と作家官吏

まず、情報処と弘報処の人員構成を見てみよう。『宣伝の研究』の編集と刊行が行われたのは1934年と1935年であり、『宣撫月報』において欧米宣伝理論の記事が集中するのは1937年と1938年である。事務官以上は政府の官僚であり、属官は委嘱ポストであるためか、民間からたくさんの文化人を募集していた。

1934年と1935年の情報処に在籍していた官僚で、翻訳や宣伝活動に関わる経歴が確認できるのは岡田益吉、陳承瀚、小浜繁と大槻五郎である。[25] 当時の処長は関東軍第四課に勤務していた宮脇襄二であった。関東軍の直接の指導の下に、英文学専攻出身の中国人陳承瀚のほか、中国と米国の留学経験がある日本人記者や外交官、軍人が採用された。また、岡田益吉のような記者出身の官僚もいた。そのなかで、小浜は欧州視察を終えて直接情報処事務官に任じた。『宣伝の研究』で、積極的に欧州の歴史と理論を説明しようとしたのはかれらであった。1943年の雑誌『宣傳』で、岡田は自ら情報処および弘報処での経験を振り返って、日本独自の宣伝方法について次のような感想を述べていた。

外来文化を自主的に摂取せんとする、日本本来の文化性の健康にして基本的なるものを確立しなくてはならぬ……我が日本文化に適切なる宣伝様式は未だ創造されてゐないし、現在ある宣伝方法は、屡々《しばしば》繰返すやうに、東洋的なるものとの間に幾多の矛盾を内在してゐる。従って、将来の強靭なる宣伝戦の基本問題は、単に宣伝内容を我が民族の伝統に正しく置くと共に、その宣伝様式をも、日本人の感受性に合致するやうな日本的なものに転換するにあるのではないかと思はれるのである。[26]

太平洋戦争中の日本のことを論じているが、岡田は満洲国における宣伝工作の経験を生かしている。欧米と異なるアジアの国で宣伝戦の方法を練り上げようとした岡田は、自らの文化の伝統にふさわしい内容と文化に根ざした感性に合致する宣伝の仕方が必要だと主張しながらも、その根底にあるのは欧米文化の導入であった。これは『宣伝の研究』の冒頭部分で言及された「独自の思想を以て他国の思想を克服せん」という満洲国宣伝工作の趣旨と一致している。この独自の宣伝思想を形成させる土台には、欧米の宣伝理論を学ぶという当時の満洲国政府の官僚たちの共通認識がある。のちに、情報処から弘報処へと宣伝工作担当部署の規模が大きくなるとともに、国際的な背景をもって新たに委嘱された日本人知識人たちの間でも、その認識が共有され、『宣撫月報』で継続的に発展させていった。

1937年と1938年の弘報処に在籍していた官僚のうち、同様の経歴が確認されるのは、長谷川濬、仲賢禮、磯部秀見と別役憲夫[27]である。かれらは大学で外国語を学び、渡満後に弘報処に入り、まもなく満洲映画協会（以下、満映）に転籍した。また、かれらは同時に満洲ならではの文学創作を目指して文学者として活躍し始めた。当時「在満日本人の異動は激しく、1箇所に長く生活する者は少なかった。関東州の官僚や満鉄の職員は転勤が多かっただけでなく、退職して他業に転ずる者も少なくなかった」[28]という環境で、かれらは弘報処に在籍していた間、仕事と文学活動を並行していたとみられている。印税と原稿料が極めて安いために専業作家がおらず、全員ほかの職業を持っていたという当時の満洲国の文壇の特徴[29]を、長谷川は自分の小説で「満洲国は会社員が作家、官吏が作家だ」と書いている。[30]磯部の回想によると、弘報宣伝の最高機関誌としての『宣撫月報』は橋源一の発案により、別役が創刊したものである。編集の仕事は最初磯部の担当であり、のちに仲へ移行した。さらに長谷川が仲の助手を務めていたという。磯部はかれら4人の関係を「『宣撫月報』といふ無生物の仲介によって成立した」[31]と評している。弘報処の仕事をしながら満洲の文壇で活動していた作家官吏グループが、ここに立ち上げられたかのようである。

『宣撫月報』編集の仕事は「殆《ほとん》ど自分の書き原稿で埋めてゐた。各種の新聞や雑誌を克明に切り抜いて事項別にまとめ、放送や情報と合わせて検討を加へ、総合判断をして原稿を書いてゐた」[32]ことによってなされていた。ここで、現存資料が最も多い仲賢禮の例を見てみたい。まず、満洲国の図書館には限定的ではあるものの欧米宣伝理論の研究書の翻訳が所蔵されていた。一方で、日本人による学問的な宣伝研究書は非常に少なかった。そこで、満洲国各機関の刊行物の編集部は次第に新しい理論へ手を出すようになった。

木崎龍という筆名を使っていた仲賢禮は、「木崎龍は芸文人であったが、仲賢禮は学究であった」[33]と評されている。大学講師を務めたことがある仲は、かねてより研究者の気質も備えていた。「彼は新古典主義を満洲国で提唱したいと私に語り、鷗外論を新たに書きたいと述べ、映画論を樹立したいと希望し、すべて新たなる出発を企てながら中途で倒れた」[34]というように、仲は満洲国で文学であれ、宣伝工作であれ、新しい理論を作ろうとするモチベーションについて周りとよく話し合っていた。それを実現させるため、以下のように彼は研究者らしい精神を発揮して、先行資料の収集、整理と分析に取り組んでいた。

それは「熱河《ねっか》」に関する文化映画の製作が弘報処に於いて企画されてゐた。彼はすぐ総務庁の図書館から、熱河に関する資料を捜してきて私に借し与《あた》えた……そこで弘報処にある映画のプリントとその他資料となるべき図書類すべて彼に取りそろへてもらって、私は満洲国に日の浅い自分の勉強のためを考へて、あらゆる資料を二ヶ月余り彼の所へ行っては借りたりもらったり、きいたりして、あさり読んで脚本を書き上げたのであった。[35]

仲には、図書館に所蔵された関係資料を自ら収集・解析する方法で弘報処の業務を遂行する習慣があることがうかがえる。この習慣が、欧米宣伝理論を紹介する文章を編集する場合、図書館の蔵書の分析に基づき、理論とテーマを決めるという仕事のやり方へと変化していった要因であると推測できる。助手の長谷川はこれを「木崎の性格が文学があったやうに思はれる」と評し、ここでいう文学とはリアリズムと呼ばれる探究的な精神を指している。「彼の行動は合理的であり、リアリズムであった。対象が何であらうとそこに全幅の精神を傾けつくす情熱と、冷静な科学的客観的態度とを兼ね備えた矛盾の統一の上に」[36]というように、仲を中心とする『宣撫月報』の編者像が明らかになっている。文学的に「リアリズム」と呼ばれているが、研究者らしい気質が働いていたとわかる。満洲国の建国に注いだ情熱のみならず、「科学的客観的態度」を持っていたからこそ、学問的な欧米宣伝理論を満洲国と日本へ紹介することができたと考えられる。

満洲国では、弘報処と『宣撫月報』を中心として発展していった宣撫理論が非常に重要な地位を占めていた。「（引用者注／満洲国における）プロパガンダの第二の任務は、現状を打破し新理論を以て道を拓いて行く事にあり、組織の第二の任務は、理論の最後の勝利を得るために権力を得ること」にあった[37]。仲ら4人は「リアリズム」を追求する文学者の気質をもって宣撫理論を構築した。その新理論は、宣伝工作の道を開拓する役割を果たしながら、満洲国の宣伝組織のあり方にも大きな影響を与えていた。

仲はいかなる視線で自らの仕事を見ていたのだろうか。次の仲の宣伝に対する理解は示唆を与えてくれるだろう。

文化は、分化の過程において、その発展の機縁をもった。さうして、分化のゆきすぎたところに、その国家・民族の解体・崩壊があった。それはまた、歴史のあゆみでもあったわけである。瓦解をふせぎ、さらにそこから新しい積極的な一歩をふみだすためには、文化の総合性を獲得することが必要となる。ナチス・ドイツ、ファッショ・イタリア、さてはサヴェト《引用ママ》・ロシアの行きかたは、文化的には、このやうに考へることができよう。統制とは総合性への触手であり、彼等にとって、なによりもまづ指導的原理と政治的実行すなはち行為とが、根本問題であるところに、この間の事情を説明するものがあらう。[38]

仲はドイツ、イタリアとソ連の宣伝経験を一貫して積極的に学んでいた。仲は、あらゆる文化が統制という手段により統合されないと、国家と民族が崩壊すると信じていた。欧州各国を手本としていた仲にとって、指導的原理と政治的行為による統制が、「文化の分化」によってもたらされる国家政権の動揺を避けるために必要であった。ここでいうところの「指導的原理」とは宣伝理論を指し、「政治的行為」はその宣伝理論を実践する工作活動を意味している。政権の安定を維持するためには、宣伝理論と工作が必要不可欠だと主張している仲は、弘報処の忠実な官僚として、自らの仕事をあらゆる問題と結びつけて論じていた。仲は欧州各国を満洲国と比較し、外来の宣伝理論と経験を手本として捉えていた。

さらに、仲が追求した宣伝は「科学性と確実性」によるものであり、「啓発と宣伝」はむしろ「満洲国がみづから称して弘報とするところに」考えなければならないものであると述べている。このような「弘報=宣伝と啓発」の図式の成立の前提条件は宣伝の科学性と確実性という特徴、すなわち前述した文学的な「リアリズム」性が啓発工作でも存続できることであろう。

「宣傳は一国の文化を背後にしてまったく新しい相貌を呈したのである。啓発とは文化の土壌の掘りかへしであり、宣傳とはその種まきである……その遂行の過程そのものにおいて、民衆の生活に有機的につながらねばならぬ……またわれわれは、ドイツのK・D・F（喜びを通じての力）運動、イタリイのドボラボロ運動等に、多くの示唆をみるであらう」[39]というように、宣伝は啓発との相互配合を通して、まるで新しい文化を萌芽させる種苗である。宣伝はそもそも満洲国の文化に基づくものである一方、もともとの満洲国の文化をより一層発展させるために機能すべきと仲は考えていた。それは、満洲国における国民の生活と緊密に結びつきながら、欧州各国の宣伝経験を取り込むことによりもたらされる効果である。仲にとって、欧州各国の宣伝理論と経験は、満洲国独自の文化と宣伝工作の様相を形づくる道具であった。彼を代表とする『宣撫月報』編集者たちは、情報処時代の岡田の観点と同じく、欧米文化を取り込むことこそ自らの文化にふさわしい宣伝様式を模索することだと考えていた。

このように、情報処時代の記者官吏であれ弘報処時代の作家官吏であれ、欧米の宣伝理論を満洲国と日本語圏へ紹介できたのは、満洲国独自の宣伝文化の発展を遂げようとしたからである。仲を代表とする作家官吏たちは、研究者に近い文学者ならではの「リアリズム」精神を発揮していたことで、学問的な宣伝理論を追求できた。情報処時代の『宣伝の研究』はル・ボンのほか欧州の歴史、宗教と文学ばかりに集中していたが、弘報処時代には仲らが宣伝理論を「学問」として科学的かつ客観的に捉え、米国のコミュニケーション学を視野に入れるようになってきた。この過程で、満洲国における欧米宣伝理論は、従来の日本語圏における、時局に便乗した宣伝言説に新風を入れる役割を果たした。かれらが導入した欧米宣伝理論には、宣伝工作のターゲットや各種の宣伝媒体のオーディエンスを一様に「群衆」として捉える特徴がある。このように、満洲国独自の宣伝理論が次第に形成されていった。仲を中心とする4人の作家官吏はのちに満映に移り、この満洲独自の宣伝理論を映画論として発展させた一方、映画の上映工作にも活用していた。

第二節 満洲における宣撫理論

前節では、知識人の官僚たちの手によって欧米の宣伝理論が次第に学問的かつ実用的な形で満洲国に流入した様相を明らかにした。本節では、同時期に弘報処や各地方政府、日本人知識人などが、「楽しい感情を利用する」という方針や「無知で消極的な群衆」というイメージなど欧米の学知や経験を踏まえたうえで、満洲国独自の宣伝理論をどのように模索したのかについて解明していく。

満洲国の宣撫活動は、唐代の「宣撫」のあり方を土台として、前節で論じた欧米の宣伝理論の学知を吸収したものであった。それは、唐代の宣撫の概念の枠を援用し、欧米宣伝理論の学知で中身を磨く試みであり、満洲国各地域の実情を踏まえて独自の「宣撫」が発展していった。本節では、戦時期の日本における娯楽と教化の論争と思想、大東亜共栄圏の成立に力を入れようとした日本国民の情熱、映画などのニューメディアの普及と満洲国農村部における娯楽活動の欠乏など満洲国固有の問題に向けて、満洲国における「宣撫」理論がどのように構築されていったかを解明する。また、「宣撫工作とは薬を與《あた》え蓄音機を聞かせビラを撒いて満足して居る事のみでない、村落社会の内部的、組織的缺陥《けっかん》を革新して村落自体の生活態様を改善する長期工作であらねばならない」[40]というように、宣撫活動にはメディアや活動の利用だけでなく、現地社会を再建する内容も含まれている。本節で論じていく対象は、現地社会の再建の根底にあるメディア利用を中心とする宣伝工作である。

1 統合される娯楽慰安と宣伝

満洲国の宣撫活動は、さまざまな組織が共同して自らの経験とそれから生まれた理論を共有しながら織り成すものである。「宣撫」を「宣伝」と差異化する特徴は、まさに長期的な社会の再建と統治を根本的な目的とすることである。満洲国における「宣撫」は、現地の多民族に満洲国の合理性を受け入れさせ、反日武装勢力を支持させないことを前提とするものである。実施側は効率的に宣撫活動を行うため、それぞれの経験からまとめられた理論を『宣撫月報』という場で共有していた。

宣撫活動のなかで配置されていた各メディアの製作側は、本来商業主義的な娯楽の道具として使われてきたラジオや映画などのメディアが、どのように満洲国で国策宣伝の役割を果たせるか、宣伝が目的とされる場合、娯楽の内容が必要かどうか、それらをいかに配置したらよいかについて考えていた。

我国に於て慰安娯楽なるものが兎角罪悪視せられ、又国家性を缺《か》くものと考へられ勝なのは全然故なしとはしない……一部の人から、娯楽が健全な生活の敵と考へられるに至った主因と云へよう……しかし乍ら否定さるべきものは娯楽そのもの、慰安そのものではない。排撃さるべくは誤まれる個人主義的な享楽観念や物資本位、営利本位の娯楽企業に基づき、各人の勤労を阻害し、能率を低下せしめ、而して社会全体、国家全体の発展に何等益のない種類のものである。[41]

1939年の満洲電話電信株式会社（以下、満洲電電）は、先行するラジオを使用した国策宣伝において、娯楽内容を取り入れることを排除しない態度を取っていた。日本における従来の慰安娯楽を罪悪視する文化を分析した上で、国民の労働能率と社会の発展に役立つ娯楽の応用を肯定していた。さらに、「現今の進歩的な革新的な為政者は常にいかなる方法、如何なる娯楽こそは国民に最も適切効果ある慰安を与へ得るであらうかに付て非常に重要視して」[42]おり、満洲国の国営会社の立場として、娯楽の形を熟考し、その「適切な効果」によって、娯楽のあり方を調整しようとする積極的な姿勢を『宣撫月報』の読者群であった中央と地方の実施側に見せていた。すなわち、娯楽の要素は国策メディア会社にとって宣伝の効果と絡み合う必要不可欠なものとして認識されていた。

このように全体的な放送論で娯楽と宣伝の結合を提唱していたラジオに対し、映画では満映が細分化する映画工作において娯楽と宣伝をいかに結合させるかについて理論化を試みた。満映の巡回映写は常に僻地《へきち》農村へ入り込み、現地地方政府や軍と協働し、宣撫活動を行っていた。当時満映の上映課課長であった大塚有章によると、巡回映写には弘報宣撫と厚生娯楽という二つの役割が期待されていた。二つの役割は、現実の仕事の分担においてははっきり分けられなかったが、上映場所と時期によっていずれかに重点が置かれる傾向があった。[43]また、宣撫活動の需要に応じて、娯楽と教化の機能を強く期待された巡回映写用の映画製作にも、地方政府が自らその発案段階から加わった。「現在民度として殊に地方の宣撫工作を主眼とするに於ては通俗的にして娯楽の要素を多分に含んで、笑ひ娯《たのし》み乍《なが》ら教化される様なものが適当である」[44]と考えられており、奉天省は宣撫活動向けの映画について農村部大衆にとってわかりやすく面白い娯楽性が必要であり、それを通して教化目的を達成できると考えていた。

このように、一見自明な娯楽と宣伝の性質について、宣撫活動においては常にメディア機関がそれらを組み合わせる論理とそれを実現させる方法に関して、各自の政策、実践と製作の面で練り上げようと工夫していた。なぜ宣撫活動では娯楽と宣伝を結合させなければならなかったのか。その背景にあるのは、従来の宣伝と娯楽を分離する宣撫論理の機能不全である。１９３９年に磐石県副県長の深田袈裟吉は次のように宣撫活動の実情について述べている。

> 往年の如き慰問品或いは救済品に依る大衆を集合せしめて理論主義的な所謂建国型の宣撫工作には最早宣撫の実績は挙らないのである。夫は余りにも吾国諸制度の変革が農民大衆に目まぐるしい程複雑性を帯び農民の生活が最早安定し更に従来重圧を加へられて来た民衆は最早権利の主張も堂々と陳《の》べてきた。[45]

満洲事変から7年間経過した１９３９年までの宣撫活動においては、地方政府が物品を配ることで農村部の大衆を集合させ、宣伝の講演を聞かせる方法が一般的だった。しかし、農村社会が次第に安定するとともに、大衆は宣撫活動で配布される物品を受け付けなくなった。また、満洲国の複雑な制度や時局などを説明する講演は面白くないと評価され、農民大衆が「建国型」と呼ばれた宣伝機能ばかりを強調していた宣撫活動に対して消極的な参加態度を取るようになってきたと考えられる。こうした背景から、宣撫活動の思想の革新を求める考え方が宣撫活動の各組織に共有されてきたと推測できる。

さらに、従来の満洲農村では、娯楽活動は非常に稀《まれ》なものであった。農村部の娯楽については、「自然がこのやうに単調なばかりでなく、農民たちの生活も非常に単調である……その地方々々に特有な民謡であるとか内地の盆踊りに類したやうなものでもあるといふ例を聞いたことがない……彼等には、たとへ娯楽の設備があったとしても、それを利用する金はないし暇はなし、また文化の程度も至って低いのであるから、それらに手の届かないことが多い」[46]と評されている。農村部における伝統娯楽は希少であり、娯楽設備が一切備わっていない環境で、農民大衆が自発的に近代的な娯楽に接触しようとすることは不可能に近かった。新たな理論を創出しようとする宣撫活動は、このような環境のなかで、近代的なメディアを動員した。当時成長中であった満洲電電と満映から助力を得て、宣撫活動ではメディアなどによる娯楽機能と従来の施物や講演などによる宣伝機能を結合できるようになった。こうした、いわゆる「建国型」の手法から発展していった宣撫活動は、建国の理論による活動のみならず、農民大衆の生活に娯楽慰安を提供するメディア活動も行うようになった。

以上論じてきた娯楽と宣伝を結合させる宣撫活動については、「薬を與え、塩を與え、話を聴かせ、蓄音機を架け、ビラを撒き、小屋を架けて芝居を行なわせる、紙芝居で眼の新聞を感養させ、活動写真で時間的な逸楽を與える。社会衛生施設の完備、娯楽生活の育成、そんな事に献身的な現実を織り成す事が良い」[47]とされていた。宣撫活動の理論は、農村部の娯楽慰安の空間を創出するにあたり、多種多様なメディアを動員しなければならなかった。このような宣撫活動の実情を踏まえて、弘報関係者の間で、満洲電電と満映の作品だけでなく、満洲国のメディア全体を娯楽と宣伝の集合体としてつくりあげるための方法論が構築された。

１９４１年、弘報処処長の武藤富男は『芸文指導要綱』において芸術文化と弘報との結合を図る施策方針を発表した。その趣旨は、「満洲らしさ」を意識した文学、美術、音楽、演芸、映画、写真などの芸文を、国家の僕として宣伝に活用することであった。さらに１９４３年に入ると芸文＝宣伝活動という一元的な統制の実現が企図された。これら満洲国の芸文は、戦時下の総動員体制を支える使命を持つものとして位置づけられている。[48]

芸文指導方針を確立し芸文が他の諸部門と調和せる姿たる如く之を育成指導して全国に其の普及を図り以て物的建設工作と並行し精神的建設工作を遂行せんとす……我国芸文は国家の建設を行ふ為の精神的生産及生産物とす。従て国民大衆美しきもの楽しきものを與へ其の情操を清め高め其の生活に歓喜と力とを與ふると共に其の発展浸透に依り国民の団結を鞏固《きょうこ》にし優秀なる国民性を創造し……[49]

武藤が述べたように、『芸文指導要綱』によって、各種のメディアと文化活動は他の諸部門と協働する形で、宣伝機能を発揮することが期待された。さらに、満洲国中央政府はこれらのメディアが常に大衆へ娯楽的な内容を提供することで宣伝手段として機能し、「優秀なる国民性」という満洲国のイデオロギーにふさわしい国民像を創出することを望んでいた。

具体的に娯楽と宣伝をいかなる形で一つのメディアに結合すべきかについて、ラジオ放送局側ではまず否定すべき形式を提案し、「娯楽の中に生のままの国策を織り込んだ時局便乗的な娯楽」や「中味は従来の自由主義的なものであり乍ら、それを糊塗するために国策的な衣をかけた天ぷら的娯楽」という二つの種類を取り上げている。そのうえで、「娯楽性、大衆性を持ち乍らもその根本精神に於いて正しい世界観を持ち、国民を娯しみ乍らも一定の方向へと組織し、一歩づつでも高めて行くが如きものでなければならない」[50]という主張をしている。ここに、娯楽性と絡み合うものは長期的かつ計画的な宣伝方針であるべきという方針が示されている。

以上のように、満洲国の宣撫活動は、満洲事変直後から使用してきた「建国型」と呼ばれた施物と口頭宣伝を中心とする方法から、次第に娯楽と宣伝を集合させる方法へと変容していった。「建国型」宣撫活動が次第に農村部大衆の興味を喚起できなくなったことを背景として、より多くの大衆に影響を与えられるよう、娯楽と宣伝の関係に関して、まず個別のメディア機関が自らの業務の立場で検討を始めていった。娯楽活動が希少であった農村部で、メディアを中心に娯楽慰安空間を創出しようとした方法論は、１９４０年代に入ると『芸文指導要綱』の公布と同時に、メディアそのものに娯楽と宣伝を結合させるものとなった。こうした農村社会の変化とともに変遷していった宣撫活動のあり方は、「戦時下に於ては……生活全般を内面から力づけ、働く活力と生きる喜びを與へ得る娯楽が必要になってくるのであります」[51]という大政翼賛会文化部長高橋健二の意見の通り、実際戦時下の日本の総力戦体制における娯楽空間の行き先に先見の明の示唆を与えてしまう可能性があるともいえよう。

このような娯楽と宣伝の相互関係のなかで発展してきた宣撫活動は、農民大衆の特徴とその文化を一層重要視した。これは、『教育＝統制』『娯楽＝解放』という緊張関係のなかで両者が発展してゆくことで、結果的に個人的な娯楽の追求が国家の発展や国民としての資質の『向上』に繋がっていくこと」[52]を想定する、日本教育史上のメディア利用と相似形をなしている。満洲国の宣撫活動では、国策宣伝の媒体や内容が発展するとともに、農村部大衆の文化と娯楽生活の成長が促進された。

2　大衆から逸脱する農村部のターゲット

宣撫活動の実施側は、娯楽と宣伝機能を結合させるため、次第に個別のメディアそのものに娯楽と宣伝それぞれの内容を与えていった。それではなぜ、多種のメディアにおける娯楽と宣伝の結合が求められたのだろうか。これについて、弘報処や協和会などの宣撫活動の実施側[53]が、ターゲットである農村部の大衆をどのように理解していたのかという点から見ていく。

まず、1930年代の満洲国農村部では、非識字者が人口の約8割に上っていた。弘報処参事官の高橋源一は、非識字者について「学問のない、またこのやうな高度の経済に出くわしたことのない民衆」ととらえ、そうした民衆にとって、近代メディアのようなものは「何が何だかさっぱり判らないのはもっともだ」[54]と述べている。また、別の記述によれば、農村部の大衆は「彼ら自身の生活の現実の姿を彼等に見せしむる時は歓呼の聲《こえ》を挙げて感激」[55]したようである。近代的なメディアと一度も接触したことがない大衆は、感情的かつ非理知的な形で、これらメディアに大きく反応しており、その姿は「群衆」として見られていた。

ここで具体的に、実施側の各機関はどのようにその活動の対象を認識していたか分析する。弘報処参事官の高橋は、「我が国で口頭宣伝が必要なのは、民衆の大部分が文盲階級であると云ふことであり、新聞、雑誌などの普及率は先進諸国に比較にならぬほど低い」ためだと考えており、「宣伝資材が制約される時代に於いては、農村宣伝としては文書宣伝よりは寧ろ口頭宣伝に重点を」[56]置くべきと述べている。大衆の識字能力の欠如と当時の紙資材の制限という現実から、農村での宣撫活動における口頭宣伝の必要性を提唱している。農村部の大衆は「満ソ国境がどうなってゐるか、満州国が如何に発展してゐるか、もちろん知ら」[57]ず、満洲国の現状などに関する情報に触れるチャンスもないことが指摘されている。

実施側から「與へられてゐる王道の恵澤《けいたく》」が「甚だ薄い」生活をしているとみなされた農村大衆に対する宣撫活動は、「本質的に、社会生活に対する希望と力とを與へることを以て、協和会工作の基本要件としなければならない」ものとされた。

そこで坂田修一は協和会の宣撫活動の実践を通して、「(引用者注/工作の)困難さを加重する特色として、民族的に非常に複雑な社会構成を有してゐること」、そして「各民族間の文化の内容及その程度に甚しい開きがある」[58]ことを意識したうえで、宣撫活動が難航する場合には、民族別に方法を練り上げる必要性を強調していた。農村部における「多民族」について、弘報処は「其中大多数を占めてゐるのは満人（漢人）である……又蒙古族其他少数の露西亜《ろしあ》人等に関しても十分其の民族性を研究する必要がある」として、「満人」（＝漢族）と蒙古族のほか、少数派として露西亜人について考慮していた。[59]

満洲国における漢族以外の諸民族のなかで、実施側が最重要視したのは蒙古族である。鉄道沿線以外のところに電気施設がほとんど整っていなかった蒙古地方での生活の様子を、弘報処図書班の桑野寿助は「電気施設が普及したとしても、蒙古人が牧草を追って転々とし定着せる住家を持たない」[60]と記している。蒙古人の不安定な生活環境のなかでの、メディア基盤の設置の困難さを指摘している。また実施側は、蒙古人の特徴を観察し、他の民族と区別した。たとえば、満映の坪井與は、「元来蒙古人は民族意識が強く、満語で録音されたトーキー映画等については頭から馬鹿にして見向きもしない」[61]点を指摘し、蒙古人の言語と文化を理解した上で宣撫活動を実施しないと、国策宣伝の内容が理解されないと考えている。さらに蒙古人向けの宣撫活動では、「蒙古民族信仰の中心たる喇嘛《らま》僧に建国精神並王道政治を普及し」、かれら宗教指導者を媒介とする宗教活動と並行する形で宣撫活動が実施される必要がある点を指摘している。一方で、工作方法の面では、漢族と同じく、「文化低級にして無学者多く文字を解するもの僅少」と捉えており、興安南省政府は「故に之等蒙古民衆に対しては文筆に依る宣傳は全く効果なく講演映画、ポスター等直接耳目に依り注入せしむる如く創意工夫」[62]が必要であるとの見解を示している。

こうして、満洲国農村部の宣撫活動の実施側は、機関誌『宣撫月報』でそれぞれの経験と立場から、管轄下の地区における「群衆」の特徴について議論を行っていた。なかでも「満人」（漢族）と蒙古人が主要な対象であった。「満人」農民は最低限の生活を維持するのに苦労しており、物質的かつ精神的に「希望と力」が必要だと考えられていた。広大な地区に散在し遊動する蒙古人は、電気メディアとの接点がなく、自らの文化と宗教による宣伝しか理解できないと考えられた。「満人」も蒙古人も識字率が低く、かれらには活字資料による宣伝が機能しないと認識されていた。

このようなターゲット像に基づいて、実施側は宣撫活動を、かれらの娯楽生活に対する欲求を満足させる道具を用いることで、かれら自身が国策宣伝を受け入れるように期待していた。まず、文化施設や娯楽施設が完全に整えられていない環境に置かれていた農民たちは、娯楽活動を一切行わず、「村の廟会が彼等農民の心を楽しませる唯一のもの」[63]という状況が指摘されている。実際、農村部には娯楽と思われる独自の芸術が存在していたが、「大部分の農民は生活に疲れた虚脱の無関心に」あると考えられ、農村部独自の娯楽空間は形成されにくいと、農村部で調査を行った日本人知識人は考えていた。こうした認識から、「せめて当面の彼らの生活に、かなり些《いささか》とも潤ほひのある世界が拓かれなければ、結局、民心の安定も砂上の楼閣に終わ」り、「実生活とむすびついた農民芸術が待望される」[64]旨が記されている。農村部社会の安定と大衆の民心の把握を実現させるためには、農民の芸術ひいてはそれによる娯楽が必要不可欠なものとして認識されていた。[65]さらに、このような芸術は必ず農村部各地域の生活と結びつけなければならなかった。「大衆性を持たない作品は如何に芸術的価値が高くとも宣伝性を半減する」[66]と考えられた。

宣撫活動で提供される娯楽活動を楽しむ機会は、どのような目的で企画されるべきとされたのか。

満鉄の鉄道愛護運動（以下、愛路運動）を担った青木実は、記録小説のなかで、満洲国の農民を「全く国家的意識がなく、自分を守り、自己を利するよりしか本能的に考へないやうに環境づけられてきた」人であると描き出し、かれらへ「国家意識を移植することは極めて困難な仕事」[67]と指摘した。協和会は、国家に対する農民の認識について現地調査から次のように考察した。

悪ずれしてゐない素朴な年老いた一人の農民を捉へて、諸君が話し合ったとする。老人は「大清国が……」といって語り出すであらう。諸君は大いに面食って「今はもう満洲国ですよ」と訂正するに違ひない。すると老人はニコニコしながら意にも介せず、「一様一様」と繰返すであらう。同じですよといふのだ。その天真な微笑には、諸君もつい約込《引用ママ》れて、一緒に笑ってしまふであらうが、諸君は路人のムチをわらふ前に、国家の興亡や統治者の交替に、それ程無関心な彼等社会の特性に眼を向けるべきである。[68]

このような、自分が所属する村の社会だけに関心を持った農民たちを対象に、満洲国各機関はそれぞれの分野で調査と研究をしていた。当時の満洲国実業部の農村実態調査報告には、「彼等は『屯《トウン》』といふ自然社会に於いて、凡《あら》ゆる国家的変動に対処し、凡ゆる政策の変化に順応して、自分達の社会的利益を擁護する術を生得して来た……換言すれば、国家の存立といふものが彼の屯といふ社会の利益と全く同一の地盤に立つといふ事を彼等の経験を通じて直接に知らせなければならぬ」[69]と記されている。農村部における宣撫活動の重要な目標を明言しつつ、実施側に取り上げられた「農村生活と結びつけるべき」という意見が生まれた理由、かれらが所属する「屯」という社会組織にしか興味を持たない自己保身的な価値観を見いだしている。農村部における愛路運動の前線に立った青木は、このような農民たちに国民意識を植え付けるのは現実的に非常に困難であると認識し、そのうえで「せいぜい一般常識人としての初等教育程度の資格をもたせなくてはならない……そこで民生の向上と、教育の普及と、この二者と愛路思想の宣伝とは切放しては考へられない」[70]と述べている。宣撫活動を通して、国民意識より農民たちの教養を「初等教育程度」まで育てるべきであるとし、宣撫活動を農村部の社会生活を豊かにする道具、農村部の教育の一環として位置づけた。

そこで、農民たちはどのような方法で宣撫活動をより効率的に理解できるかという問題が浮上した。協和会はその経験から、「一人の真実の人材を直接確把して、口から口、耳から耳に伝へしめる方法が有効」と考えていた。そして、「新聞読者の少ない国内に於て、殊に蒙古の如き交通便の悪い民度の低い地方に於てすら、彼等の生活に関するニュースが如何に速に傳へられてゐるかは驚くべきものである」から「中堅人物の発見と養成に務め、その影響力を組織化することが肝要である」[71]という立場をとった。協和会の坂田は、このように蒙古地域を例として取り上げ、農村部での口伝による情報伝達の伝統を利用し、「中堅人物」を見いだし、宣撫活動を支える専門的な宣伝員として育成する必要があると提案した。当時の満洲国農村部では、階層によって宣撫活動の効果に違いがあった。たとえば、蒙古地区では、「上層階級は総ての点に於て理解もあり認識も深き事故之れ以上宣撫の必要なきものと認めらるる」一方で、「下層の階級はその効果浸透しあらざる如く見受けらる」[72]と認識されていた。坂田が提案した「中堅人物」は、蒙古地域の社会においては上層階級として、時局と宣撫活動の内容を自ら判断し、その解釈を下層階級へ伝達する役割を期待されていた。蒙古族のほとんどを占める下層階級は、その「中堅人物」たちの発言の影響で、自らの態度を形成していくと見られていた。

　このような蒙古族のなかにおける「中堅人物」は、南満洲の農村部ではすでに存在していた。保甲制度（行政機関の最末端組織）における甲長がまさにそのような存在である。かれらから「満州国建国に関する布告文、並匪賊宣撫に関するものなど、その趣旨の徹底の有無」[73]を聞いてその内容を詳しく知った住民の様子が記録されている。甲長は、宣撫活動の趣旨を解釈し農民たちへ伝達するほか、宣撫活動の重点を取り上げたり、個別の農民が宣撫活動に参加する必要があるかどうかを決めたりしていた。このような農村部社会の上層階層を媒介とする宣撫活動の方法について、「斯《こ》うした『屯の有力者』達の関与する政治であり、国家であるならば、既に彼等に取っては試験済」であり、「代々の国家、代々の政治といふものが彼等有力者のみとの交渉に於いて、農民の大多数の無関心を結果した」[74]と分析されている。このように、満洲国実業部は現地調査を通して、農村社会の構造を解き明かし、満洲国の農村部における政治のあり方が地域の有力者に主導されるものである点を指摘した。現地の上層階級である地域の有力者こそ、宣撫活動にあたって普通の農民と牧民の間をつなぐ必要不可欠なものとして考えられていた。

　こうした実施側の観点と理解は、宣撫活動のターゲットを、単に消極的かつ感情的な「群衆」ではなく、民族的、文化的、階層的に複雑な構成を持つものとして認識するものであった。かれらは「民度が低い」とされた非識字層であり、宣撫活動の内容は生活の現実と結びつけないと理解されないため、かれらの教養や文化などに適合するものが選択されるようになった。宣撫活動は、農民たちが理解でき、楽しめる内容を製作し、農民たちが信頼できる有力者を利用した。

3　官民一体の構築体制

満洲国で構築された宣撫活動の理論は、宣撫活動の実践や農村調査に基づくターゲット像から、次第に満洲国農村部の特徴に合致するよう改められていった。こうした宣撫活動のあり方は、日本の軍事拡張とともに、ほかの中国占領区でも応用されるようになった。中国戦線で広範囲に応用されたことで、宣撫活動の体験や反省、回想などを記述した雑誌記事や小説が日本で多く出版された。当時の日本では、「帝国と国家に関するアイディアは戦時中の日本人にとって魅力的なもの」とされ、「広告事業者や他のプロパガンダ制作担当者」は、「戦争遂行に協力することで生計を立てられた」[75]ため、時局便乗の宣伝関係の書籍[76]と記事の出版ブームが起きていた。そのなかに、満洲国と中国占領区における宣撫活動関連の出版も少なくなかった。本項では、戦時下の日本で出版された宣撫関係の出版物のなかで、多様な立場から宣撫活動の意義を発信したものを取り上げて、分析していく。

ここで満洲国だけでなく、他の中国占領区で行われた宣撫活動も視野に入れるのは、華北地域をはじめ満鉄からの派遣社員が中国各地域で宣撫活動の制度を立ち上げたからである。[77]さらに、1938年初頭には、華北への「此種満鉄派遣社員に数百名を超ゆるに至」り、「其後軍に於て宣撫班要員を別に採用し、是に必要の訓練を施して遂次宣撫戦線に送り、之に従って満鉄会社より派遣せられたるものは帰社し、今日では数千人の軍採用の宣撫官が燃ゆるが如き興亜精神を以て北支全域に亘る宣撫工作に従事」[78]していた。このころ、華北地域では、従来の満鉄社員に代わり、現地の日本軍が自らの宣撫官の採用と育成を始めていたことがわかる。そのため、「宣撫」理論の構築を検討する際、中国占領区における経験とその言説に注目する必要があるといえる。

雑誌『満洲観光』は、太平洋戦争勃発後に次のように指摘している。

宣撫工作や愛路運動が一局部の機関の「業務」である、と考へてゐたら大変である。この差し迫った国際時局を目前にして、政府も協和会も民間機関も、官民、軍政、凡ての国民が真剣になって、戦時宣伝の重要性を再認識しなければならぬ。[79]

満洲国における宣撫活動は、特定の部局の仕事だけでなく、「官民、軍政、凡ての国民」が協力し合うことで成し遂げるものとしている。陸軍航空本部に勤務した経験がある心理学者の望月衛は、満洲国と中国で生活していた日本人の知見が、それまでの満洲国と中国に対する認識を改める役割を果たしていたことを指摘している。また望月は次のようにも述べている。

既にして大陸に足跡を印した日本同胞の数は莫大なものとなった。彼等は彼等独自の支那観満洲観を土産にして帰還した。彼等の支那観念は多かれ少なかれ大陸の現実に触れ、彼等の作品の多くは過去の支那観を是正した。また当事者達は支那に於ける宣撫や文化工作は如何になすべきや、現在防諜は如何になすべきやと言ふ事に就ても専門的見地から現実的観察を怠らなかった。[80]

満洲国と中国で生活していた日本人は、大陸での経験や観察から、宣撫活動に関する専門的な意見を持っているという認識を示している。当時、宣撫活動には「官民、軍政、凡ての国民」の協力関係が望まれており、政府と軍のみならず、大陸生活経験を持つ日本人の見識が貢献しうると考えられていたことがわかる。そのような日本人は具体的にどのような知見を発信していたのだろうか。

まず、日本軍と植民地支配側の宣伝工作に携わった日本人による、物品配布とメディア利用についての次のような感想がある。

戦火の遠のいた跡をキャラメルや薬、さてはお茶や塩を與へて宣撫して行く……交通が不便な上に、だだっぴろい大陸では、物資が奥地まで充分に行きわたらないのである。日常必需品にさへ不自由してゐるらしい……大の大人が、喜ぶのなんのって……「政府の連中が、やかましく言ひつけてもなかなか作らなかった道を、わしはキャラメルでよろこんで作ってもらったよ。」[81]

これを記した宣撫官の山本英一にとって、宣撫班の物品配布は重大な意義を持つものだった。物資不足の奥地で日常生活用品の配布を行うことは、宣撫班の仕事、ひいては戦争を大陸の解放として捉えさせるものであり、キャラメルの配布を通して、宣撫班は現地政府に先行して現地の民心をより把握したと山本は認識している。こうした物品配布の意義を強調する意見の一方で、メディア利用に焦点を当てる記述もある。朝鮮の京城日報社の主筆である中保与作は、満洲国の協和会がドイツの宣伝省と同じような役割を果たしている点を指摘したうえで、次のように述べ、協和会による宣撫活動の基本方法と目的を問うている。

如何なる政治が布かれるのであるか。王道政治とは、何をいふか。新政治の下で、国民は如何なる恩澤に浴するか。日本軍とは、どんな軍隊であるか。何のために、ここへ進んで来たか……等などを噛んでふくめるやうに説得し、さまざまのポスター、映画等をも見せて、彼等を心から肯かせようとするのであるが。[82]

また医学者と小説家である木々高太郎は、大陸における宣撫活動は医療工作と文化工作という車の両輪で進めるべきだと主張した。宗教と自然科学という西欧の植民地支配方法に対し、日本人は最も得意とする医学を利用しなければならないと提唱した。[83]

そのほか、占領される社会の文化の尊重を訴える観点もある。前述の心理学者望月は、陸軍側の研究者として軍事学に携わる立場から、「宣撫は武力戦、破壊戦より所謂建設戦、占領地経営に移る過程に於て行はれるものであり」、「宣撫工作も文化工作も対手国の国民性、国民生活の真の理解なくしては何の意味もない」[84]と述べ、宣撫活動は武力作戦から占領社会建設までの移行期間に行われる作戦方法であり、その土台は相手国の文化の理解であると指摘している。望月にとって宣撫や文化工作は、「武力戦の有力な一半面」[85]であった。望月が期待したのは、「現在の日支の関係」において「支那の文化を充分に尊重し、それが日本文化の重要な一つの源流である事を認め、又支那に対しては、この古い支那に新しい日本の息を吹かける事によってお互に密接不離の文化的提携をなし得る」[86]ことであった。

この点について、相手国の文化を宣撫活動で尊重すべきかどうか、日本の知識人と宣撫官側との間で論争があった。1938年、宣撫官と東京の各宗教団体の権威との対談が行われた。宣撫活動の方法について、中国人に接する際、宗教団体からは「慈愛」を含めた手段を使うべきだという主張が出され、他方の宣撫官側からは「恐怖の念を与えること」を重視する意見が出され、相互の意見が対立した。興亜青年和合聯盟《れんめい》主幹の松岡林造は、「これをどういふ風にやって行くかといふことは、私達から考へて二つの行き方より仕方があるまい」とし、「それには日本人の優越感といふものを根底から捨て」、「同化する形を以て支那人の懐ろに飛び込んで、所謂柔らかい方法で行く」こと、あるいは「徹底的な優越感、徹底的な征服の気分で」臨み、「本当に人的力を以てそこに無理があっても支那人をして根底から諦めしめる」方法の二者択一であると述べている。[87] 松岡は、宣撫活動に対する意見についての実施側と知識人の認識の乖離を認識した上で、中国文化への同化か中国文化の征服かという二つの方向性のどちらかで臨むほかないとした。

松岡のような日本側の「興亜」知識人とは異なり、満鉄に勤務し中国文化に精通した知識人は、現地文化を考慮し、利用することを強調する傾向にあった。満鉄に勤務した三田了一は、「随《したがっ》て日本及び日本人の制度並に考へ方の直訳的押付けは最も忌む處」という立場をとり、傲慢な征服者気分による方法を戒めた。そして、「どこ迄も彼等本来の姿古来からの民族生活の実相、彼等の道義彼等の望む處に立脚したものであって、今日の場合日本人的小細工を施すべきでなく、所謂無為にして化する心持で、彼等自身に自ら盛り上る力を善導して、新秩序建設に自然的に協力せしむる結果になるが如く宣撫すべきである」[88]と主張した。当時の中国占領区で行われている古来の伝統や生活様式に基づいて、それを強引に変化させることなく、自然にそれを利用し民衆を教化することの必要性を提唱した。

このように、中国戦線における宣撫官、植民地朝鮮のジャーナリスト、日本の医学者、陸軍所属の心理学者、愛国団体の幹部、満鉄の知識人たちは、それぞれの立場から、満洲国と中国における宣撫活動について自らの経験に基づき、新しい知見を出版という形で共有した。当時の日本では、対内、対外を問わず宣伝関係の出版物の多くは、商業的な一般の広告事業者によって書かれることが多かった。一方で、「宣撫」関係の出版物は、中国と満洲国の時局に直接に関わる軍、新聞社と国策会社のエリートたちによるものである。かれらは日本本土における宣伝関係の出版物の商業化の波に乗り、それまで占領区・植民地の支配者や、それに関わるエリートに独占された「宣撫」理論をより広範囲に知らしめる役割を果たした。

第三節　宣撫におけるメディア

これまで論じたように、満洲国における「宣撫」概念は欧米宣伝理論の上に、同地の社会的な特徴を踏まえて発展していった。満洲国では、いかに「楽しい感情を利用する」ことを宣伝と結びつけるかがもっとも議論される点であった。そして、ターゲットを煽動されやすい「群衆」として位置づける満洲国中央政府に対して、宣撫活動の実践の深まりとともに、実施側では宣撫活動の内容をターゲットの生活の現実と結びつけなければならないという認識が広く共有されてきた。このような宣撫理論とそれに関する知見は、中国や満洲国にいた軍や国策会社などのエリートたちの手により、日本で出版された。

こうした満洲国の宣撫理論は、その独自の形成の過程で、理論と実践の相互作用が見られた。宣撫活動の方法が理論化されていく過程で、各種のメディアを利用した活動は、そうした理論を次第に取り入れた。

されればその重大性を実施し「口」よりの宣伝として口演、座談会を行ひ今回の事業の重要性と国民生活の関係を理解納得せしめ「目」よりの宣伝としては映画を行ひ吾国の現状並に本事業に対する理解力を平易直截《ちょくせつ》に涵養《かんよう》せしめ智識の啓蒙と慰安とを併せ行ひ……施療施薬職業輔導を為し、省県協和会合同の下に徹底的に民心把握の撫民工作を実施……[89]

1939年の満洲国通化省公署の宣撫活動計画案では、『宣伝の研究』(1935年)で示された「口より耳へ」と「眼より心へ」という宣伝方法に従い、「理解納得」と「智識の啓蒙と慰安」という目的を設定している。そのうえで、施療施薬を行うことで、「徹底的に民心把握」を実現することを目的とする工作が企図された。ほとんどの地方政府は、この通化省の例に見るように、弘報処の宣伝理論を踏まえ、独自の工作計画を練り上げていた。各地方政府の宣撫活動と協力する協和会は、1945年までの宣撫活動の方法に基づいて、次のように分類した。

理念や意図が宣伝によって十分に相手に伝へられ、宣伝がその目的を達する過程を三段階にわかつことが出来よう。第一のそれは意識づけること。第二は諒解させること、第三は共鳴させることである……宣伝の行はれる段階をこの様にわけて考へる時に、宣伝に用ひられる方法と媒体はその種類によってそれぞれの機能に差異があることを知り得る。ポスター、伝単、懸垂幕、装飾塔等は意識づけるために有力である。映画、放送、画劇、演劇演芸、雑誌、新聞、刊行物等は諒解せしめるために有力である。そして共鳴させるためには如何なる方法が最も有力であらうか。この媒体の機能の発揮はその対象の相違によって異なることは言ふ迄もなく……[90]

協和会はメディアと活動それぞれの使用方法、その性質、機能に応じて、宣伝の3段階を示し、メディアと活動を各段階の策略のなかに振り分けた。そして、メディアと各種の活動そのものが宣撫活動における独自の戦略的かつ理論的な意義を持つようになった。本節では、満洲国独自の宣撫理論がどのように宣撫活動における各メディアと活動のなかで具現化されるかを明らかにしていく。

1　口伝を中心とする宣伝

満鉄附属の東北文化協会の職員であった楊成能（橐吾《たくご》）は、１９２０年代から講演を理論化し、その重要性を強調した。楊は、彼が主筆を務める、関東州で発行された満蒙文化協会の中国語機関紙『東北文化月報』で、「演説学」という講演の方法論と重要性についての文章[91]を掲載した。楊は講演に求められる教養、講演内容の構成と書き方、講演の場所と必要備品などについて、さまざまな面から議論している。その背景にあるのは、中華民国成立後の、輿論が政治に影響する環境において、講演に長けることこそ民主革命を成功させるために必要な能力であるという主張である。[92]こうした講演重視の論調は、満洲国においても『宣伝の研究』（１９３５年）に継承された。宣撫活動理論における講演の重要性について、『宣伝の研究』に次のような記述がある。

紙、印刷術の発明以前にあっては専ら演説が宣伝手段として用ゐられた、従って、人を説く方法は極度に発達し、現今に於いても之に加ふるなき状態である……宣伝手段としての「口より耳へ」の工作は他にいろいろの宣伝手段が案出されたとはいへ、その重要性依然として軽減されない、特に、満洲国の如く、文字を知る階級が少く且つ他の宣伝手段を実施する余地のないところでは当然重視されねばならぬ。[93]

講演は以前から宣伝手段として使用されており、その方法は次第に洗練されてきている。他のメディアや活動と併用させても、その重要性は揺るがないと認識されている。『宣伝の研究』は、口伝による宣伝方法を、個人説得、座談会、講演会に大別している。のちの弘報処による宣撫理論はこれを継承し、発展させたものである。たとえば弘報処地方班の「講演会・座談会の開き方」(1939年)[94]は『宣伝の研究』の要約である。満洲国の宣撫理論における口伝は、この3分類を基本的な枠組みとしている。

そのなかでも、とりわけ現地人による個人説得の効果が最も重要視された。

或る屯で農村の写真を撮るためにブラブラ歩いてゐたら、或る農民がぜひ自分の家に来いと云ふので、行ったらお茶のサーヴィスをしてくれた。帰りに子供に十銭白銅をお礼の意味で握らしたら、その翌日あたりから、筆者の顔を見る農民がいづれも自分の家に来てくれ、と云って引っぱられたのには閉口した。これなどもすぐに宣伝されたものらしい。とにかく農村に於ける口頭の宣伝は実に驚くべきものがあるから、色々の意味で特に注意を要することである。[95]

この筆者である宇和田武は、満洲国農村部での調査写真の撮影の経験から、農村部における口頭宣伝の文化の存在、農民から農民への情報伝達の効果を認識した。このような伝統的な個人説得による口頭宣伝について、「個人から個人への口づてはその型は極めて迂遠のやうに思はれるが、その伝播力は非常に強烈」であり、「他人の知らぬニュースを逸早《いちはや》く知り得た場合これを他人に知らせ、相手を驚かせ、或は尊敬に似た感じを起させて幾許《いくばく》かの優越感を持つ」[96]という、個人説得の背後に隠れた農民たちの心理を『宣伝の研究』で明らかにしている。さらに、1940年に弘報処の参事官であった高橋源一は、『宣撫月報』の「口頭宣伝を重視せよ」において、「我満洲国の現段階としては第一の個人説得に重点を置くこと」を示し、村落の伝統文化である口頭宣伝工作を利用する必要性を訴えている。高橋は、その本質を「人には他人より早く秘密を知らんとする衝動」に見いだし、「これを巧みに利用するのが流言蜚語《ひご》である」と述べている。この高橋による、満洲国農村部における流言蜚語に着目する議論には、1937年に日本で出版された清水幾太郎の『流言蜚語』による影響が考えられ、「人智の発達しない場合、又は言論が不自由な時代には流言蜚語が活発に働」き、「宣伝者は街頭に流れるいろいろな流言蜚語を注視せねばならぬ」[97]と強調した。清水によると、流言蜚語の担い手である「潜在的公衆」は、「群衆の感情のように一つに燃え上がるもの」ではない。その担い手においては、「個人の感情が決定的な働きを持」ち、「群衆においては跡もなく失われる個人的なものが潜在的公衆に於いてははっきりと残っている」[98]としている。「潜在的輿論」である流言蜚語と、その根底にある個人説得の担い手としての満洲国の農民たちは、個人の意思と感情を持たない群衆の枠に当てはまらず、群衆と公衆の間に介在する存在として考えられた。

こうした「潜在的輿論」を意識したうえで、それを利用する口頭宣伝の方法が練り上げられていった。宣撫活動による個人説得では、相手の身分や趣味や好悪を把握しておくこと、「相手の胸によい響きを與へる」ような用語を選択すること、「相手に不快の念を起きさせぬ」服装や態度を注意することのほか[99]、「相手によって、対象と同じ立場に立って」説得する方法を最も優先的に考えなければばならないものとした[100]。

宣撫活動の実施側は、個人説得のうえに、座談会と講演会の方法を計画した。それは、「潜在的輿論」を意識しつつ、計画的に常に参加者の気持ちを取り入れることであった。まず、座談会を、「一方的な命令でなく、『広く会議ヲ興シ萬機公論ニ決』するところに政治の妙諦」[101]があるものと位置づけた。弘報処は明治天皇の「五箇条の御誓文」を引用し、宣撫活動における座談会を議会制度にたとえ、満洲国農村部における独自の「公議輿論」形成によって、目的である満洲国国家精神や政策などに対する現地人の理解と協力を実現しようとした。そこでは、「ロシアの現制度ソヴエート」を参照し、その「原語の意味は会議であってロシアの農民が行ってゐる方法」であるといい、「それを共産主義者が利用したが、現在のロシア農村には真のソヴエートが行はれてゐない」[102]点を指摘している。ソ連農村でいまだに真の会議輿論が行われていない点から、『宣伝の研究』は満洲国農村部での宣撫活動に示唆を与えようとしている。

座談会は、現地の輿論を形成させてから開催すべきとされ、参加者を「地方有力者のみに限定する」形で、「相手に多く語らしめる」こと、「講演になるのは禁物」[103]とした。座談会は、「個人説得と同じやうに宣伝者の真意をトコトンまで判らせることが目的で」あり、「一方的にこちらの意志を伝へるのみでなく、対象の要望を知りその要望に応じながらこちらの意図を充分納得せしめることである」[104]という趣旨に基づいて、宣撫活動の実施側と現地有力者との政治的な交渉と斡旋の場を提供する役割が期待された。統治者側は農村社会における輿論の存在を認めたとわかる。また農村社会の輿論形成に大きな影響力をもつ、一定の学識のある地方有力者を対象とすることで、満洲国政権に対する現地の輿論形成が、農村社会の上層部にいる地方有力者からトップダウンで一般の農民たちへ拡散するよう仕掛けられた。

一般の農民たちをも対象とする講演会は、農民たちの輿論形成を目的とした。このような一般の農民たちを対象とする場合、宣撫活動の実施側は「群衆心理を巧みに利用し、群衆をわき立たせる」ことを常に意識していた。そのため、一般的な農民たちの意見より、講演者の話し方と講演の実施場所の環境が最も工夫されるべきであった。たとえば、聴衆の注意を演壇に集中させるため、演壇の方を明るくし、座席の方を暗くすること、国旗に対する敬礼、国歌斉唱などといった同じ行動を通して聴衆の心を統一すること、写真や掛図、黒板、質問などを利用することで聴衆の注意を集中させること、会場のどこでも聞こえる声の調子とすること、最も注目を集める正面中央に立つこと、「我輩」や「諸君」ではなく「我々」や「お互いに」という言葉を使用することなどが指摘されている。そのうえで、「講演者に権威をつける、先づ話をはじめる前に、講演者に対する聴衆信頼を獲得することにつとめる」[105]など、講演者と農民との上下関係を定め、講演者による一方的な説得を農民たちに受容させることも望まれた。

以上、口伝による宣伝の理論と輿論の関係を分析してきた。このような口伝による宣伝は、ほかのメディアとの協働という点で、いかなる存在だったのか。弘報処参事官である高橋は、口頭宣伝を、１９４０年までの近代メディアの発展という文脈に置き、以下のような定義を試みた。

現在では……映画、新聞、放送の三者は宣伝媒体の花形となってゐる。宣伝といへばスグ以上の三者を持ち出す程常識化されてゐる。これらの花形媒体を用ひるのが新型の宣伝で、原始的な口頭宣伝などは取るに足らぬものだと軽蔑され、軽蔑されぬまでも甚だしく軽視されてゐる。然し、よく考へて見ると今の時代には一番口頭宣伝が大切なのだ。映画がまだトーキーでなかった時代には字幕や弁士でこれを説明して理解に資したが、今では演技者の肉声を聞くことが出来るやうになり、ニュース映画などでは屡々《しばしば》口演者の肉声を聞くことが出来るやうになった。それが為、映画俳優は依前のやうに仕草丈けでは済まされなくなり、せりふが問題にされるやうになった。若《も》しテレビジョンが普及すれば居ながら何千何萬里の遠距離の地にある人の演説を真近にある思ひで聴くことが出来る。拡声機や、ラヂオの発明は、聴衆の数を無限にまで拡大するに至り、文章の宣伝力に劣らぬ広汎性を持つやうになった……一時極少数の人間を相手にする演説などはその効果はタカが知れてゐるとして顧みられなくなったが、ラヂオ、トーキー等のスバラしい発達は口頭宣伝の発達を促進して来た。[106]

高橋によれば、映画やラジオやテレビなどといった近代的な電気メディアの発明により、それらによる宣伝活動ばかりが注目され、一見して口頭宣伝の効果が軽視されるようになった。しかし、サイレント映画の受容における弁士と字幕の必要性や、トーキーにおけるセリフの洗練、さらにテレビやラジオなどのメディアの存在によって、講演がより多くの聴衆へ届くようになった。つまり、口頭宣伝は事実上その影響力と効果を変えずに、電気メディア時代においても新たな発展を遂げたと高橋は認識している。複数のメディアを動員する宣撫活動において、口頭宣伝はすべてのメディアの根底にある基礎的な存在だと高橋は考えた。このような認識に基づいて、口頭宣伝は１９４０年代に入りさらに重要視されていった。

１９４０年代に入ると、満洲国においても物資不足が深刻になり、「用紙を初め写真の資材も映画のフィルムもインクも昔のやうにフンダンに使用出来なく」なり、資材の節約を余儀なくされるようになってきた。１９４０年当時の宣撫活動では、宣伝材料の不足化が進んでいたなか、宣撫活動の経済面を考慮しなければならなくなった。弘報処の磯部は、１９４０年頃の宣撫活動について予算面を重視し、「その細部の結構《引用ママ》及び方法に関しては、目指す目標の範囲と使用し得る経費の如何とを考慮して、独創的工夫と技巧を凝らし、以て最も効率的に、しかも経済的に宣伝の最後の目的を達成する如く考究」[107]することを要請した。そのようななか、高橋は「文章より口頭でやるのが宣伝の新体制である」[108]と指摘している。

こうした背景のなかで、口頭宣伝の宣撫活動における位置づけは、１９４０年代からどのようにして「宣伝の新体制」へ変遷していったのだろうか。協和会の佐藤岩之進は、１９４５年頃の宣撫活動における口頭宣伝について、次のように述べている。

満洲国内にあっては……あらゆる宣伝は最後に説得の方法によってそれ迄のいろいろな方法によってなし来った宣伝の成果を万全ならしむるが如く心掛けることが最も必要であらうと思はれる……しかも最後に説得の方法をもって宣伝の目的を達するのである……そしてあらゆる方法と媒体を使用してもこの説得に属する方法が併用されなかったならば、宣伝の効果が大いに発揚

> され得ないのであることを充分に考へる必要がある……小冊子にしてもそれを配っただけでは、配布された人が本当によく読んだとしても、それで充分に効果を上げ得たと確信できるであらうか……宣伝のためには色々な媒体と方法とが総合的に使用されなくてはならぬ。と同時に宣伝者はその使用する方法と媒体が対象に対して果し得る機能について十分に検討を行はなくてはならぬ。[109]

佐藤の記述からは、宣撫活動における複数のメディアに対する農民たちの受容に関する疑問が読み取れる。たとえば、小冊子について、受け手が伝達される内容を受容したとしても、その理解が本当に実施側の意図に沿うものであったかに疑問が呈されている。受け手の理解が宣撫活動の趣旨から乖離する可能性の指摘である。そこで、宣撫活動の効果を向上させるため、口頭宣伝を、その他のメディアや

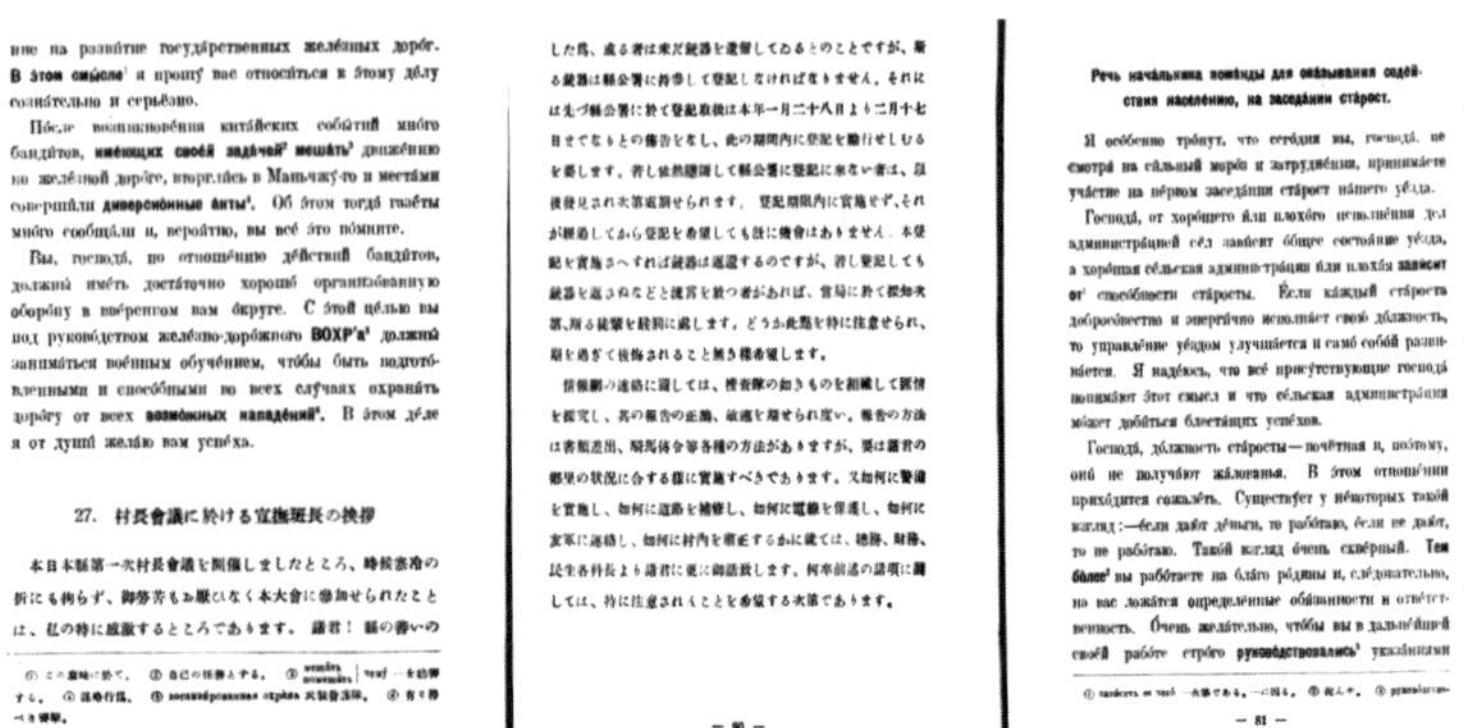

ние на развитие государственных железных дорог. В этом смысле¹ и прошу вас относиться к этому делу сознательно и серьёзно.

После возникновения китайских событий много бандитов, имеющих своей задачей² мешать³ движению по железной дороге, вторгались в Маньчжу-го и местами совершали диверсионные акты⁴. Об этом тогда газеты много сообщали и, вероятно, вы всё это помните.

Вы, господа, по отношению действий бандитов, должны иметь достаточно хорошо организованную оборону в вверенном вам округе. С этой целью вы под руководством железно-дорожного ВОХР'а⁵ должны заниматься военным обучением, чтобы быть подготовленными и способными во всех случаях охранять дорогу от всех возможных нападений⁶. В этом деле я от души желаю вам успеха.

27. 村長會議に於ける宣撫班長の挨拶

本日本縣第一次村長會議を開催しましたところ、時候嚴冷の折にも拘らず、御勞苦もお厭ひなく本大會に參加せられたことは、私の特に感激するところであります。諸君！ 縣の

① この意味に於て。② 自己の任務とする。③ мешать 妨害する。④ 謀略行爲。⑤ военизированная охрана 武裝警護隊。⑥ 有り得べき襲撃。

— 78 —

した爲、或る者は未だ銃器を遺留してゐるとのことですが、斯る銃器は縣公署に持參して登記しなければなりません。それには先づ縣公署に於て登記取扱は本年一月二十八日より二月十七日までなりとの佈告を爲し、此の期間内に登記を勵行せしむるを要します。若し依然隱匿して縣公署に登記に來ない者は、且後發見され次第嚴罰せられます。登記期限内に實施せず、それが經過してから登記を希望しても既に機會はありません。本登記を實施さへすれば銃器は返還するのですが、若し登記しても銃器を返さぬなどと流言を放つ者があれば、當局に於て探知次第、斯る徒輩を嚴罰に處します。どうか此點を特に注意せられ、期を過ぎて後悔されること無き樣希望します。

情報網の連絡に關しては、偵察隊の如きものを組織して匪情を探究し、其の報告の正確、敏速を期せられ度い。報告の方法は書類差出、騎馬傳令等各種の方法がありますが、要は諸君の鄉里の狀況に合する樣に實施すべきであります。又如何に警備を實施し、如何に道路を補修し、如何に電線を保護し、如何に友軍に連絡し、如何に村内を肅正するかに就ては、總務、財務、民生各科長より諸君に更に御話致します。何卒前述の諸項に關しては、特に注意されんことを希望する次第であります。

— 80 —

Речь начальника команды для оказывания содействия населению, на заседании старост.

Я особенно тронут, что сегодня вы, господа, не смотря на сильный мороз и затруднения, принимаете участие на первом заседании старост нашего уезда.

Господа, от хорошего или плохого исполнения дел администрацией сёл зависит общее состояние уезда, а хорошая сельская администрация или плохая зависит от¹ способности старосты. Если каждый староста добросовестно и энергично исполняет свою должность, то управление уездом улучшается и само собой развивается. Я надеюсь, что все присутствующие господа понимают этот смысл и что сельская администрация может добиться блестящих успехов.

Господа, должность старосты — почётная и, поэтому, они не получают жалованья. В этом отношении приходится сожалеть. Существует у некоторых такой взгляд: — если дают деньги, то работаю, если не дают, то не работаю. Такой взгляд очень скверный. Тем более² вы работаете на благо родины и, следовательно, на вас ложатся определённые обязанности и ответственность. Очень желательно, чтобы вы в дальнейшей своей работе строго руководствовались³ указаниями

① зависеть от чего 一次第である、一に因る。② 況んや。③ руководство-

— 81 —

図1-2 「村長会議に於ける宣撫班長の挨拶」
（出典：深見尚行編『式辞・演説・布告——日露対訳』外語学院出版部、1942年、78-81頁）
国立国会図書館蔵

活動による宣伝に付随すべき存在と位置づけた。口頭宣伝を他のメディアや活動の途中あるいは最後に実施することで、それらメディアや活動の限界を補足できるようになると協和会は期待した。

宣撫活動における口頭宣伝の理論は、1935年に出版された『宣伝の研究』を土台とし、個人説得、座談会、講演会という三つの口頭宣伝の方法を確立した。個人説得に内包される「潜在的輿論」が重要視され、地方有力者を対象とする座談会が、農村社会の輿論形成の第一歩として期待された。それは、地方有力者からトップダウンで一般の農民たちへ情報を拡散するものであった。講演は、一般の農民たちを群衆として位置づけた。講演は講演者の権威を示し、上下関係のなかで一般の農民たちの注意を引くための工夫を施して説得を行うように仕掛けられた。これら口頭宣伝は、農村社会の「潜在的輿論」と輿論に注目するものである一方、軍事作戦後の社会再建を目的とする宣撫活動の一環であるため、真の輿論というよりも、むしろ帝国日本の軍事支配の下で口頭宣伝により形成されていった、協力的な空気であるともいえる。このような口頭宣伝は、すべての電気メディアの根底にある基礎的な要素だとも考えられており、1940年代の物資不足のなかでは、すべてのメディアと活動による宣伝工作のなかの必要不可欠な手段として位置づけられた。

このような口頭宣伝の理論に基づいて満洲国農村部で行われた座談会や講演の原稿は、多数出版され、満洲国はもとより日本本土でも流通した。図1 - 2はある宣撫班の講演のロシア語訳である。多文化多民族向けの宣撫活動では、多言語が必要とされた様子がうかがえる。

2 娯楽と宣伝を横断する視覚メディア

続いて、宣撫活動における視覚メディアの理論について主に絵を使用する紙芝居とポスター、複製技術の映画を対象として取り上げる。紙芝居とポスターについては、満洲国現地の文化を取り入れるという大衆性と、絵による娯楽性という二つの特徴が共通して見られる。

『宣伝の研究』は、紙芝居を風刺的なものより、むしろ教化的、啓蒙的かつ娯楽的な使命を持つもの[110]として位置づけている。それによれば、満洲のような伝統的な娯楽行事もあまりなく、普段集会の場所もない農村部の人々のもとに、慰安と教育の目的で紙芝居を持ち込むことで、映画や幻灯などと同じ効果をあげ得ると期待されている。[111]協和会文化部の英賀重雄によると、本来日本の街頭の飴売りの手段であった紙芝居は、日中戦争をきっかけに宣伝工作の一方法として使用されるようになり、「漢民族の先天性である『好劇性』に訴求する」ために、その宣伝媒体としての効果が認められるようになったという。[112]この「好劇性」とは、主に「満系即ち漢民族系」が「特に歴史的な伝説、稗史《はいし》等により取材した京劇をよく好むこと」[113]を指している。一方で、宣撫活動で紙芝居の演出と絵画の製作に従事していた畫劇拡撫《がげきかくぶ》社の石井廣次は、「満人へ対し日本人への同化を強要する様な考へ方は、百害あって一利無し」[114]と主張した。こうした現地文化を土台とする紙芝居の対象は、「只でさへ娯楽に乏しく」[115]「結局組織せられない一つの集群に過ぎない」[116]大衆として認識された。このような対象の意識を統一させるため、紙芝居の製作側は、その絵画と口演のそれぞれに、どのようにして娯楽性と宣伝性を持たせるかについて工夫した。

夫れ（引用者注／紙芝居の絵画）は写真画報の如く、ストーリーが単に描写物を説明する役割りをなすものでもなく、両者が並行的に印象さるゝ訳でもない、紙芝居に於ける絵画と口演との関係は……相手の印象から記憶へと、深く打ち込まれて行かねばならぬ、然《しか》も満人のこの場合に於ける感受性は、視覚よりも聴覚より来る方が敏感である……ストーリーの棒読みだけは絶対に禁物である、演出効果を台なしにしてしまふ、満映の俳優達は流石専門だけに科白《せりふ》へ感情を盛ることも巧みであるが、夫れ程迄に一般満系宣伝員に望めなくとも、せめて脚本朗読程度の感情表現は是非体得して貰ひたい。[117]

石井が指摘するように、当時の紙芝居ではストーリーと絵画が対等に扱われていた。ストーリーは、脚本朗読によって口頭で感情表現巧みに語られることが期待された。観衆の心の深層に訴えかけるべく、かれらの習慣に従って、口演による聴覚への訴求が最重要視されていた。一方で、協和会の英賀は、紙芝居の視覚による訴求力について、「芸術的手段も複雑なものであればある丈印象的であり、感銘の度合いも深くなる」と評し、「従って教化性も深く人心に入り込む訳である……教化の要素としては直観性を忘れることは出来」ず、「強烈な印象による直観を利用するものとしては、聴覚よりも視覚に訴へるものの方がより効果的である」と、強烈な印象を与えられる視覚的な要素に重きを置いている。

協和会の佐藤は、かつての紙芝居には宣伝目的のものがなかった点を指摘し、「娯楽本位であったものが、その後教育的な、啓蒙的な内容をもったものが製作されるやうに」[118]なるのは、紙芝居が演出者と演出場所について自由であり、製作と操作が容易で、購入費や維持費が安価である点に加え、誰でもどこでも実施できる点を強調した。1940年代に入ると、宣撫活動における紙芝居は劇的な構成をもつ娯楽的なものと、報道的あるいは啓蒙的なものという二種に大別されるようになった。このような分類方法は、満映における娯民映画と啓民映画というカテゴリーを参照したものと考えられる。

一般的に云へば啓民畫劇《がげき》とでも云ふべきものであるが、速報的報道を主とする報道畫劇と、啓蒙的訴求を主とする文化畫劇即ち娯楽畫劇の情に訴へるに対し、知識に訴へるものであって……文化畫劇とは満映の啓民映画に相当するものであると思ってもらへばいい。これは要するに、知識に訴へる啓蒙用のものであるだけに、内容を適確に訴求しなければならない……之等を畫劇のもつ総合芸術としての表現形式を籍《か》りて、写真、絵画、地図、統計図等適当に編輯《へんしゅう》したものを立体化する訳であって……[119]

1940年代の宣撫活動における紙芝居では、娯楽的なものと宣伝的なものとが明確に分類されていた。宣伝的内容が無理やりに娯楽的な構成のなかに入り込むことで、観衆が嫌悪感を覚えてしまう懸念から、紙芝居の製作側は娯楽的なもので観衆を喜ばせながらも、多様な手段を用いて宣伝的要素をもたせることによって、観衆を説得することを期待していた。このような紙芝居を使用することで、「大衆をして協和会の畫劇は面白くて為になると云ふ観念を植ゑつけなければならな」[120]

かった。このように、紙芝居は絵画と口演の役割分担およびテーマの分類により、娯楽機能と宣伝機能の統合を実現するものとして企画された。

宣撫活動におけるポスターの製作方針もそれと類似するものである。まず、満洲国農村部の大衆が、どのような宣撫活動のポスターを受容するかについて、農村部の実情を踏まえて宣撫活動の実施側はポスターを分析することを試みた。ポスターの絵は綺麗だったが、その絵と文字は「現実的な農民生活感情から全く縁遠い」と思われた作品が数多く存在した。農村社会に要求されたポスターは、その現地の文化にふさわしい作品であるべきと指摘された。たとえば、正月に年画と貼絵を壁に貼り付ける文化を利用して、その代替品としてのポスターを作ったりすることなどである。このような現地文化に適応するポスターの内容については、主に富貴や諧謔《かいぎゃく》を混ぜた教訓や、有名な芝居の場面を含んだ、「農民たちの生活感情を端的に象徴するもの」が求められ、配色は農家の室内を明るくするものが望まれた。実施側は、「この様な種類のものを巧みに利用して、目に一丁字も無い様な農民達に、彼等の生活感情にピッタリ一致させながら、無理なく容易に宣伝啓蒙を行って行く事は、非常に効果がある」[121]と考えていた。その宣伝啓蒙の役割については、次のように考えた。

> 絵と字とが相関連して、はじめて完全なポスターが出来上る。考へやうによっては、むしろ文字の方が主であって、絵はその文字の気分なり精神なりを、群集を惹き付けるに相応しい構図や色彩を以てして、結局その文字を読ませることに於て、はじめてポスターの目的を達するものだとも謂へるであらう……ポスターの絵には二つの使命がある。第一の使命は群集の注意を

惹くことである。さうしてポスターの文句を読ませておいて、読後の感銘をその絵によって一層深からしめることが第二の使命でなければならぬ。[122]

弘報処地方班の磯部は、ポスターの受け手を群衆と捉え、まずその構図と配色を利用して群衆の興味を引きつけてから、国策精神を伝達する文字によるメッセージへの理解を深める役割を果たすべきとした。農村部の非識字率が7割以上であったため、ポスターに対する理解は口頭宣伝の利用を想定したと推測できる。農民たちはポスターが配布された時点で実施側または現地の識字者から口頭による宣伝と説明を受け、文字より絵を通して宣伝内容を理解していたと考えられる。つまり、ポスターについても、絵による娯楽機能とともに口頭宣伝や文字が宣伝機能を果たしていたと指摘できる。

一方で、複製技術によって視覚情報や音声情報といったすべての要素を含む映画は、どのように国策宣伝と娯楽的要素を統一し得たのだろうか。満洲国の実情を踏まえて、独自の国策宣伝映画の製作を担当したのは満映である。満映が創立された１９３７年前後に、満洲国の映画館で上映された作品は、「国産及日本映画の数が全体の一割弱、残余の九割強はアメリカ及び中国の映画」であった。そこで満映は、「映画を通じて国民教育の普及徹底並に文化の促進を遂げしめ更に進んでは内外に対する宣伝媒体としての映画の機能を十分に発揮せしめ」[123]るという方針を確定した。満映理事長の甘粕正彦は、このような満映の方針について、「建国精神の線に沿った生活の夢を作ってやること」と語り、「更に言ひかへれば、安心と信頼と力を、満洲国人の生活の中に、感情の中に植え付けてやること」[124]と述べている。満映の作品は、必ず満洲国独自の社会と文化を土台とし、観衆の感情に訴える宣伝媒体でなければならないと考えていた。

満映は、1940年12月の機構改革で、娯楽的な内容に集中する娯民映画と、国策宣伝の役割を担う啓民映画（文化映画）という二つのカテゴリーを設定した。それまでの劇映画は、多少なりとも宣伝的な要素を内包するものであった。この機構改革の直前の9月に、満映の監督であった高原富士郎は『宣撫月報』で従来の劇映画製作における宣伝性の表現方法について、次のように述べている。

劇映画の形式による宣伝映画は……劇の進展に必然的にともなって、その宣伝的な内容が一致して、渾然と劇の中に融合して進んで行かなければならない。この場合は勿論、一つの映画全体に宣伝的内容を持つ場合である……この形式の中では……ある雰囲気の改善、思想の涵養などを目的としたものが成功してゐる。生活それ自体が映画に再現され、それによって観衆が自然に模倣し、雰囲気を変へ……[125]

さらに高原は、宣伝的な映画は大衆性を前提とするものであり、「過去に於いて製作された興行価値本位の娯楽映画の方法が、現在の国策映画の方法の基礎とならねばならない」と主張した。それを実現するため、満映は「内容とする所の宣伝条項とその映画を如何に的確に観客に受け入れさせるか、その条項を如何に映画として完成するか」について、観客の反応を調査し、その調査結果に基づいて「科学的な方法」で新たな映画の製作方法を研究していた。[126]

このような満映の作品は、「満洲国の大衆に健全な娯楽をあたへ智能を啓発して建国精神の発揚に資するがためには過去五ケ年にわたってあらゆる手段をつく」[127]すものであり、都市部の映画館だけでなく、宣撫活動の一環として巡回映写班を通して農村部でも上映されていた。これについて、満映の東京支社長茂木久平は、「弘報處が……満洲国宣撫事業は映画を以て第一としなければならん、といふ遣り方を積極的に行ふことに」なり、「それは満人が満映の映画を見る数が急激にふえたこと、それに酷く満人が喜んでゐること等に刺戟《しげき》されたと見ていい」[128]と評価した。こうした上映方法の多様化、上映範囲の拡大と観客の激増により、満映作品における娯楽と宣伝の表現方法が次第に変容した。1940年12月の機構改革での娯民映画と啓民映画というカテゴリーにみられるのは、娯楽機能と宣伝機能の徹底的な分離である。

満映創立後、1938年に日活多摩川撮影所所長の根岸寛一が満映製作担当理事兼製作部長として着任し、日活製作部長マキノ満男をはじめ、十数名の日本人映画人が満映に入社した。これらの日本人映画人に主導される体制のもと、前期の満映の作品は満洲の文化に馴染んでいない日本人監督と日本人の書いた脚本が中心とされた。そのため、前期の満映が製作した映画はまったく人気がなかった一方、完全に国策宣伝方針に沿うものとなった。1939年11月、甘粕が満映理事長に就任すると、機構と人事に対する改革を始めた。特に中国人監督と俳優たちを製作陣の中心として起用するという「満人による満人が楽しめる」映画製作の方針を打ち出した。[129]

このような背景から、甘粕は「娯楽に国策などを入れては不可」とし、「この何十本かを通じて満人を娯しませることができれば、それで国策の宣伝を行ったことになるし、充分目的は達せられる」[130]

と考え、１９４０年代以降の製作方針を明らかにした。宣撫活動の対象を、宣伝内容を含まない映画で楽しませることによって、国策宣伝の目的の達成と見なす方向へ転換した。もちろん、映画上映が実施される前後やそれと同時に、口演やポスターなどほかの宣伝メディアや活動によって、映画の宣伝性を補足することがあったと考えられる。こうした、満映の映画作品による方針はどのような理由で正統性を得たのか、弘報処処長の武藤は「満洲映画製作を問う」という記事で次のように説明した。

弘報とは文化財の生産配給を行ふこと、つまり真善美を物に載っけてこれを運営して行くことである……この美は、美しいものを美しいままに見せるべきものであるのに、日本の宣伝政策がこれを無理に国策型にはめ込まうとする傾向にあり……映画はこの真善美をうまく調和して、フィルムに載っけて行く。何といっても第一級の存在である……満洲国で、満人即ち漢族に国家観念を培養させることとは、刻下の大問題である。これは政治がまだ未解決のことでもあるし、映画だけが先行して行っても周囲は就いて来ない。映画だけが、徒《いたず》らに「国家々々」と叫んでみたところで何にもならぬ。そこで、何よりも「美」を映画で見せて、彼等を喜ばせてやることが先決問題だ。満人に喜ばれる面白い映画が、どんどん作られて、「あゝ満映は面白いものを見せてくれる」とこう彼等に思はせれば、目的を達したものと考へてゐる。彼等の求めてゐるものは、第一にメリケン粉、木綿、ゴム靴、それから「面白くてたのしいもの」である。だから面白くてたのしい映画は、彼等にとって生活の糧であるのだ。フィルムの中に、直接国家観念が盛られてあることよりも、まづ面白いものを与えてくれることを、彼等は望んでゐる。そして彼等が、それを面白いとして、ついてくるようになれば、占めたものである。それがとりもなほさず、彼等を国策に引張ってきてゐることになるのだ。[131]

太平洋戦争勃発後の1942年、弘報処は満映の国策映画製作方針を大幅に調整しようとした。満映設立から5年経過した時点で、それまでの娯楽的な作品と宣伝的な構成を併用した方針は、農村部の観客たちに与えた効果について、弘報処に評価されていなかったと考えられる。娯楽性と宣伝性を結合する映画製作方針は、従来の日本の宣伝政策から学んできたものであったが、それを否定することで、満洲国独自の映画による国策宣伝政策が確立したともいえる。弘報処は、宣伝的な要素を排除した娯楽的な映画を国策宣伝の主要媒体として使用し、宣撫活動の理論と政策を、満洲国農村部の社会的な文脈と輿論に適合させるようになったともいえよう。

前節で論じたように、宣撫活動全体としては、各種のメディアと活動のなかに娯楽性と宣伝性が一体化されるようになった傾向が見られる。加えて、1940年代に入ると『芸文指導要綱』の公布により、各種のメディアと芸術そのものの製作に、娯楽性と宣伝性を融合させることが期待されるようになった。弘報処は、宣撫活動の第一の媒体として満映の映画を位置づけ、それを特別視していた。その理由は、満映が巡回映写活動を通して収集した農民観客の反応を踏まえ、農民観衆によりわかりやすい映画製作の方法を追求した点にあると推測できる。[132]

このように、宣撫活動に使用されたメディアそのものの論理は、満洲国農村部の社会現実を土台とするものであった。紙芝居とポスターについては、絵と文字と口演それぞれによって娯楽性と宣伝性が担われた。一方、満映作品は、弘報処の政策によって、単一の映画のなかで娯楽要素と宣伝要素を徹底的に分離させた。それは満洲国農村部観衆の欲求に応じたものであった。

3 メディア受容を誘導する施療施物

宣撫活動においては、施療施物活動が各地方政府、駐屯軍と個別の医療機関の協力によって実施された。地方政府は常にその主催者として、施療施物を含めたさまざまな活動を、どのような順序と場所で実施するか計画する役割を担った。宣撫活動における施療施物は、視覚メディアと絡み合うことで「実感的な宣伝」の効果を高めることが期待された。「『目より入る』実感的宣傳に重点を置き民衆の集合に対しては物品の供与等実利的方法に」より、「漫画ポスターの作成配布、映画による宣傳、集合人衆に対し宣傳文字又は絵画のある薬品、マッチ、煙草、塩の供与等」[133]が行われた事例から、１９３７年の黒河省政府は施療施物を「実利的方法」として位置づけ、農民大衆を集合させる手段としていたとわかる。また、ポスターや映画、薬品に載せる絵画などといった視覚メディアと施療施物を合わせることによって、メディアで伝達される内容に対する農民大衆の理解が深まることも期待されていたといえよう。さらに、「医薬宣撫は」、「村内有力者を集合せしめ衛生講話をなしたる後に於て実施せば効果最も大なり」[134]と考えられ、治安部の軍医山本昇と米田卓郎は施療施物活動を衛生知識に関する講演の前後に実施することが効率的だと指摘している。この例からもわかるように、施療施物は宣撫活動において、常にほかのメディアや活動と協働する形で企図されていた。

このような、メディア受容を誘導する施療施物の役割は、実施機関それぞれが明確に意識したものではなかった。宣撫活動に関与した医療機関普済会は、「民度氏猶低キ満洲国トシテ民衆ノ最モ要望スルハ医薬救療」[135]と語ったように、施療施物を農村部の一般大衆の渇望を満たす慈善事業として認識し、「特ニカカル地区ヲ選定スルハ県公署当局及駐屯軍当局ノ宣撫宣伝及粛清工作ノ一助トモナリ満洲建国ノ精神王道ノ宣伝ニモナルガ先ヅ皇恩ノ浩大ヲ県民一般ニ知ラシメル」[136]こと、つまり、宣撫活動の一環として、建国精神の宣伝と皇恩の浩大さを大衆に理解させることを目的としていた。一方、満洲国軍政部は、「施療班の目的」を「治安工作の諸実施と相俟《ま》って地方一帯患者の施療を行ふと同時に、地方民の衛生思想の普及向上と地方防疫を啓発せしむるに」[137]あると見ていた。軍事行動を伴う工作であるため、戦闘後大量の死傷者が出た現地社会の衛生状況を向上させるため、農民大衆の防疫知識と衛生思想を普及させることが目標とされた。普済会と軍政部は、いずれも施療施物と協働するメディアや活動に言及せず、宣撫活動と同様の知識と国策精神の伝達および啓発を目的として述べている。宣撫活動に関与する各機関は、大きな目的を共有しつつ、地方政府はそれぞれの活動とメディアの役割の全体像を構想していた。

宣撫活動の全体像を把握しなければならない地方政府は、宣撫活動における施療施物の意義を各地の現実に基づいて模索していた。基本的に施療施物は、地方政府にとっては、大衆の「民度低級なる為め人心を把握する」ための「捷径《しょうけい》」[138]であった。それが「民心把握」となるのは、「物品をあたへたり、直接物が與へる感覚を利用する」[139]ことで、「施療施薬物品の恵與」が「直ちに民衆に好感を與ふ」[140]ためであった。ただし、「従来宣撫工作の結果」から、「施品は徒らに民衆の依頼心培養の外何物も残ら」ないため、「施品は児童に対する学用品の配給、及老齢者、善行者に対する表彰の範囲に止め施療、施薬に全力を挙げ」[141]ることとされた。従来の経験を反省し、施品の内容を適宜に調整する工夫が見て取れる。このような施療施薬を通して農民大衆の「好感」を得るという手法は、「施療時における多人数の集合を利用」[142]するためであった。

宣撫活動における施療施薬は、満洲国の建国とその政権の存在を農民大衆へ訴えるとともに、宣伝目的をもつほかのメディア利用の活動と講演の効果を補強するものと期待された。

小括

本章では序章で示した東アジアと欧米の連続性を踏まえつつ、満洲国農村部の宣撫活動がいかなる論理によって展開されたのかに着目して、「宣撫」概念が構築されていく過程を記述してきた。『宣伝の研究』と『宣撫月報』を通して、ヨーロッパの宣伝理論とアメリカ社会学・心理学の分野で議論された宣伝理論が輸入された。さらに『宣撫月報』の要請を通して満洲国と日本の間で生産された学問的な宣伝理論は、社会学の分野における方法に沿って、日本の学者たちによって発展・整理されている。一方、満洲国側はより多くの欧米理論を翻訳していきつつ、群衆理論を多用することで「実用的」な宣伝理論を書き上げている。

こうした欧米宣伝理論の輸入は、記者や作家出身の情報処・弘報処官僚によって満洲国独自の宣伝文化を発展させる試みでもあった。かれらは「学問」として米国のコミュニケーション学などの宣伝理論を受容し、独自に発展させた。そこでは、群衆理論から満洲国の宣伝活動のターゲットをとらえようとしている。このような群衆は一体どのように説得できるのかについて、宣撫活動の実施側は民族的に文化的に階層的に複雑な構成を持つターゲットに基づいて、かれらの生活や教養、文化などに適合する素材を選択するようになった。同時に、中国戦場における宣撫官や日本の医学者、満鉄の知識人などがそれぞれの立場から、現地文化への理解を訴えてきた。宣撫活動の土台は相手国の文化を理解し、それを利用することであると主張した。

満洲国の宣撫理論においては、その独自の形成の過程で、理論と実践の相互作用が見られた。まず、宣撫活動の口頭宣伝の理論は、個人説得、座談会、講演会という三つの方法を確立した。口頭宣伝は農村社会の「潜在的輿論」に注目するものである一方、口頭宣伝により形成されていった、協力的な空気の醸成を目指した。受け手の理解が宣撫活動の趣旨から乖離しないように、実施側は口頭宣伝を他のメディアや活動の途中あるいは最後に実施することで、それらメディアや活動の限界を補足しようとした。このような口頭宣伝は、宣撫活動の実践におけるすべての電気メディアの根底にある基礎的な要素だとも考えられるようになった。そして、宣撫活動に使用された視覚メディアには、紙芝居とポスターが、絵と文字と口演それぞれによって、娯楽性と宣伝性を担うことになった。一方、満映の映画作品は、単一の映画のなかで娯楽要素と宣伝要素を徹底的に分離させた。それは満洲国農村部観衆の欲求に応じたものであった。さらに、宣撫活動における施療施物は、視覚メディアと絡み合うことで「実感的な宣伝」の効果を高めることが期待された。

このように欧米の宣伝理論が満洲国に入ってきたうえで、宣撫理論は動態的に満洲国現地の状況に適応するように発展していった。また、メディア利用の面において、宣撫は複数のメディアと活動の併用を指す重層的なものとなった。

[注]

1 Jones, Francis C. 1949. Manchuria since 1931. Royal Institute of International Affairs, 49

2 大滝重直『満洲農村紀行』東亜開拓社、1942年、108－110頁

3 佐藤卓己『大衆宣伝の神話――マルクスからヒトラーへのメディア史』ちくま学芸文庫、2014＝1992年、66頁

4 津金澤聡廣・佐藤卓己編『広報・広告・プロパガンダ』ミネルヴァ書房、2003年、5頁

5 難波功士「プロパガンディストたちの読書空間」『一九三〇年代のメディアと身体』青弓社、2002年、110頁／望月衛「防諜・宣撫・文化工作」『現代心理学　第7巻　国防心理学』河出書房、1944年、244頁

6 『宣伝の研究』(123頁) は満洲国独自の宣伝理論に関する研究書である。発行元が新京の満洲国国務院総務庁弘報処である。出版年は1935年である。『宣伝の研究』は弘報処が発行した『宣伝参考資料』の第1集であり、第2集はイタリア、ドイツ、ソビエト、日本と満洲国の宣伝工作を担当する組織、宣伝工作の特徴を紹介する『各国の宣伝組織』(62頁) である。『満洲国出版目録』(金沢文圃閣、2008年) によると、第3集が刊行されたということだが、未見である。『宣伝の研究』シリーズは『宣撫月報』で12回まで長期連載されているが、『宣撫月報』の第1巻全号が未見であるため、『宣撫月報』における『宣伝の研究』が7回目から始まるものである。

7 山本武利「『宣撫月報』解説・総目次・索引」不二出版、2006年、19頁／剣持隆「満州国の弘報・宣伝(プロパガンダ)――プロパガンダとパブリック・リレーションズのコトバ史」『経済広報』2013年8月号、12－13頁

8 「戦時宣伝の実際(一)」『宣撫月報』1938年9月号、63頁

9 前掲書(満洲国国務院総務庁弘報処、1935)6頁

10 冷錦繡「『満鉄』図書館研究」遼寧省人民出版社、2011年、24頁／劉春英「『満洲国』時代に刊行された日本語文学資料の保存と整理」『跨境――日本語文学研究』高麗大学校日本研究センター、2016年、190頁

11 「宣伝出版物紹介」『宣撫月報』1941年2月号、102頁

12 山本武利『「帝国」を担いだメディア」『日本のインテリジェンス工作――陸軍中野学校、731部隊、小野寺信』新曜社、2016年、113頁

13 「世界大戦に於ける宣伝の技術」『宣撫月報』1939年6月号、2頁

14 『戦争と宣伝の戦慄』森田書房、1936年／『日本を脅かす宣伝戦』森田書房、1937年／『近代戦とプロパガンダ』春秋社、1937年／『現地を語る』亜細亜出版社、1938年

15 佐藤卓己『ファシストの公共性　総力戦体制のメディア学』岩波書店、2018年、174頁

16 前掲書(難波、2002)9頁

17 今泉孝太郎「ナチスの宣伝理論と方法」『宣撫月報』1941年7月号、21-25頁

18 戸沢鉄彦「宣伝の意義」『宣撫月報』1938年3月号、18-30頁

19 小松孝彰「宣伝は何を狙うか?」『宣撫月報』1938年12月号、21-26頁

20 前掲書(戸沢、1938)18-30頁

21 蘇星「群衆・煽動・宣伝」『宣撫月報』1939年1月号、52頁

22 船越巧「政治宣伝の手段としての標語」『宣撫月報』1941年7月号、34頁

23 前掲書(満洲国国務院総務庁弘報処、1935)2頁

24 前掲書(満洲国国務院総務庁弘報処、1935)4頁

25 岡田益吉:協和会中央本部弘報科長。早稲田大学政治経済学部卒。1924年以降東日編輯局帝国通信社読売新聞社政治部東日政治部等に歴職。1934年満洲国に入り総務庁事務官同理事官歴任(『日本人物情報大系　満洲編4』皓星社、282頁)／陳承瀚:上海聖ヨハネ大学卒業、北京国務院秘書庁編訳処英文編輯を経て総務庁事務官歴任／小浜繁:外務局事務官、長官房対外宣伝班長。1929年同文書院、1930年米国加州パサデナ大学同B・A、1932年同ニューヨーク大学大学院M・A卒。米国留学後欧州各国視察、1933年満洲国国務院総務庁弘報処事務官に任じた(『日本人物情報大系　満洲編4』皓星社、335頁)／大槻五郎:協和会中央本部文化部参事。1927年同文書院卒、1932年陸軍通訳官などを経て1934年満洲国に入り総務庁弘報処事務官新聞班長などに任じた。趣味は国家宣伝学研究などである(『日本人物情報大系　満洲編5』皓星社、220頁)。

26 岡田益吉「民族と宣伝　標語『撃ちてし止まむ』を中心に」『宣傳』1943年5月号、2-7頁

27 長谷川濬:1932年大阪外国語学校露語科卒業、渡満後大同学院を卒業して満洲国外交部に任じた。1937年満洲国

国務院総務庁弘報処に転勤し、同年満洲映画協会に入った。１９４０年満洲映画協会宣伝課副課長、１９４２年上映部巡映課科長（大島幹雄『満洲浪漫――長谷川濬が見た夢』藤原書店、２０１２年）／仲賢禮：１９３４年東京帝国大学国文科卒業。ドイツ語堪能。１９３６年同大学院修了。東京帝国女子専門学校講師。１９３７年建国大学講師、また満洲国国務院総務庁弘報処に入り『宣撫月報』編集。宣化班、映画班に属す。１９４０年満洲映画協会に入社、企画室に所属した。１９４３年死没（川崎賢子「満洲文学とメディア――キーパーソン〈木崎龍〉で読むシステムと言説」『インテリジェンス』２００４年）／磯部秀見：１９３６年満洲国国務院総務庁情報処に入った（磯部秀見「その頃の仲賢禮」『満洲芸文通信』２（２）、１９４３年2月、20頁）／別役憲夫：東京外国語大学露語科卒業後、銀行員を経て渡満し、大同学院から卒業し、満洲国国務院総務庁弘報処に入った。弘報処に勤めると同時に、ハルビン高等検察庁思想科にも勤務していた。１９４５年死没（内田洋一『風の演劇――評伝別役実』白水社、２０１８年）。さらに姚任、陳承瀚、董再華、李心炎、崔三豊と王秉鐸の情報について、貴志俊彦の『満洲国のビジュアル・メディア』（吉川弘文館、２０１０年）の１２９頁に記載がある。

28 塚瀬進『「日本人物情報大系　満洲編」解題』皓星社、１９９９年、１頁

29 浅見淵「満洲文学管見」『満洲文化記』国民画報社、１９４３年、１８６頁

30 魏舒林『〈満洲文学〉について――長谷川濬の作品を中心に』神戸大学博士論文、２０１３年、78頁

31 磯部秀見「その頃の仲賢禮」『満洲芸文通信』２（３）、１９４３年３月、21頁

32 前掲書（磯部、１９４３）21頁

33 大森志朗「木崎龍と仲賢禮」『北窗』５（３）、１９４３年７月、82頁

34 長谷川濬「木崎龍の文学精神――覚書として」『満洲芸文通信』２（３）、１９４３年３月、９頁

35 高原富次郎「映画と仲賢禮」『満洲芸文通信』２（３）、１９４３年３月、12頁

36 前掲書（長谷川濬、１９４３）８－９頁

37 青木萬平「大陸宣伝の体験」『宣傳』１９４３年６月号、２頁

38 木崎龍「文化問題の所在」『北窗』１（２）、１９３９年７月、15頁

39 前掲書（木崎、１９３９）18頁

40 金子政吉「農村宣撫の実際」『宣撫月報』１９３９年３月号、74頁

41 宮本吉夫「国家と放送――ラヂオ普及の国家的必要」『宣撫月報・放送特輯号』１９３９年９月号、46頁

42 大塚淳「放送と音楽」『宣撫月報・放送特輯号』１９３９年９月号、３５０頁

43 大塚有章「巡回映写の役割」『芸文』１９４４年第5期、26頁
44 奉天省庶務科企画股弘報係「奉天省」『宣撫月報・映画特輯号』１９３９年8月号、２００頁
45 深田袈裟吉「農村宣撫の実際　第二節 宣撫の概念」『宣撫月報』１９３９年3月号、49頁
46 「農民たちの娯楽」満洲評論社編『満洲農村雑話』満洲評論社、１９３９年、１４４頁
47 金子政吉「農村宣撫の実際」『宣撫月報』１９３９年3月号、75頁
48 「芸文指導要綱」貴志俊彦・松重充浩・松村史紀編『20世紀満洲歴史辞典』吉川弘文館、２０１２年、２６９頁
49 「文化政策の大本『芸文指導要綱』発表さる」『宣撫月報』１９４０年11月号、68－69頁
50 今栗人「放送芸文確立の為に」『満洲芸文通信』２（５）、１９４３年5月、４、７頁
51 高橋健二「戦時下の娯楽」『宣伝』１９４３年3月号、9頁
52 青山貴子『遊びと学びのメディア史――錦絵・幻燈・活動写真』東京大学出版会、２０１９年、２９５頁
53 満洲国農村部の多民族大衆に対する宣伝活動とその効果に触れる資料は、主に満洲国国務院総務庁弘報処機関誌『宣撫月報』、満鉄鉄道総局愛路課による愛路運動関係の資料、満洲国協和会や満洲移住協会などの機関の研究資料、満洲国実業部による農村実態調査報告書とこの四つの機関に勤めた日本人による回想録や記録文学作品、『満洲観光』などの雑誌の記事や小説として出版された日本人文学者による紀行文学に大別できる。ここで、宣撫宣伝活動の実施側が理解していたターゲット像を明らかにするため、現存資料の中で『宣撫月報』に焦点を当てながら、他の資料を傍証として扱っている。
54 高橋源一「農民層に対する宣傳の重要性」『宣撫月報』１９３９年12月号、２頁
55 東科後旗「東科後旗宣撫工作実施状況」『宣撫月報』１９３８年7月号、１７１頁
56 高橋源一「口頭宣伝を重視せよ」『宣撫月報』１９４０年12月号、３－４頁
57 中島光夫「農村ラヂオに関する当面の諸問題」『宣撫月報』１９３９年12月号、13－14頁
58 坂田修一「協和会の民衆工作私考」『宣撫月報』１９３８年9月号、33－36頁
59 弘報処地方班「宣伝工作の注意」『宣撫月報』１９４０年3月号、20－21頁
60 桑野寿助「蒙古地方に於ける宣伝工作に関する一示唆」『宣撫月報』１９４２年10月号、47頁
61 前掲書（桑野、１９４２）48頁
62 興安南省宣撫小委員会「興安南省に於ける第二期宣傳実施概況」『宣撫月報』１９３８年2月号、１２２頁
63 前掲書（中島、１９３９）13－14頁

64　前掲書（満洲評論社、１９３９）１５９頁

65　満洲国成立後には、当時の農村部で流行っている民謡に対する調査研究が行われた。調査研究を担当する機関は満洲国政府、駐満日本大使館、南満洲鉄道株式会社の後援を得て１９３３年に設立された満洲経済事情案内所である。１９３４年、関東庁、駐満海軍部司令部の後援を新たに加え、満洲事情案内所と改称された。満洲事情案内所の奥村義信をはじめとする多数の学者は満洲国の民俗文化の調査研究に取り組んでいた。満洲国農村部で流行っていた民謡に関する調査研究の成果として、家庭生活や風習や農事などといったテーマの民謡を日本語訳した『満洲の伝説と民謡』（満洲事情案内所、１９４０年）、『満洲農村民謡集』（満洲事情案内所、１９４０年）が出版された。これらの資料は史上初の中国東北部社会で流行った民謡を記録するものである（暁春・黄術志「『偽満』時期日本学者対中国東北民謡的捜集於整理——以『満洲農村民謡集』為例」『満語研究』黒龍江省満語研究所、２０１０年第2期）。このような満洲の民謡を対象とする研究の蓄積に基づいて、満洲国成立後には、「王道楽土」「民族協和」の理念を鼓吹する満洲新民謡が数多く創作されていた。瀬口秀郎、稲川浅二郎、加藤郁郎らが満洲新民謡の研究者として次々と登場し、多くの満洲新民謡を翻訳創作した（王占一『雑誌『満蒙』における文芸とその時代——在満日本人の満洲観を視座にして』名古屋大学大学院文学研究科博士論文、２０１９年、64－67頁）。

66　吉野治夫「文芸ご宣伝」『宣撫月報』１９３９年2月号、45頁

67　青木実『北方の歌』国民画報社、１９４２年、３頁

68　『満洲農民への理解』満洲帝国協和会中央本部開拓課編、満洲帝国協和会中央本部、１９４０年、1頁

69　「農村社会生活編」『康徳元年度農村実態調査報告書』満洲国実業部臨時産業調査局、１９３７年6月、２０２－２０３頁

70　青木実「愛路を必要とするもの」『北窗』3（4）、１９４１年7月、30－31頁

71　坂田修一「協和会の民衆工作私考」『宣撫月報』１９３８年9月号、37頁

72　興安北省宣撫小委員会「興安北省宣撫小委員会會議議事録」3巻2号、１２７頁

73　前掲書（満洲国実業部臨時産業調査局、１９３７）２０１－２０４頁

74　前掲書（満洲国実業部臨時産業調査局、１９３７）２０４頁

75　バラク・クシュナー「軍官民の協力関係——広告とプロパガンダ」『思想戦——大日本帝国のプロパガンダ』井形彬訳、明石書店、２０１６年、１６０頁

76　１９４０年前後に日本で出版された「宣撫活動」関係の書籍は主に中国の戦場で宣撫活動を務めた陸軍の宣撫官の記録文学作品である。たとえば、小池秋羊の『北支宣撫行』（１９３９）、川夜瀬不逢の『宣撫行』（１９４０）、島崎曙海の『宣撫

班戦記』（１９４１）、小島利八郎の『宣撫官』（１９４２）、木場敬天の『陸戦隊宣撫記』（１９４２）、山本英一の『愛の宣撫行』（１９４２）などがある。これらの作品は、宣撫活動の詳細と中国における見聞を中心としているが、宣撫活動の思考とその意義にほとんど触れていない作品は、ここで主要な分析対象とされていない。

77 「宣撫と修復」『北支画刊』第７号、１９３８年10月、頁数なし

78 三田了一『新秩序建設と宣撫工作』改造社、１９４０年、５０３頁

79 「回覧板」『満洲観光』１９４１年８月号、31頁

80 望月衛「防諜・宣撫・文化工作」『現代心理学第７巻　国防心理学』河出書房、１９４１年、２３０頁

81 山本英一『愛の宣撫行』教文館、１９４２年、62－75頁

82 中保与作『満洲国皇帝――新帝国創建秘史』日本評論社、１９３５年、２６２－２６４頁

83 林䪨「宣撫工作と文化工作」『科学論策』厚生閣、１９４０年、３４２－３４３頁

84 前掲書（望月、１９４１）２４４－２５６頁

85 前掲書（望月、１９４１）２４８－２４９頁

86 前掲書（望月、１９４１）２５６頁

87 松岡林造『興亜問題を語る』大日本愛国義団本部、１９３９年、20－23頁

88 前掲書（三田、１９４０）５０８－５０９頁

89 通化省長官房弘報股「輯安県水没地宣撫工作計画」『宣撫月報』１９３９年５月号、１１８頁

90 佐藤岩之進「国内宣伝への覚書」『協和運動』１９４５年１月号、51頁

91 橐吾「演説学　上」『東北文化月報』１９２３年11月号、16－21頁／橐吾「演説学　下」『東北文化月報』１９２４年１月号、15－26頁

92 前掲書（橐吾、１９２４）17頁

93 前掲書（満洲国国務院総務庁弘報処、１９３５）40頁

94 弘報處地方班「講演会・座談会の開き方」『宣撫月報』１９３９年11月号、49－50頁

95 宇和田武「満洲農民生活考」『観光東亜』１９３９年７月号、23頁

96 前掲書（満洲国国務院総務庁弘報処、１９３５）40頁

97 前掲書（高橋、１９４０）６頁

98 清水幾太郎『流言蜚語』日本評論社、1937年、205頁
99 前掲書（満洲国国務院総務庁弘報処、1935）41頁
100 前掲書（高橋、1940）7頁
101 前掲書（満洲国国務院総務庁弘報処、1935）43頁
102 前掲書（満洲国国務院総務庁弘報処、1935）43頁
103 前掲書（満洲国国務院総務庁弘報処、1935）43頁
104 前掲書（満洲国国務院総務庁弘報処、1935）42頁
105 前掲書（満洲国国務院総務庁弘報処、1935）44頁
106 前掲書（高橋、1940）2－3頁
107 磯部秀見「宣伝戦の形式と手段」『宣撫月報』1940年9月号、21頁
108 前掲書（高橋、1940）3頁
109 前掲書（佐藤、1945）51頁
110 前掲書（満洲国国務院総務庁弘報処、1935）81頁
111 前掲書（満洲国国務院総務庁弘報処、1935）83頁
112 英賀重雄「畫劇宣伝あの手この手（一）」『協和運動』1944年9月号、79頁
113 前掲書（英賀、1944）79頁
114 石井廣次「紙芝居と私の體驗　附畫劇工作成績及各省批評」『宣撫月報』1940年1月、39頁
115 前掲書（英賀、1944）80頁
116 前掲書（英賀、1944）83頁
117 前掲書（石井、1940）40－41頁
118 佐藤岩之進「紙芝居の普及」『協和運動』1945年2月号、56－57頁
119 英賀重雄「畫劇宣伝あの手この手（二）」『協和運動』1944年11月号、68－69頁
120 前掲書（英賀、1944）83頁
121 「農村式な宣伝方法」『宣撫月報』1939年3月号、231－232頁
122 磯部秀見「ポスターの絵と字」『宣撫月報』1940年12月号、34－36頁

123 「満洲映画協会の事業に就て」『満洲映画協会案内』満洲映画協会、1938年7月号、頁数なし、ハーバードイェンチン研究所・満洲国コレクション所蔵
124 甘粕正彦『「大東亜映画の理想」に就いて』出版物名不明、1941年、Makino Collection Box 682 Series 7.2、コロンビア大学東アジア図書館所蔵
125 高原富士郎「映画ご宣伝」『宣撫月報』1940年9月号、25－26頁
126 前掲書（高原、1940）23頁
127 甘粕正彦「決戦下の満映」出版物名不明、1941年、Makino Collection Box 682 Series 7.2、コロンビア大学東アジア図書館所蔵
128 茂木久平「力強く再出発するのだ」出版物名不明、1941年、Makino Collection Box 682 Series 7.2、コロンビア大学東アジア図書館所蔵
129 南龍瑞『「満洲国」における満映の宣撫教化工作』『アジア経済』2010年8月号、日本貿易振興機構アジア経済研究所、38－39頁
130 甘粕正彦（談）「満人のために映画を作る」『映画旬報』1942年8月、13頁
131 武藤富男（談）「満洲は世界一の映画国になる！」『映画旬報』1942年8月号、1頁
132 王楽「満洲映画の上映に関する考察――満洲国農村部の巡回映写活動を中心に」『情報学研究』（92）東京大学大学院情報学環紀要、2017年、95－97頁
133 「黒河省宣伝宣撫計画」『宣撫月報』1937年8月号、124頁
134 山本昇、米田卓郎「達爾罕旗宣撫工作」『鉄心』1936年11月号、197頁
135 「第六章　施療費決算」『恩賜財団普済会施療班報告書　康徳3年』普済会、1937年、299頁
136 呉増喜「錦州省施療班報告」『恩賜財団普済会施療班報告書　康徳3年』普済会、1937年、48頁
137 「第四節　宣撫工作」『満洲共産匪　第2輯』大安、1964年、405頁
138 「熱河省」『宣撫月報』1937年1月号、144頁
139 「安東省」『宣撫月報』1937年1月号、33頁
140 「通北県」『宣撫月報』1937年1月号、64頁
141 「無記名」『宣撫月報』1937年1月号、84頁
142 「錦州省」『宣撫月報』1937年1月号、36頁

第二章

制度化される宣撫

第一章では、満洲国宣撫《せんぶ》活動において欧州の宣伝概念とアメリカの宣伝理論が満洲国独自の「宣撫」へ変容した経緯を分析してきた。この「宣撫」概念では、口伝、視覚メディアと施療施物にそれぞれ「娯楽性」と「宣伝性」の機能が付与された。こうした「娯楽性」を強調する複数のメディアと活動による宣伝方法を理論化する試みは、満洲国の宣撫活動を、農村部住民に服従を迫るための単なる関東軍の軍事力や傀儡《かいらい》国家の統制の誇示を超越したものへと変容させた。

現地非識字層の特徴に適合することが求められた宣撫活動において、宣伝側である傀儡国家支配層の絶対的な優位性は弱められた。それは、各種の宣伝方法を利用する上で、宣伝内容をターゲットに納得させる必要があったからである。さらに、満洲国と関東軍の恩恵を強調し、宣伝内容への理解と信頼を高めていった。宣撫活動における実施側と農村部大衆の関係性も、支配と服従という従属関係から、娯楽慰安の提供と受け入れという一見水平な関係へ変容していった。宣撫活動の実施側は、こうした宣撫活動における国策宣伝の内容の変容によって、農村部のターゲットが受け入れやすくなるよう期待を寄せた。

満洲国という傀儡国家にもかかわらず、このような宣撫活動がなぜ、どのように生まれていったのであろうか。従来の研究では、満洲国の宣撫活動の中心である満洲国国務院総務庁弘報処（以下、弘報処）と各地に張り巡らされた弘報体制は、南満洲鉄道株式会社（以下、満鉄）の弘報手法を踏襲しつつ改善されたものであることが明らかになっている。[1] この点と満鉄、関東軍、満鉄鉄道総局、満洲国協和会、弘報処の相互関係を踏まえて、本章第一節では満鉄における弘報の意義を考察したうえで、満洲国宣撫活動の濫觴《らんしょう》とされた満鉄の慰安活動と鉄道愛護運動を分析する。第二節では満鉄宣撫班の宣撫活動と、その経験を踏まえて発展を遂げた関東軍のそれとの比較から、満洲国の宣撫活動に継承された特徴を指摘する。第三節と第四節では、満洲国の宣撫活動の変容の基盤となった、人員的制度と物質的基盤をそれぞれ取り上げ、それらが宣撫活動に与えた影響について考察していく。本章は、前章で論じた満洲国の宣撫活動のあり方の起源と展開について明らかにするものである。

第一節　満鉄における宣撫のあり方

満洲国宣撫活動の濫觴とされる、満鉄の「弘報」「慰安」「宣撫」を分析するにあたり、以下の資料を用いる。弘報処機関誌『宣撫月報』、満鉄弘報課機関紙『弘報内報』、国線を管理する満鉄鉄路総局（鉄道総局）機関誌『同軌』、満鉄社員会機関誌『協和』、満鉄社員の回想録、当時の一般大衆向けに出版された鉄道愛護運動紹介資料群『鉄道愛護運動の概要』『愛路運動効果』『愛路美談集』『護れ愛路旗（愛路文芸集）』と『国線鉄道愛護村概要並愛護村現勢』など、公的機関の刊行物のほか、一般向けの刊行物である。

1　満鉄における弘報・宣伝・PR

満鉄の「弘報」についての先行研究[2]では、満鉄弘報課の創立者である満鉄嘱託の高柳保太郎将軍の役割を重視している。それによると、高柳は、1918年に始まるシベリア出兵の際、日本陸軍のなかに異民族工作のための「弘報班」を設け、現地で宣撫活動を行った。のちに満鉄で「弘報係」設立を提案した高柳は、「弘報」を「広告ひろめ屋」と定義している。終戦時の満鉄東京支社弘報課課長だった磯村幸男によれば、1923年から満鉄社長室直轄となった弘報係は、設立当初の「満鉄の弘報」という発想を宣撫活動的な宣伝と一線を画すものととらえていた。[3]軍事作戦と並行する宣撫活動から発しつつも、宣伝と区別しようとした満鉄の弘報が具体的にとった形について以下で検討したい。

満鉄の弘報活動は、主に満洲国内に対する宣伝、日本国内に対する宣伝、外国に対する宣伝に分けられていた。担当部署は大連に置かれた本社の「総裁室弘報課」のほか、奉天鉄道総局「弘報課」と観光宣伝を企画する大連本社の旅客課である。[4]弘報課は社史の編纂《へんさん》、課内刊行物の印刷配付、満洲国と日本における宣伝、そのための写真の制作、博覧会などの開催と参加、国際向けの宣伝などの業務に従事した。[5]具体的には、1935年から文章による「文章宣伝」、映画・写真・絵画・図案などによる「形影宣伝」、講演やラジオやレコード等による「口受宣伝」という三つの手法を用いた。[6]この三つの方法に沿って、弘報課員と外部の製作機関が協力した。満鉄の弘報課員は、絵画的な宣伝に自ら関与し、執筆から印刷・校正・配給までを担う傾向があった。一方、映画製作については弘報課員が放任的な態度をとり、外部の満鉄映画製作所や満洲映画協会(以下、満映)に一任されていた。[7]従来の研究では、満鉄の事業や満洲の風景を描くポスター、団扇《うちわ》、写真、グラフ雑誌、映画、小説などが弘報課に製作されたメディアとして取り上げられているが、このようなメディア事業こそ、満鉄の弘報が宣伝と一線を画するという主張を裏付けていた。

実際には、満鉄の弘報は重層的な構造を持っていた。満鉄の弘報がどのように宣伝と関わったか見ておきたい。『弘報内報』1940年8月号に掲載された「業務要項　会社宣伝組織化の必要」によれば、1940年までの満鉄弘報に国策中心の時代があった。それによれば、満洲国成立前後までの満鉄の弘報業務は、「当時の満洲における満鉄の客観的地位により其の必要並に効果からみて寧《むし》ろ国策的といふべき」であった。満洲国成立後、満鉄の多くの事業が満洲国政府へ移譲され、満洲事情の紹介や国民の啓蒙宣伝などの弘報業務も満洲国政府に吸収されていった[8]。満鉄弘報課は、その業務を「満洲国の新情勢に即応する新しい方針の下に実施されねば」ならなくなり、1940年から「日本政府・関東軍・満洲国政府及び其の他の弘報機関と連絡協力して国策宣伝を実施し、其の使命の達成に努力」[9]していった。つまり、満鉄の弘報は、満洲国成立前後と太平洋戦争勃発後の時期において国策宣伝の役割も果たしていたと考えられていたことがわかる。

満鉄の弘報については、アメリカのPR理論の影響も指摘されている。小川真理生（2008）は満鉄ニューヨーク事務所駐在員が「一流の広告会社と手をつないでいた」という発言を紹介している。小川はまた、『宣撫月報』に掲載されたラスウェル『宣伝技術と欧州大戦』の翻訳の訳者注に「Bernays E.L.のCrystallizing Public Opinion『世論の結晶』1923年出版及WilderのPublicity『宣伝』1923年出版」とあることに注目し、当時の満鉄と満洲国の広報関係者がアメリカのPR理論をも研究したと推定している[10]。

満鉄はどのようにPR理論を受け取っていたのだろうか。1940年に東京で開催された電通主催の広告宣伝講習会で、当時の満鉄副参事であった満鉄東京支社の粕谷益雄は、「アメリカ人は『宣伝』といふ言葉の代わりにパブリシティーと云ふ語を盛んに使ふ様」だと述べている。粕谷は、それが第一次世界大戦以降「プロパガンダ」という言葉に負のイメージが付与されるようになったため、宣伝臭さを弱めるための造語だと説明している。粕谷によると、満鉄も同じ理由で、「宣伝」という言葉の使用を避け、「会社の宣伝をする箇所」に「弘報」という文字を冠している。「宣伝」の代わりに「弘報」を使用するもう一つの理由として、粕谷は「宣伝」が一般的で商業的な販売広告宣伝を意味してしまうので、国策特別会社という国家的な立場をもつ会社の性質から、「弘報」のほうがより妥当だと考えられた点についても触れている。[11] 満鉄の「弘報」は、「パブリシティー」と同様に「プロパガンダ」の負のイメージを避け、新たな宣伝のあり方を創造しようとする試みであるとともに、その国策的な意思決定をも表す概念であった。

このように、満鉄の弘報は日本軍の異文化向けの宣撫活動を起源とし、戦争が頻発した時期に宣伝の性質を維持していた一方、宣伝とは一線を画しながら国策会社として広告をはじめとしたメディアやイベントの企画に携わった。ここには、アメリカのPR理論から得た知見も指摘できる。その弘報業務も、時局によって弘報の範囲が変化し、満洲国成立までは宣伝として位置づけられた満洲事情の紹介と国民の啓蒙宣伝も担った。こうした、満鉄の「弘報」の方法の独自性の程度、アメリカのPR理論の影響の程度、満鉄による宣伝活動の当時の宣撫活動における位置づけ、満洲国の宣撫宣伝活動が満鉄から継承したものといったことが問題として浮上する。

2　社員の福利厚生としての宣撫——慰安列車・船・自動車

満洲国の宣撫活動の先駆としての満鉄の弘報に内包される宣伝活動として、本項と次項では、満鉄の弘報活動の重要な構成部分である福利厚生のための慰安列車・慰安船（厚生船）の巡回活動と鉄道愛護運動を考察していく。この二つの活動はいずれも農村部の多民族の住民を主要な対象として企画された。これらは同じく農村部で娯楽慰安と宣伝活動を行っていた満洲国の宣撫活動にとって手本になり得るものであった。ここではまず、満洲国における鉄道駅従業員と周辺地区の現地住民向けの慰安活動について見ていく。これらは主に満鉄本社と満鉄により奉天に設置された国有鉄道管理のための鉄路総局[12]という二つの機関が主催していた。

この二つの機関による慰安活動は、その目的を異にしている。1940年の『弘報内報』に見られる満鉄弘報課の見解からは、社員福利厚生の一環である慰安列車・船・自動車の活動の目的が、文化施設に恵まれずに常に危険に身を晒《さら》す僻地《へきち》各駅の社員のみならず、鉄道の安全を保護する軍警や鉄路愛護村村民にも娯楽慰安や無料の診療と物資を提供することだとわかる。[13]一方、鉄路総局人事課福祉係は、「王道は鉄道より」「民路合作」という標語を掲げ、近代文化に取り残された僻地農村の開拓、交通の重大性を自覚しない沿線住民の啓蒙、鉄道沿線の産業振興を目的としていた。具体的な実施目標は、日満従事員の生活指導・助成、慰藉《いしゃ》と慰安の提供、沿線住民の福祉増進、扶助救済、慰安教化など社会事業の実施であった。[14]

満鉄本社と鉄路総局による慰安活動の目的の相違は、主催機関の性質による結果である。鉄路総局は満洲国成立翌年の１９３３年に満鉄が設置した機関であり、関東軍と満洲国政府の影響力が強まっていった。そのため、満鉄が重視した娯楽と消費のみならず、関東軍と満洲国政府が重要視した住民の教化啓蒙工作も鉄路総局の慰安活動が担うようになった。そして、１９２０年から満鉄地方課と満鉄消費組合の主催で、慰安列車が企画された。当初これは娯楽車１両編成だったが、開始後２、３年になると消費組合の協力で２両編成となり、さらに数年後に３両に増強された。[15]満洲国成立の翌年の１９３３年に鉄路総局の慰安活動が発足したことで、慰安列車の路線は拡大し、巡回運転が始まった。そのほか、慰安船が１９３４年から鉄路総局人事課福祉係によって運行されている。さらに慰安自動車が１９３４年から運行されていた。慰安列車は国鉄沿線を、慰安船は松花江《ソンホアジャン》、ウスリー江、黒龍江《ヘイロンジャン》等の沿岸を、慰安自動車は総局バス路線をそれぞれの路線にし

図2-1　慰安列車の映写室
（出典：「秋季慰安車が出発します」『協和』1933年9月号、満鉄社員会、58頁）　東京大学経済学図書館蔵

図2-2　日用物品販売の風景
（出典：「秋季慰安車が出発します」『協和』1933年9月号、満鉄社員会、59頁）
東京大学経済学図書館蔵

たがって巡回していた。[16]社員慰安の目的で発足した慰安列車は、満洲国成立後に慰安船と慰安自動車も加わり規模を拡大していった。

こうした満鉄の慰安目的の交通機関の巡回運転は、時局によってその形式や対象、内容が変化していった。まず、慰安列車については、1933年に発足した当初、満鉄と国有鉄道を管理する鉄路総局がそれぞれの管轄下の鉄道沿線で巡回運行を実施した。慰安列車は、「中間駅勤務者家族にとって唯一の慰め」であり、満鉄は社員福利厚生の一環としてこれに慰安慰藉の役割を持たせた。満洲事変によって一度中止されたが、1年を経て再開し、満鉄地方課と消費組合が連携し、慰安列車は春季と秋季に大連を出発し約50日間各地を巡回した。図2－1と図2－2は、満鉄の慰安列車の内部における映写室の風景と、中間駅の日本人従業員と家族たちが日常生活用品の販売車で買い物をする風景を記録する写真である。このような3両編成の慰安列車は係員14名を乗せており、映画、蓄音機、ベビーゴルフ、新聞、雑誌、図書などの娯楽設備を備え、販売部は呉服、日用雑品など中間駅の一切の日常生活用品を揃えていた。さらに食堂車を利用した移動レストランも各地で人気となった。[17]鉄路総局の慰安列車は15日間で80人の係員を乗せて、「従事員並に沿線地方民の慰籍」のために映画の上映や演芸の演出や日用物品の販売と無料の診療活動を行った。その効果は、鉄道駅の従事員と現地の住民に「與《あた》へた感銘は非常なもの」で、「鉄道愛護の精神的方面に好影響を及ぼすものとみられてゐる」と評価されるほどであった。[18]

1934年には、満鉄消費組合成立15周年記念に向けて5両編成へと増強され、6月に大連を出発し50日間各地を巡行した。[19]この列車増強は、15周年を迎える満鉄消費組合の1万3000円の支出によるもので、同時に列車の内部も大改造が施された。1両目には三つの売り場が設けられ、そのほか倉庫、魚菜部（毎朝大連から新鮮な魚介類と野菜を氷詰めにして送る）も設置された。2両目には、食料、雑貨などの日用品、玩具、文具などの雑貨や着物を販売する売場が設置された。これらの商品は満鉄消費組合によって現地の満人向けに提供されたもので、廉価で販売された。3両目には、将棋、囲碁、新刊図書等を備えた娯楽室と映画上映のための映写室があった。4両目は洋食の食堂と畳敷の和食食堂であった。5両目は寝室、発電室、そして事務室であった。[20]

鉄路総局の慰安列車はそれ以降、「日満軍人、鉄路警備責任者、鉄道関係者、愛護村の村民へ感謝の意を表す」という本旨に基づいて、複雑な編成となった。その結果、機車1両、寝台車2両、荷物車2両、食堂車1両、貨物車5両、警備車1両、車掌車1両の13両編成となった。そのなかには、物品廉売部、医薬施療部が置かれたほか、日満各機関首脳や各愛護村村長ら地方有力者への謝意の表明や懇親を深めるための地方有力者招待部、漫才・ラジオ・蓄音機・映画上映など民衆へ知識普及や娯楽慰安を提供する演芸および映画部も設置された。さらに、子ども向けのキャンディーやハルビン鉄路局作成の慰問袋（児童向けの童話パンフレット、練習帳、鉛筆）が用意された。慰安列車の到着駅では、従業員が演劇舞台のテントを設置し、日満国旗や鉄路総局旗、内部には万国旗を掲げた。駅の外には茶店を設置し、遠くにいる大衆にも聞こえるように駅舎高所からラジオ演芸生放送を行った。[21]

慰安列車の車体には、コバルトなど明るい色で、「鉄路総局慰安列車」の文字も塗装されていた。食堂車の入口を造花の藤や提灯で飾った慰安列車もあった。[22] 従業員による慰安活動の様子は以下の引用からうかがえる。

到着翌日8時、他駅へ向かったが、11時に又本駅に戻った。午後1時から商品販売が始まったとともに、踊りや漫才などの演芸活動も行われた。観衆がどんどん集まってきた。「産業開発車」の所蔵されたものは我が国の名物である。より多産的な品種改良の豚と鳥、沿線住民の眼に初めてかかった。施診車の成績も特に良好だった。治療を受ける民衆が絶えずにきた一方、廉売車の物品もよく売れた。夜映画が上映され、より多くの観衆が集まって興奮した。[23]

この吉林省の駅員による報告書によれば、慰安列車は午後1時から夜まで各種の娯楽活動、無料の診療、廉価な日常生活用品の販売と品種改良の豚と鳥の宣伝を行っていた。現地鉄道駅員のみならず、沿線住民の需給に合わせて慰安活動の内容を工夫していた。慰安列車は、1935年には79万人の来場者があり、そのうち招待客は1万人、演芸映画観覧者は75万人、治療を受けた人は2万5000人となっている。また1935年に北満鉄道が接収されると、その沿線に最初の慰安列車を巡回させた。[24]

慰安列車とともに、日本人従業員のみならず、現地の住民も重要視していたのが慰安船である。鉄路総局を中心として組織された慰安船は、1934年に初めて松花江を巡航し、1935年からは黒龍江の巡航を行うようになった。さらに、1936年からはアムール江の漠河《モーホー》よりウスリー江の虎林《フゥーリン》までの巡航も計画された。1935年に黒龍江を巡航した慰安船が入港した際には、沿岸住民の大歓呼を浴び、万国旗を飾った慰安船の甲板上で白系ロシア人楽隊員が満洲国国歌と行進曲を演奏し、花火を打ち上げ、爆竹も鳴らした（図2－3）。このとき、「上は県長から下は猟師に至る迄の老幼男女」がこれを迎え、「小学生は手に手に日満国旗を打振って旗行列を催して」いたように、慰安船の入港には沿岸部の地方政府によって住民が動員された。また、入港地の有力者を船内の食堂に招待し宴会を行った。さらに、慰安船は日系官吏と住民向けに慰問用飴など日本製の商品を学生・児童に配付した。[25]結氷期や満ソ国境の閉鎖時は特に物資供給が滞るため、慰安船の入港は現地で大歓迎された。慰安船は1935年には19カ所で慰安を行い、演芸映画観覧者6万1500人、治療を受けた人1800人を記録した。

慰安船は「民路合作」を使命とし、慰安列車と同様に、船倉には廉売班を、船客室の一隅には施療班を配置し、食堂では地方の日満名士を招いて宴会を行った。寄港地の埠頭《ふとう》には、娯楽班が舞台を設け、現地の満人向けに鉄道愛護村の意義を巧く織り込んだ満洲漫才、手品、舞踊などを提供した。夜には、川岸に押し寄せた観衆が皇帝溥儀《プーイー》の即位式の映画を鑑賞した。[26]

このような慰安船は、終戦直前には物資と人員の不足により、満鉄病院による医療や政府による配給物資の提供が難しくなった。それでも5人の満洲芸人と映画だけは慰問演芸として提供されていた。慰問演芸をより充実させようと、乗組員の一部は紙芝居の稽古を始め、映画技師は弁士を務

図2-3　黒龍江の慰安船

（出典：「黒龍江岸にて廉売施療中の慰安船　石田英隆写」石田英隆（鉄路総局）「月餘——慰安の船旅」『協和』1935年11月号、満鉄社員会、11頁）
東京大学経済学図書館蔵

めた。映画は「軍国主義を盛んにとりいれて勇壮な筈」の作品が選ばれた。1945年は結氷期が長く物資運輸が滞ったため、満ソ国境地帯の住民にとって、慰安船は「年に一度の巡回デパート」であり、そこで統制品の特別配給を得た。[27]

バスとトラックからなる慰安自動車隊もまた、慰安列車や慰安船と同様の役割を果たした。4〜5台、さらに8台の編成にまでなり、映画班、演芸班、施療班に分かれて沿道住民の慰安を行った。慰安自動車隊は日満男女からなる各種演芸団、蓄音機、映画、花火、飴《あめ》などの慰問品、診療設備などを乗せてバス路線沿線を移動していた。自動車隊が到来すると、現地の住民はまるで祭日のように押し寄せてきた。[28]

以上に見てきた列車、船舶、自動車による満鉄および鉄路総局の慰安活動は、従業員向けの娯楽慰安と物資提供から、現地住民向けの国策宣伝を行う宣撫活動へとその目的を拡大させた。1920年代に発足した満鉄の慰安列車は、中間駅の駅員への物資と娯楽の提供を目的とし、社員に福利厚生を提供するという企業活動の一環であった。これは傀儡国家における支配の従属関係というよりも、企業における雇用関係を基盤とした活動である。一方、鉄路総局の慰安活動は、満鉄の慰安列車を継承しつつ、関東軍と満洲国政府が求める国策宣伝の役割も担った。満鉄の慰安列車は、すでに中間駅の日本人駅員のみならず、鉄道沿線部の住民に喜ばれる廉価な商品や娯楽を提供していた。鉄路総局はこれを発展させ、船舶や自動車も活用して、活動範囲を空間的に拡張させた。また、現地住民を重要な対象として位置づけ、地方有力者との関係深化のためにかれらを娯楽に招待したり、鉄道愛護などの宣伝を行った。

満鉄から鉄路総局へと発展を遂げた慰安活動は、企業の福利厚生から政府寄りの「物心両面」での宣撫活動へとその性格を変えた。このような満鉄と鉄路総局の慰安活動は、多種多様なメディアや活動を利用した。このような宣伝方法は、前項で述べたように、すでに満鉄弘報課が研究していた。列車、船舶、自動車を用いる満鉄と鉄路総局の慰安活動は、企業内雇用関係と、現地住民・企業・政府による宣伝の授受関係の二つの性格を併せ持つ。つまり、宣撫活動と満鉄弘報という二つの機能を持つものであった。満鉄と鉄路総局の慰安列車・船舶・自動車は、満洲国成立後の宣撫活動における宣伝方法の一つのモデルになる。それは、企業の従業員のみならず、現地住民の満鉄や満洲国政府に対するイメージ操作も期待されるものであった。

3　弘報と結びつけた宣撫——鉄道愛護運動

慰安活動を行ってきた鉄路総局が成立した1933年には、もう一つの宣伝活動である「鉄道愛護運動」が行われていた。次に、「鉄道愛護運動」における宣撫活動と慰安活動との関係、満鉄弘報の手法の導入について明らかにしたい。「愛路運動」と呼ばれる「鉄道愛護運動」とは、満洲国内における鉄道を沿線住民の手で積極的に「防衛愛護」するように、組織的かつ思想的に動員する工作である。満鉄を中心とする鉄道愛護運動が発足した背景として、沿線住民の鉄道反対の意識から生じた、鉄道への妨害・破壊行為があった。満洲国成立当時、地方住民には満洲国の誕生すら理解せず、鉄道を「軍閥の搾取機関」「日本に強奪された物」として敵視するものがいた。[29]地方住民にとって、鉄道は自らの要望によって建設されたものではないため、それを歓迎する意識がなかった。また、鉄道建設工事は、一連の治安悪化、人種偏見と耕作地の分断などの農民生活への負担を生み、満鉄側は農村部住民が反日勢力の鉄道破壊行為を黙認していると考えていた。[30]

こうした状況に対処すべく、鉄道愛護運動の体制が整えられた。満洲事変に伴って生じた列車や駅舎への襲撃、運行妨害などを踏まえ、1933年3月に「国防治安の確保」と「開拓鉄道として満洲国の産業、文化、経済開発の根幹的機能の発揮」を使命とする鉄路総局が設立された。そして同年6月、関東軍参謀部の指示により、軍、満洲国、鉄道が三位一体となって連携協力する体制で鉄道愛護運動が発足した。1938年からは、これに協和会も関与するようになった。鉄道愛護運動は、その目標として、平戦両時における交通治安の確保、満洲国建国精神の育成、民族協和と日満融合の促進、農村部への福利厚生の徹底と鉄道沿線部地区における鉄道貨物の保管の実現を掲げる。[31]こうした運動は世界各国に前例がなく、満鉄によって創始されるものと満鉄はとらえていた。満洲国において、開拓鉄道の安全性は鉄道員のみならず軍警による活動によって確保されていた。だが、広大な国土の隅々に拡張する路線の安全を確保するには、沿線住民の協力が必要不可欠とされた。[32]そのために、「鉄道愛護団」や「愛路少年隊」などの組織が設けられた。

鉄道愛護運動（以下、愛路運動）の具体的展開について見ていくにあたり、これを警備工作と思想教化に大別することができる。ここでは、宣撫活動を含む思想教化について取り上げる。1933年頃の愛路運動は、匪民分離の土地政策と慰問品配布による恩恵宣撫に焦点を当てたものだったが、次第に啓蒙教化工作が中心となっていった。沿線部住民に鉄道の重要性と満洲国民としての義務を自覚させ鉄道愛護に協力させる、いわゆる鉄道愛護思想の普及宣伝を目的とした。この思想教化工作は、主に「必要に応じ各種宣伝手段を講じ、日満不可分、共同防衛、防共思想等王道国民精神を鼓吹強調し、一方、各種宣撫活動、産業、福祉、厚生工作等を実施して、実利に依る鐵道依存、愛路報国観念の涵養に努め」ることであった。満鉄はこうした思想教化の宣伝工作が、組織と訓練などの警備工作を含む愛路運動全般にとって「その機運を醸成せしめる」先決条件であると考えた。[33]

愛路運動における思想教化のための宣撫宣伝活動は、「凡有《あらゆる》工作に付随して実施されるもの」であり、簡単な口頭演説、映画、演芸、唱歌、レコード、パンフレット、新聞、ビラ、ポスターなどといったメディアを動員し、多様な民族に対して適切な方法で実施することが求められた。そこには、愛護団員に対する啓蒙教化宣伝、日本と満洲国の一般国民向けの紹介宣伝のみならず、日用品廉売列車、慰安列車の運行、施療施薬、防疫の助長と産業技術の指導等といった福利厚生工作も含まれた。[34]

慰安列車や施療施薬などを利用する福利厚生工作のあり方はすでに前項で述べたので、ここでは沿線関係者と日満両国の非関係者向けの2種の宣伝について取り上げる。まず、沿線関係者である現地の愛護団員向けの啓蒙教化宣伝について分析する。沿線住民である愛護団員は、満鉄からは「極めて智的水準の低い民衆」として位置づけられ、さらに満鉄は宣伝の目標を「民衆の鉄道に対する無智無関心又は誤った観念を是正する事」「鉄道の重要性を認識させ、自然と愛路観念を培養さす事」とした。ターゲットをそのように認識したため、宣伝は「宣撫工作を基礎」として、現地の鉄道愛護関係者向けに啓蒙教化的な宣伝を行おうとした。こうした宣撫活動は、「理屈よりは友情が先である」という方針に基づいており、満鉄は宣伝者が現地の住民の「友達」のような存在となり、宣伝の内容を受け入れさせることを期待した。[35]

愛護団員向けの宣撫活動の実態について見ていきたい。１９３３年頃、愛路運動の主要な目的は治安維持であり、路線保護の運動に加入した村落に対して慰労金、優待乗車、青年の学資補助などを提供する計画が立てられていた。また各駅長主催で、村長や警察官等を招いて鉄道愛護に関する日満懇談会を開催し、愛路をはじめとする各種の意見交換をした。[36] １９３４年からは、鉄路愛護懇談会とともに、鉄道と文化開発の関係を説明するための沿線地方有力者による南満洲視察を行った。他方、慰安廉売施療列車を運行し、満鉄と沿線住民との関係融和に「予期以上の効果を収めた」との記録もある。その他、宣伝文書の刊行、集会の開催、愛路指導班の巡回、愛路思想普及の映画班の巡回、愛路宣伝演芸班の巡回、愛路映画や愛路レコードの製作、祝祭日および地方祭典を利用した宣伝、施療施薬、各種災厄に対する救済、宣伝用日用品の配給なども行った。[37] 民衆の生活と密着する愛路運動は効果を上げたとされており、村民たちの、「国と共に栄へ、鉄道と共に発展する」意識の高揚が指摘されている。[38] １９４０年代になると、愛路運動は鉄道沿線のみならず自動車道路沿道にも展開し、自動車道路の愛路工作班が鉄道局愛路係員、映画班、施療班で構成された。昼には、1時間半の講演と座談会、その合間に満鉄病院による施療活動が行われ、通訳付きの講演では時局と愛路、道路建設、募兵と県の治安などが語られた。夜には工作班が映画上映会を開催した。[39]

そこで利用されたメディア、そして実施された活動を具体的に見ていく。鉄道総局愛路課に勤めた青木実は当時の愛路運動関係の印刷出版物を分類している。そのうち、愛護団員が用いる啓蒙教化宣伝メディアとして、雑誌、壁新聞、パンフレット、ポスター、ビラなどがある。読み物の少ない農村に娯楽や実用的な情報を提供する雑誌『愛路』、国家意識涵養のため時局ニュースを掲載する満洲・蒙古・ロシア・朝鮮語の『愛路壁報』、『愛路歌謡集』や『愛路画集』などのパンフレット[40]、文字よりも単純な図像で示す満洲風のポスターやビラがあった。さらに、満鉄映画製作所による愛路運動のニュース映画、文化映画や劇映画のトーキー版など、愛路宣伝用の映画もあった。これら満鉄製作の映画は、満洲映画協会から購入した映画と組み合わせたプログラムで、各局の映画班によって配給された。これを鉄道総局はスケジュールを組んで沿線各地で巡回映写を行った[41]。愛路宣伝用の映画は需要が多く、製作の都合によってすべて16ミリフィルムを使用していた。脚本構成から撮影、製作まですべての段階で鉄道総局愛路課が関与した愛路宣伝用の映画は、年間20本前後製作された。一つの映画班は通常愛路宣伝用映画5〜6巻、娯楽映画3〜4巻、計10巻前後を携行し、映写時間を2時間以内に収めた[42]。

映画のほか、鉄道総局は幻灯と紙芝居のスライドを製作し、その設備とともに配布していた。また、「愛路青年歌」「愛路農耕歌」「愛路少年行進歌」などの楽曲を制作し、日本コロムビアが吹き込み、宣撫活動に利用した。これらを移動演芸班を通じて娯楽に乏しい農村へ送り出し、巡演させた

図2-4　愛路運動の宣撫活動における移動演芸班の演劇の観衆席
（出典：「愛路農村劇団の演劇を鑑賞するぎっしりつまった観衆」鐵道總局附業局愛路課『愛路運動の全貌』1938年12月）
北海道大学附属図書館蔵

（図2－4）。懇談会、講演会、廟祭と運動会など各種の集会では、口頭による愛路運動精神の宣伝を行った。口頭宣伝は、講演者の親切さを演出し、民衆に接する「新鮮な力を持った宣伝媒体」となった。満鉄は現地の愛護団員向けの宣撫活動について、あらゆる施策「宣伝の媒体」となりうるばかりか、「要は実施者の創意工夫ひとつ」と、メディアの利用の重要性のみならず、実施者の能動性を強く求めた。[43]

次に、日本と満洲国の一般国民向けの愛路運動の紹介宣伝について見ていく。この種類の宣伝の対象は、主に愛路運動の関係者とそれ以外に二分される。前者は愛路運動に関わる、満鉄社内の弘報機関、満洲国弘報処・民生部・協和会弘報課と地方政府などを指す。満鉄は、これらの関係機関の協力と支援を得るために、愛路運動の内容と経緯について理解を深めることで、誤解と摩擦をできるだけ回避することを期待した。後者は愛路運動と直接関係しない日本と満洲国の国民を意味する。満鉄は、宣伝活動を通して日満の一般国民が満洲国の国防、鉄道事情と満鉄の事業について理解を深め、満洲国と満鉄に対して好印象をもつことを期待した。[44] これは印刷宣伝物による紹介宣伝がほとんどであった。

関係機関向けの施策では、満鉄が決定した大綱である「満洲国内鉄道愛護指導計画要領」および附録、「鉄道愛護団協和青少年団訓練指導要領」「愛路義勇隊指導訓練要領」「協和義勇奉公隊愛路隊組織に関する件」に加え、工作の経験や方法についての交流の場ともなった月刊誌『愛路指導者』などが用いられた。一方、日満一般国民向けの施策では、満鉄が社内外の各種刊行物に愛路運動を紹介する記事を掲載したほか、官庁、図書館、新聞社、旅行案内所、団体その他社内外弘報機関に愛路刊行物を配付し、『鉄道愛護運動の概要』『愛路運動効果』『愛路美談集』と『護れ愛路旗(愛路文芸集)』など一般向け書籍を出版した。[45]

以上に述べたように、満鉄が主導した愛路運動には、現地の愛護団員向けの啓蒙教化的な宣撫活動と、日本と満洲国の一般国民向けの弘報活動が共存していた。前者は満鉄側が「智的水準の低い民衆」と位置づけた現地の愛護団員と「友情」関係を築くことで、支配と服従という従属関係を不可視化し、鉄道に対する沿線住民の抵抗意識を弱めることを目的とした。それは、愛路運動の内容を描く特別に製作された各種メディアを利用し、施療施物活動などといった慰安活動、講演や演芸などを通じて行われた。一方、日満の一般国民向けには、満鉄の弘報体制を活かし、各種の出版物で紹介記事を掲載させたり、自ら書籍を出版した。満鉄が主導した愛路運動は、沿線関係者向けの宣撫活動と日満一般国民向けの弘報活動が共存するものであり、山本武利(2006)[46]はこの共存をもって愛路運動を満洲国の宣撫宣伝活動の初期段階とし、その経験と知識を蓄積しつつある土台と指摘している。この指摘は満洲国建国以降の宣撫宣伝活動についてのまとめとして妥当であると言えるが、一方、第一項で言及した満鉄の弘報の濫觴となる関東軍の宣撫活動の影響を見逃している。

第二節　関東軍の宣撫活動

続いて、満洲国の宣撫活動とも同時進行し、また満洲国の宣撫宣伝活動の濫觴でもある関東軍の宣撫活動の展開を見ていきたい。本節では資料の制約から、満洲事変以降の関東軍の宣撫活動を分析する。また、満洲国軍の宣伝工作や、各地方政府と協和会の連携による従軍宣撫班については、関東軍のみならず、満鉄による宣撫活動の影響を受けており、純粋に関東軍の特徴を示すものとして不適当と見られるため、本節の分析対象からは除外する。本節で使用する資料[47]はすべてアジア歴史資料センターで公開されている、防衛省防衛研究所所蔵の関東軍関係資料である。

１９３５年2月、関東軍の第7師団が離満する際、関東軍参謀長の西尾寿造は「無言の威力」たる軍事作戦と「温情の宣撫」により、治安防衛の段階から満洲国の安定を向上させる役割を果たすまでに至ったと歓送の辞で述べた。[48]以下、「温情」と形容された関東軍の宣撫活動の展開を明らかにする。

満洲事変翌年の１９３２年4月以降、関東軍は北満における共産党系の反日武装勢力の鎮圧と現地社会の安定に重点を置くようになった。それに伴い、北満における関東軍の宣撫活動が体系化されるようになった。当時の関東軍参謀長の橋本虎之助から日本陸軍次官の小磯国昭へ発送された極秘公文書『北満方面討伐二伴フ宣伝要領書送付ノ件通牒』（関宣発第２３２号、１９３２年5月13日）[49]には、関東軍北満宣伝機関による『北満宣伝機関大綱』と『宣伝工作要領』についての記述がある。『北満宣伝機関大綱』によると、１９３２年時点での北満における関東軍の宣撫活動の方針は、「威圧と共に人心の懐柔」とされ、敵地の外面で部隊直属班、巡回宣伝班、監察部を活動させ、敵地に潜入する特務班も設置された。北満宣伝班本部は、師団および特務機関ならびに各機関との連絡、各班の指揮、印刷物の作成および配布、講演、娯楽、歌謡等の準備および配布、施療と救恤《きゅうじゅつ》の準備と現地新聞の操縦を担当した。部隊直属班はポスター、ビラ、絵画ポスター、壁書と宣伝板を利用した宣伝工作を担った。巡回宣伝班は講演、娯楽、歌謡、芝居の実施を担当した。両方とも施療と救恤を組織する責任を負い、いずれも日本人の将校や官僚のほか、若干名の現地人通訳により編成されていた。

ここでの宣撫活動は主に敵前、敵陣地内と討伐終了地という三つの段階に大別されており、『宣伝工作要領』によると、関東軍は軍事作戦前後の特徴によって決められるそれぞれの宣伝要旨に沿って、各段階におけるメディア利用の方針を明確化しようとした。敵前と敵陣地内の宣伝工作は大体同じで、新聞ビラの配布、ポスター、宣伝ビラと口頭宣伝が中心となった。新聞ビラは戦線兵士ならびに近隣住民向けに無料配布されたほか、敵陣地内の地方有力者へも郵送された。口頭宣伝では、前線に地方有力者を招き、現地出身の密偵とともに村落に派遣し、新国家建設や旧軍閥との比較について村民向けの説明を行うよう手配した。さらに、関東軍は敵陣付近の村民や密偵などを利用し、かれらと報酬契約を結び、ポスターと宣伝ビラを敵陣内の村落に持ち込ませ、夜間にそれらを掲示する計画を立てていた。敵地の討伐後には、宣撫活動として映画、蓄音機、ラジオと漫才を使用した。駐屯地付近の満洲出身軍人と住民向けには、南満や日本の事情、満洲国建国を紹介する映画を夜間に上映したほか、蓄音機でこれらを放送した。ラジオも併用し、工作員を動員し街頭で一般向けに奉天放送局の放送を流した。また、奉天で3組の漫才芸人を採用し、建国慶祝を演唱させた。これらを遂行した密偵と現地出身工作員は、満洲国協和会によって派遣された従軍工作員であり、協和会は1932年4月から12月まで北満における関東軍の宣撫活動の支援にあたってかれら工作員を動員した。[50] かれらは関東軍嘱託であると同時に、満洲国国務院宣撫員という身分も持っていた。設立間もない満洲国国務院は、協和会の支援を通して、こうした関東軍の宣撫活動の手法を継承していくこととなる。[51]

このほか、関東軍は施療による宣撫活動も行い、その形態は軍の宣撫宣伝活動を統括する関東軍参謀部第四課の立案で単独で組織された軍医部による施療移動班によるものと、満鉄病院や奉天赤十字社病院、満洲医科大学と連携して行われるものとに分けられる。参謀部第四課は、施療活動とそれによる宣伝の手法について明確に規定しており、それによると施療班に集まった現地住民が関東軍の宣伝の要旨を十分理解するよう、施療開始前と施療実施中に施療班員が必ず施療の趣旨と効果を説明する必要があった。また、関東軍は施療班に施療開始日までに一部の班員を施療地に派遣させ宣伝を行わせた。施療当日に多くの患者を集めることを期待してのことである。各施療班には自らが製作した宣伝材料があり、第四課はそれらを同課に送付させた。同時に、第四課でもポスターやビラなどの宣伝材料を用意し、各施療班に使用させた。第四課は、のちの宣伝工作で活用すべく、各班の施療実施状況の写真の送付も求めた。[52] 北満討伐に際しての関東軍の宣撫活動は、作戦の円滑な遂行のために、さまざまなメディアと活動を利用して一方的な国策宣伝を行った。

関東軍によるこのような宣撫活動の展開の背景には、軍事作戦の拡大がある。関東軍は1932年の満洲国建国直後、領域内の北満地区や中華民国の熱河省と河北省の一部の制圧を試み、作戦範囲を拡大した。そこで、関東軍は軍事作戦と並行して宣撫活動を系統的に行うことを企図した。前述の北満討伐の際の宣撫活動の経験は、その後の施療活動のあり方のモデルとなったのみならず、のちの中華民国熱河省・河北省での作戦においても応用された。そして、宣撫活動実施の要領もより詳細なものとなっていった。

次に、1933年のいわゆる「熱河討伐《ねっかとうばつ》」、中華民国熱河省・河北省における張学良系勢力に対する軍事作戦での宣撫活動を事例として分析する。「熱河討伐」での宣撫活動は、1933年2月25日に関東軍参謀部より日本陸軍省大臣官房へ送付された『熱河討伐ニ伴フ宣伝計画及宣伝ニ関スル付属書類並宣伝資料』(関宣発第96号、1933年2月25日)[53]のなかの『熱河省宣伝対象』『宣伝班勤務要領』(関東軍参謀部、1933年2月12日)、『宣伝実務参考』(関東軍参謀部、1933年2月12日)、『熱河作戦ニ伴フ宣伝印刷物使用心得(附・印刷物配分表)』(関東軍参謀部、1933年2月12日)に記載がある。この極秘公文書の発送先には、日本陸軍省、海軍省、満洲国政府関係機関、関東軍各地域駐在軍のみならず、中華民国の北京、天津、済南、上海と朝鮮軍の大本営である朝鮮龍山も含まれる(図2－5)。このときには、関東軍はすでに自らの宣撫活動の詳細について各占領区における日本軍の駐在軍や関係機関と共有していたことがわかる。[54]

満洲事変直後の関東軍による宣撫活動の詳細について見ていきたい。関東軍は、北満討伐のときと同様に、宣撫活動を作戦準備期、作戦中、占領後の3段階に分け、各段階で宣撫班員の役割分担を明確にしていた。宣撫班は満系高級宣伝員、日系宣伝員、満系宣伝員、新聞指導員、写真技師で編成される。日系班員は各関係機関との連絡や現地情報の収集を担当し、満系班員は宣伝の実施に専従

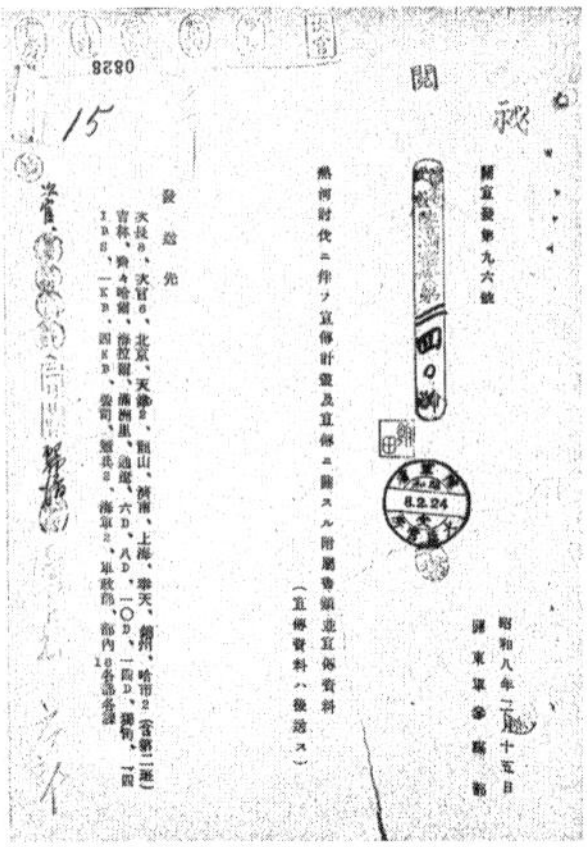
秘
関宣發第九六號
昭和八年二月二十五日
關東軍參謀部
熱河討伐ニ伴フ宣傳計畫及宣傳ニ關スル附屬書類並宣傳資料
(宣傳資料ハ後送ス)
發送先

図2-5 『熱河討伐ニ伴フ宣伝計画及宣伝ニ関スル付属書類並宣伝資料』(出典:「JACAR(アジア歴史資料センター)Ref.C01002848000、昭和8年「満密大日記 24冊の内其7」(防衛省防衛研究所)」)

した。なかでも満系高級宣伝員は主として識字層である知識階級に対する宣伝実施に従事した。また、関東軍は各宣撫班に1人の写真技師を配置し、宣撫活動の記録写真を担当させた。こうした編成で、宣撫班は北満での経験を活かし、熱河での作戦に伴う宣撫活動を遂行した。

そこでは、各種のメディアと活動の役割がはじめて明示的に決定された。熱河での宣撫活動では、現地の漢、満、蒙の3民族は識字率が3割以下であることから、関東軍は座談会、講演会、童話会など「口より耳への工作」、つまり口頭宣伝を主として、それにビラなどを付随させる形で行うよう定めた。また、関東軍は民族別の特徴、とりわけ蒙古人の特性として「驚異ヲ與ヘタルモノ」の訴求力が強い点に着目し、口頭宣伝では驚異を与えるように工夫した。そこでは、「無智の群集」向けに、言葉遣いでは宣伝用語を用いずに「簡明確切《かんめいかくせつ》」にし、表現方法では「譬喩《ひゆ》」を多用したほうが「王道楽土」に関する説明がより伝わりやすく親近感を持たれやすいと関東軍は考えた。

口頭宣伝に加えて、ポスター、ビラ、布告など他の宣伝資料を使用する場合、宣撫班は住民にその趣旨を説明しながら、その内容に対する反響を調査収集する必要があった。それまでの宣撫活動では、非識字層の図像に対する理解が著しく「幼稚」かつ「倒錯的」であり、宣撫班が口頭によってその内容を説明する必要があると関東軍は指摘している。熱河では、配布用のポスターを現地住民の室内装飾に使用できるものにした。作戦準備期と作戦中においては、第1号飛行機爆撃および帰順握手、第2号地獄極楽、第3号満洲国図上に5人携手(5人が手を取り合う)、第4号軍人買い物の4種の図案のポスターを配布し、占領後は、第5号人民和楽、第6号児童携手、第7号執政像および宣言の3種の図案のポスターを掲示した。これらのポスターは関東軍司令部の所在地である奉天市の奉天省公署印刷局で印刷されたものである。そのなかには、従来の宣撫活動における子ども向けの紙芝居による宣伝活動の様子を描いたものもあった（図2－6）。宣撫班が携帯する救恤品や薬品、そして協力機関による施療班は宣伝の補助手段とされた。

関東軍は宣伝の効力発揮には大衆の信頼が必要不可欠と考えたため、各宣撫班は現地各階層の住民心理の把握、それに基づく方針策定を行った。宣撫班は現地有力者の自発的協力を促すべく、あらかじめ農業、商業、教育、宗教の諸団体向けの国策精神の宣伝と宣伝内容についての講習を実施した。地方の名望家である有力者を介した宣伝によって、現地下層階級の住民の有力者への信頼感を利用でき、宣伝効果を上げることができると関東軍は期待したのである。なかでも、関東軍は満洲国政権への現地青年層の支持を得るために、特別に組織した青少年に訓練を施し、宣伝物の配布、街頭宣伝、村落での口頭宣伝など宣撫活動に従事させた。これは青少年の自尊心と自負心に訴えかけ、かれらの満洲国国策宣伝の内面化を促進する手法であった。

関東軍のこれら宣撫活動の経験は、満洲国国内だけでなく世界に向けて発信された。１９３３年4月、関東軍は満洲国各地でトーキー映画の撮影をしていた米国フォックス活動写真撮影班に記録

図2-6　熱河討伐の作戦後において配布された第5号ポスター「人民和楽の絵」
（出典：『熱河作戦二伴フ宣伝印刷物使用心得（附・印刷物配分表）』関東軍参謀部、1933年2月12日「JACAR（アジア歴史資料センター）Ref. C01002848000、昭和8年「満密大日記 24冊の内其7」（防衛省防衛研究所）」）

映画『宣撫班の活動』の製作を委嘱した[55]。この製作企画書には、関東軍の軍事作戦、軍事行動とともに民衆へ「王道政治の新時代」を宣伝する宣撫班の様子、宣撫活動を喜んで歓迎する満洲国国民、「満洲国万歳、日本帝国万歳」を叫ぶ国民、関東軍の大尉参謀による演説に拍手をする民衆、貧民救助にあたる満洲国赤十字社看護婦と打ち合わせする日本人などといったシークエンスで構成するようにとの指示がある[56]。関東軍は宣撫班そのものを素材とした報告写真や宣伝ポスター、記録映画を制作することで、メディアに記録された宣撫活動そのものを宣伝内容の一部とした。

関東軍による宣撫活動は、主に軍事作戦を補助するもので、情報収集や現地人との協力関係構築に重きが置かれた。作戦遂行と占領後の社会の安定のため、関東軍は1932年から1933年までの1年間で宣撫活動の要領を大きく改変した。1932年の北満での宣撫活動においては一方向的な国策宣伝を行うのみだったが、1933年の熱河では、現地の民族・階層・世代を考慮した要領が策定され、言葉遣いや表現方法にいたるまで注意が払われた。同時に、1933年になると、宣伝に対する現地の反響も調査することになり、現地社会の構造を利用して宣撫活動の担い手として現地住民を動員するようになった。さらに、宣撫活動の様子が記録され、それ自体を宣撫活動に用いる動きも見られた。関東軍による宣撫活動のこうした一連の変化は、日本人主導の一方向的な国策宣伝から現地社会・文化に接近したものへの転換といえる。

第三節　現地化される宣撫活動の人員

本章では、第一節で満鉄の宣撫活動が日本人支配層と現地人被支配層という垂直的な従属関係のみならず、一見水平的な形式がとられるようになったことを明らかにし、第二節では関東軍による宣撫活動が現地社会と文化に適応したものに転換していった様子を明らかにした。これらの転換をどのように実現させようとしたのかについて、ここでは宣撫活動における人的基盤を中心に見ていく。満洲国農村部における宣撫活動は、県公署が定期的に派遣する宣撫班と主に固定宣撫員と呼ばれる現地有力者たちが担った。１９３６年以降、各地方政府は固定宣撫員からなる固定宣撫班を設置するため、宣撫活動の専門知識、心得、技術を育成する体制を立ち上げた。各地方政府がその経験と見識を共有するメディアとなったのが『宣撫月報』である。

安東省公署では、１９３７年までに管下の各県で現地の満人村長と学校の教職員を中心とする「固定宣撫員」を配置した。省公署はかれらの「職業的意識」を涵養するため、辞令交付、記章・服務要領の配布を行った。実際の宣撫活動において、日本人の考えが及ばない点にも着目し、民族的な生活感情を応用するため、「満人への宣伝宣撫は満人を以て當らしむる」という趣旨の下、できるかぎり満人の宣伝員を配置した。[57] 満人宣伝員はすべての宣撫活動に随行し、施療、座談会などを通じて民衆の声を聞いた。吉林省公署では、宣撫活動に直接関与する村の有力者たちが工作関連知識について「無訓練無教育」であり、「労して功なき結果」が懸念されたため、県公署の職員向けの講習会と地方有力者向けの講習会を開催した。[58]その結果、各県と村の宣撫小委員会の役員、農商務会長、保長、自衛団長、学校職員など現地の地方有力者は「被宣伝者の域を脱せず自動的宣伝者として資格を有する」者となった。[59]これらの満人宣伝員向け講習会では、かれらが宣撫活動の企画実施の中核となって活動すべきと鼓舞し、同時にかれらの意見も受け入れる姿勢を見せた。省公署が用意した講習会資料をはじめ、指導要領の文書は日本語で作成されたものがほとんどであり、省公署は「満文」による文書の提供の必要性を認めている。[60]講習会資料として、宣撫活動従事者向けの宣伝に関する一般的知識を普及する治安工作委員会発行のパンフレット『宣伝心得』がある。そこでは、現地の農民たちの立場と理解力を十分把握する満人宣伝員が講演をする際には、たとえ話を大いに使用するよう強調されていた。[61]こうして満人宣伝員に対する訓練が強化され、かれらの宣伝技術も次第に向上すれば、農村部の固定宣伝網の拡大強化と、共産党系匪賊の宣伝網の破壊や農民の思想の善導が達成できると各省公署は期待した。[62]このように、満洲国建国後に宣撫活動を統一的に企画し組織していた中央、省と県において設置された宣撫小委員会は、農村部現地社会の有力者を活用する制度を確立した。

１９３６年、各省県の政府は、宣撫活動の現地協力者として有力者による「宣伝員」のほか、体系的かつ専門的な訓練を行う各級政府の宣撫活動担当官僚「弘報要員」を設置した。これによって、満洲国の宣撫活動の恒常的な組織が成立した。弘報処は、弘報要員が「言論機関を通じて読書階級に自治機関を通じて地方民衆に、経済機関を通じて商民に」宣伝網を確立することを期待した。[63]こうした宣伝員と弘報要員のあり方について、民生部教育司長の田村敏雄は宣伝員も弘報要員も満洲国の宣撫活動の第一線に立つものであるため、一般農民よりもかれらの意識を統一させることが優先事項であると主張した。多民族国家である満洲国には、各民族に弘報要員が必要であり、かれらが宣伝の形式で個性を発揮することが期待されていた。[64]

続いて、多民族かつ官僚的性格をもつ弘報要員制度において、多様な弘報要員をどのように指導養成したのかについて見ていきたい。竜江省公署では、1938年に各市県旗の弘報要員を召集し、「官民に対する啓蒙宣伝及思想戦」のために「充分なる知識と技術」を教えることを目的とした、1カ月にわたる講習会を開催した。講習会で配布された資料には、第一章で取り上げた『宣伝の研究』の中国語版、『宣伝工作と映画及操作技術』『宣伝工作と紙芝居及操作技術』『防空関係資料』『防共資料』『我們的満州』などの雑誌、『満州帝国政府組織表』『治安粛清資料』『国家総動員資料』『戦局地図』等がある。講習会の第1回は宣伝理論と技術（映画機械、紙芝居の操作、講演実習）に主眼を置いていた。[65]省ごとの弘報計画や宣撫活動の全体像の説明については県公署の庶務科長や事務官が講師を務め、技術科目では、協和会中央本部員が紙芝居の操縦を教え、満映技師が16ミリ映写機の操縦の講習を担当していた。[66]こうした弘報要員向けの講習会は、1940年代に入ると時局によってさらに重要視され、1回の講習会が2カ月にわたって行われたこともある。[67]

1940年代には、宣伝員と弘報要員の訓練体制が整えられた。弘報要員はさらに宣伝員を指導養成する立場ゆえ、宣撫活動の計画と宣伝の理論のみならず、視覚メディアの操縦の技術を村落で普及できるよう育成された。農民とは一定の距離があった弘報要員であるが、敗戦直前の1945年には自ら農村部に入り込んで、一人で宣撫活動を行わざるを得なくなった。1945年の満洲国各地方では、宣伝用の資材が全く入手できなくなり、こうした「県より下の地域に対しては全く無力の現況」では、「口頭宣伝工作」が最も「大切な、そして徹底的なもの」とされた。口頭宣伝が宣撫活動組織の中心となり、そこに諸々の「武器」を付加された。そうしたなかで、弘報要員は地方政府の官僚から村で活動する宣伝員となった。その様子は、「要員は屯《トウン》の路傍で叫ぶ。要員は学校の門口で紙芝居をする。要員は漫画を描き、ビラを書き、そして民衆をひきずる。要員は常に読書し、組織より流されるその筋よりの智識を吸収して、その地方の智識人たらんとする、その地方の民心を把握する、特異な動向はこれを上申する」という記述からうかがえる。弘報要員の下には「弘報巡回員」が1県に2〜3名置かれ、弘報要員が多忙で村に移動できない場合、巡回員がビラ、携帯時局写真、薬品をもって、屯から屯へ流れ歩いた。巡回員は、「村にあっては、村の盛り場で紙芝居をする、その傍には携帯時局写真展が立てならべられてゐる、病人には薬を與へ施療する、そして、その村の弘報要員と連絡を」とる任務にあたった。巡回員は定期的に弘報要員に実施概要報告を行い、また新しい要領を聞いてまた巡回の旅に出るということを繰り返した。こうした状況が終戦まで続いた[68]。

満洲国農村部の宣撫活動は、主に現地出身の宣伝員と弘報要員が担った。現地の文化と農民への理解に基づいて、農民たちに国策宣伝の精神を伝えるべく、現地人の立場から宣撫活動の内容を構成した。また、宣撫活動において農民たちへ娯楽を提供することに重きが置かれ、弘報要員には紙芝居、映画、漫画など視覚メディアの活用技術の習得が求められた。

第四節　モノとして整備される宣撫の技術

1　映画をめぐる設備――フィルム・映写機・携行用発電機など

本節では、宣撫活動の設備面と技術面、特に日本から輸入された映写機と携行用発電機、満洲映画協会製造のフィルムなど映画関連の技術的基盤や宣伝自動車の開発などの事例を取り上げて明らかにする。

１９３８年11月、満洲国弘報処は従来の映画による宣撫活動についての調査に基づき、上映設備の統一を図る『十六粍《ミリ》映画利用と規格統一』案を発表した。それまで各省は、宣撫活動で主に35ミリフィルムを使用していたが、弘報処は費用、容積、操作性から、これを各地方の宣撫活動用には不適当と判断した。当時、16ミリフィルムの技術進展で実用的価値が上がってきており、欧米では学校教育や興行で採用されるようになっていた。世界中で広がっていた16ミリフィルムは、35ミリフィルムより小さな映写機と付属品を用いるので携行に便利であり、しかも自動化が進んだことで操作性が向上し、専門技術者を必要としない。最も重要なのは、35ミリフィルムの4割程度という価格である。映画像のサイズは普通常設館と同様の縦11尺横14尺である。以上の理由から、弘報処は満洲国各地方省市県旗《ションシシエンチー》政府（日本でいえば、県市町村の行政機関）に、自家発電機（ホームライト）電気設備、16ミリ発声映写機と付属品（映写幕、巻取リール、巻返器等）といった16ミリ用の設備の購入を求めた。[69]

ホームライトと呼ばれた携行発電機は、日本軍の航空計器と航海計器を製造していた東京計器製作所が生産していた（図2－7）。東京計器製作所は、1930年米国ニューヨーク市にあるホームライト社の特許ホームライト（Homelite）の販売権を獲得した三井物産を通じて、製造権を獲得、製造を開始した。ホームライトは1キロワット程度の小型直流発電機にガソリンエンジンを直結したもので、電気設備や据付工事なしで容易に起動するものであり、点灯などの用途に使用された。[70] これは主に給電区域外の地域において手軽に少量の電力で供給する目的で生まれたものである。[71] 満洲映画協会は、何回も全国各県公署の関係者を新京に招き、ホームライトの操作のほか、映写機の構造、拡声器の原理など映写技術についての「映写技術講習会」を1カ月にわたって開催した。満映は、満映の専門技術者がいなくとも、各県公署職員の手で映写機械の操作ができるよう期待した。[72] さらに省公署は、宣撫活動の設備を運ぶ自動車運転手に対しても、ホームライトの操作ができるようにと講習会を開催した。[73] ホームライトは次第に満映主導の宣撫活動における巡回映写のシンボルとなった。『満洲映画』1941年4月号掲載記事「私達の巡映　私は小型発電機である」では、ホームライトを擬人化し、僻地農村での映画上映におけるホームライトの役割を語らせている。ホームライトは16ミリフィルムと切り離せない関係

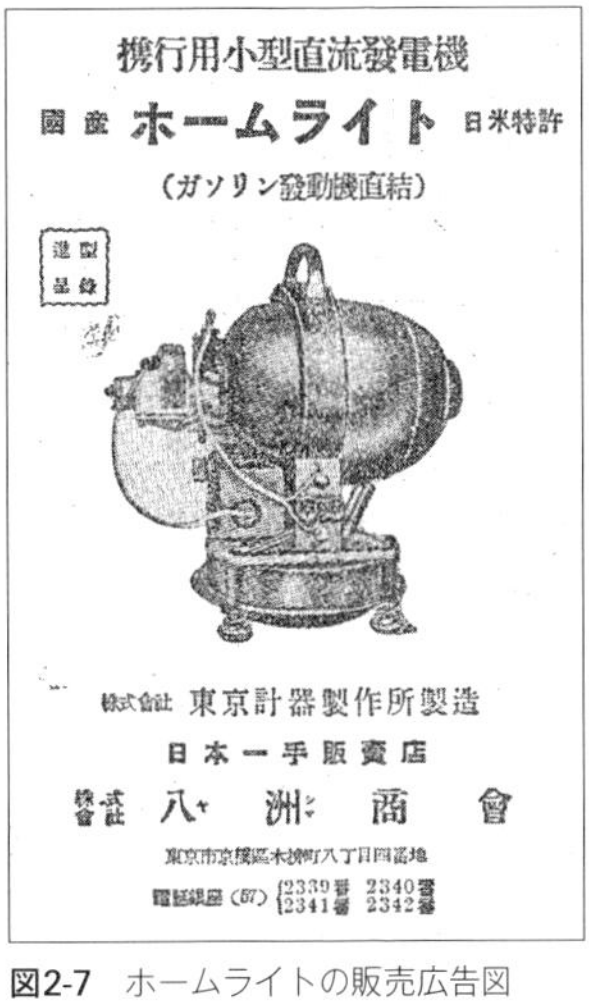

図2-7　ホームライトの販売広告図
（出典：『官報』1934年5月9日、248頁）
国立国会図書館蔵

であり、満映はこれを非電化地域が多い広大な満洲国の国土において重大な意義をもつものとしていた。記事はホームライトに「私の情熱、私の口から射出した火炎のような光が民衆の目に入ったとたんに、四方八方から無限の歓声が湧いてきた」と語らせ、そのイメージを宣伝した（図2－8）。[74]

16ミリ発声映写機は、1938年11月までは、満洲国全体の省県市政府によって、合計28台しか保有されていなかった。[75] そこで、満映は映写機を製造する日本光音工業株式会社から、16ミリ映写機（図2－9）を多数輸入するようになった。日本光音工業は1936年に株式会社写真化学研究所（Photo Chemical Laboratory, P.C.L.）の系列会社として設立され、同年「光音」と呼ばれた16ミリトーキー映画の映写機の大量生産を始めた。[76] この「光音」映写機は特別な光学的装置によって、35ミリフィルムに劣るとされた音質を向上させたものである。[77] 小型映画を認めない1936年当時の日本社会と異なり、満洲国はその経験から、国

図2-8　「私は小型発電機である」
（出典：北郷「我們的巡映 我是小型發電機」『満洲映画』（満文版）1941年4月号、満洲雑誌社、45頁）

図2-9　「映写中の『光音』映写機」
（出典：主幹「日本光音会社を訪ふ」『科学画報』1937年3月号、124頁）
国立国会図書館蔵

策宣伝で16ミリトーキー映画の必要性を認識していた。そして、満映は『十六粍映画利用と規格統一』案を発表し、日本光音工業から70台の光音D型16ミリトーキー映写機を輸入、各省、特殊会社、蒙疆《もうきょう》政府へ供給した。[78] 日本光音工業専務の山田英吉によると、１９４０年に同社は満映と日本の各機関に約１０００台の「光音」16ミリトーキー映写機を供給した。[79]

ところが、１９４０年代に入ると、日本本土も満洲国国内も映画用資材の供給が滞り、[80] 日本からの輸入が困難になった。そこで、満洲国内での機器製造が重要な課題となった。こうして、満映光音工業株式会社が１９４２年４月に新京市満映録音所の跡地に設立された。日本からの輸入減少による供給の不足を補うべく、16ミリトーキー映写機を中心に製造した。また、満映は映写機の製造を通して満洲国の映画技術向上も目指していた。[81]

満洲国における映画用資材の国産化とそれに伴う技術向上の動きは、映画フィルムの分野にも見られる。満映は映画の設備と資材の自給自足を目指していた。[82] １９４２年には日本製の生フィルムの供給が途絶え、満洲国では生フィルムの自給生産が必要となった。満洲国では大豆を主力農産物として生産していたため、満映はこれを生フィルムの原料として利用した。さらに大豆による生フィルム製造の実験過程で、ゼラチン製造にも成功したため、満映は将来的に生フィルムの自給自足ができると期待した。[83] 満映が独自技術で製造した生フィルムの一部は、現在北京市の中国電影資料館に所蔵されている。２０１９年までに少なくとも１００本ほどの大豆フィルムが未修復でも画質の劣化なく上映できる状態である。

満映による映写機や生フィルムの独自製造の動きは、宣撫活動の一環である巡回映写活動の規模が拡大しつつあったなかで、太平洋戦争期に日本からの供給が滞り、必要な資材をすべて日本のみに依存できないという認識が満映幹部層で共有されたことによる。１９４２年には満映が出資する満洲恒化工業会社がフィルム用ゼラチンの製造を開始した。映写機を製造する満洲光音工業会社、フィルムを製造する満洲恒化工業会社、そして僻地農村の地理環境に適した巡回映写の設備を研究する映画科学研究所も設立され、映画をめぐる設備の全面的な国産化推進を図っていた。映画科学研究所では、寒冷な気候に適した撮影機や映写機のレンズ、回転維持装置、昼間の上映用の映写幕、冬季の低温でも故障しない発電機の研究開発を行った。また、所外の満洲国や日本の学者に研究費を交付し研究依嘱を行っていた。[84]

この動きは映画設備産業だけでなく、関連分野である蓄音機とレコードの製造にも及んだ。１９３９年、日本ビクター蓄音機株式会社が満洲蓄音機株式会社を創立し、満洲における国産レコード製作をスタートさせた。これには歌手をはじめ、工場労働者もすべて「満系」が採用された。ここには、「音楽こそ民族融和に欠《か》くことの出来ぬ要素である事は事新らしく言ふ迄もなく、特に満洲に於ては今後レコードの持つ使命は非常に大きい」という、レコードによる宣伝工作の重要性についての認識があった。[85]

以上に述べたように、満洲国の映画による宣撫活動の設備や資材は、当初米国の発電機技術と日本の16ミリ映写機技術に依存していたが、戦局の悪化により満洲国の宣撫活動の特徴に適合した形で国産化が進み、技術的な基盤が形成されていった。こうして、満洲国の宣撫活動はその物的基盤を日本による独占から脱し、世界中の先端技術を吸収して成立した満洲国の自律的なものへと変容していった。そして、そこで生産された映画設備は広く宣撫活動に利用された。

2 宣伝自動車

次に、満洲国の宣撫活動向けに特別に製造された映画上映設備も持つ「宣伝自動車」について見ていきたい。鉄道網から遠く離れた広大な満洲国農村部では宣撫活動が困難であり、弘報処は「自動車のもつ移動力を利用して僻地の農村迄迅速に宣傳する場合には之れが目的を以て製作せられた宣傳自動車を利用する」[86]ことを推進した。鉄道では到達できない範囲を補完する役割として宣伝自動車の機動性が利用された。そこに自動車製造業界も「満洲の特殊事情に対して適当なる車を急速に設計」[87]すべく動き出した。そして、多種多様な宣伝自動車が生み出され、宣撫活動で利用された。

まず、このような宣伝自動車の製造について見ていく。宣伝自動車のデザインに関する最も早い記録は、1936年に治安部が主催した甘珠爾廟会《カンジュルミャオホイ》における募兵のための宣伝活動である。甘珠爾廟会での宣撫活動については第四章で詳しく論じるが、甘珠爾廟は鉄道から遠く離れた草原部にあるため、自動車が主要な交通機関であった。治安部が派遣した宣伝班がそこでの映画上映のたび、携行した乾電池を3回の使用で切らしてしまうため、治安部は太陽光を利用する映写設備を設計した(図2－10)。昼間の上映については、それを自動車に設置し、自動車を天幕で覆って映画館のような上映環境をデザインした。[88]

宣撫活動用の改造自動車の構想は、のちに中央と地方政府が主導する宣撫活動で「宣伝自動車」として実験された。宣伝自動車は、車内に映画上映機材、施療用品、薬、物品や紙芝居の用具などを固定し、車体そのものが映画上映装置の一部分をなす。各機関はそれぞれ異なる自動車を保有し、それぞれの活動内容や必要に応じて改造が施されている。たとえば、中央禁煙促進委員会は豊田自動織機製作所自動車部が開発したトヨダ号という六輪車を購入し、奉天交通株式会社に依頼して禁煙宣伝工作向けに「特殊ボデーを架装」する改造を施した。１９３７年２月、奉天交通は満洲自動車運輸株式会社の業務の一切を継承し、奉天遊覧の観光バス事業も統合している。その観光バス車両は、それまで多くがフォード社製であったが、車体の老朽化によりトヨダ車への転換を図った。その翌年、奉天交通はその１台を禁煙宣伝用の宣伝自動車として改造し、中央禁煙促進委員会に提供した。[89]

この特殊装置自動車と呼ばれた宣伝自動車に、菱美トーキー映写機[90]、ラジオ受信機、拡声器、レコード伴奏装置、スクリーン、手回しサイレンのほか医療設備や宣伝物資を搭載したのが禁煙宣伝用の宣伝自動車である。そこに宣伝員、医者、機械技師からなる宣伝班が乗り込み、各地を巡回し阿《あ》片《へん》禁止政策について、民衆に娯楽と医療を提供しながら宣伝した。[91]

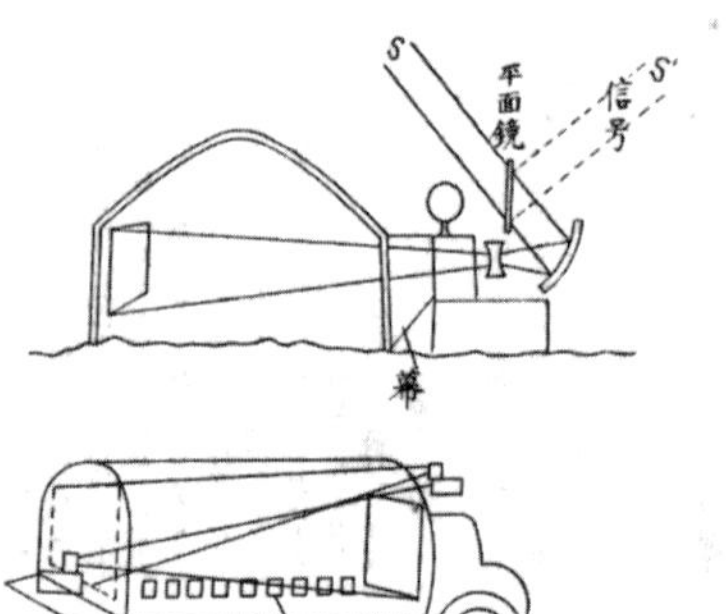

図2-10　太陽光線電池と自動車映画館の設計図
（出典：禁衛隊青木国良「映画宣伝状況報告」『鉄心』1936年11月号、204頁）国立国会図書館蔵

もっとも、トヨダ号は宣伝自動車の主力にはならず、弘報処は省県政府に対して日本陸軍の軍用

トラックとして多用された協同国産自動車株式会社開発のスミダU・H六輪車の採用を推進した。[92]弘報処は1939年、各省で試用していたスミダU・H六輪車の標準装備について発表した。これは最大6〜7名乗車可能な宣伝自動車に改造され、通常宣撫員2〜3名、撮影技師と助手2名、医師1名、運転手1名を乗車させた。装備は菱美式35ミリトーキー映写機、ラジオ受信機、拡声器、レコード、スクリーン、ガソリン発電機、医療機材と謄写版である。[93]弘報処はこのほかにも、宣撫活動専用の宣伝自動車を提案し、満洲国国産車を製造する同和自動車株式会社に製作を依頼した。[94]

これら自動車は、車種や工作を行う地域の事情に応じて、各地方省政府が宣伝自動車に改造し、宣撫活動に投入された。錦州省の恵民号は、屋外講演用に屋根に踏板と外周を囲む低い鉄柵が取り付けられた車両であり、「映写をやる際には車中から出た光線が映写幕に達する」[95]ようデザインされた。通化省の愛民号は、「赤、黄、緑で迷彩を施した五噸積の巨大な車体」で「八人坐れる座席もあり屋根の上で演説出来るやうにと梯子もついて」いた。[96]さらに、これが故障した際には、臨時に複座式のトラックが代替車両として使用されていたことから、[97]通常のトラックも宣撫活動でよく使用されたことがわかる。トラックの車体は宣伝自動車と似た空間構成をもち、宣伝員20名ほどが携行品を含めて1台に収容可能であった。宣伝自動車やトラックは「小部落にも車を停めて楽隊と進軍喇叭《らっぱ》を以て部落民を慰め」、人々は「工作隊の音楽を耳にして我先にトラックの周囲に」集まった。そこには、「珍しいものが来たと許《ばか》りに子供達から大人迄も」[98]集まり、それは、車体自体が視覚的に「珍しいもの」であり、聴覚に訴える音楽とともに、インパクトをもっていた。宣伝自動車やトラックによる宣伝は、それがもたらすメディアのみならず、車両のある空間そのものも集客力をもっていた。

　このような宣伝自動車は、満洲国のみならず、同時期の華北占領区や戦後の中華人民共和国でも使用されていた。曹大臣（2004）、王萌（2016）、山本武利（2016）らの先行研究や青江舜二郎[99]ら元宣撫官らの回想録からは、華北占領区の宣撫活動は制度的にも人員的にも満鉄と満洲国から支援を得て行われていたことがわかる。宣伝自動車もまた、満洲国より継承されていた。華北占領区では、日本軍の宣伝自動車が「〇〇部落で停車すると矢庭に美しい音律を奏始め」、それに応えて「男も女も老いも若きも小孩《こがい》も皆いひ合したやうに集つてくる」[100]様子が伝えられている（図2－11）。ここからは、華北占領区においても宣伝自動車は満洲国内と同様の効果をもっていたことがわかる。

　宣伝自動車の周囲に集まった農民大衆の感想は、その効果の大きさを伝えている。中華人民共和国建国3年目の1951年、ホームライト、映画、レコードと幻灯などを載せた「幻灯宣伝車」が電力設備のない瀋陽市周辺の農村部で、最新の農業技術と生産力拡充の動員を宣伝した。そのとき、農民らは次のような感想を残している。

図2-11　「北支軍報道部倉科部隊長の指揮するわが宣伝自動車班」（出典：「華北治安の宣伝自動車」『写真週報』（244）情報局、1942年10月号、22頁）（「写真週報244号」JACAR（アジア歴史資料センター）Ref.A06031083900、写真週報（国立公文書館））

これが生々しい農業技術を私達の目の前に運んでくれた。昔のような口からの説明を聞いてもすぐ忘れてしまう。このように話しつつ、見せることでより判りやすくなった。[101]

ここから、宣伝自動車は時代を問わずに、近代的なメディアを非電化地域にもたらし、強い印象とインパクトを与える宣撫宣伝活動となっていたことがわかる。

最初の宣伝自動車の構想は、鉄道路線から遠く離れた蒙古地区の草原部において、宣撫活動として昼間でも上映可能な自動車映画館であった。満洲国の各機関は、トヨダ号やスミダU・H六輪車を宣伝自動車へと改造することでこの構想を実現した。農村部で行われた宣撫活動において、地方政府は現地の実情に応じて宣伝自動車を改造しながら使用した。同時に、宣伝自動車の国産化も試みられた。こうした宣伝自動車の設備、その宣撫活動の手法は同時期の華北占領区の日本軍と戦後の東北地方の共産党にも継承された。

小括

本章では前章で論じた宣撫活動の起源と展開を考察した。まず、本章は満鉄の弘報活動の一部として、満洲国宣撫活動の濫觴とされた満鉄の慰安活動と愛路運動が発足した経緯を示した。1920年代から発足した満鉄の慰安列車の活動は企業と社員の関係性に従う活動であるため、鉄道沿線住民向けに、かれらが喜ぶ廉価な商品や娯楽活動を想定し提供していた。しかし、鉄路総局の慰安活動は、関東軍と満洲国政府に求められる国策宣伝の役割も果たさせられるものとして鉄道愛護などの宣伝を行うなどしていた。こうした満鉄から鉄路総局にいたる慰安活動は、企業の福利厚生としての慰安活動から、政府寄りの「物心両面」の宣撫活動へ変容していったといえよう。

一方、満鉄が主導した愛路運動では、満鉄側が「智的水準の低い民衆」として位置づけた現地の愛護団員と「友情」関係を築くように、愛路運動をテーマとしたメディアの利用、施療施物活動などといった慰安活動、講演や演芸などの実践を行っていた。さらに、満鉄は自社の弘報体制を活かし、日満の各種の公開出版物で紹介記事を掲載させたり、自ら書籍を出版したりしていた。他方で、関東軍の宣撫活動は、主に軍事作戦を補助するもので、情報収集や現地人との協力関係の構築に重きが置かれた。次第に現地文化と現地人との協力が重要視されるようになった。満鉄と関東軍は、いずれも現地社会と文化に適応しようとしたのである。

こうした現地社会と文化を重視しなければならないという宣撫活動の方針は、具体的には現地出身の多民族の宣伝員と弘報要員を中心とする人員的な制度、映画設備の輸入と国産化、宣伝自動車の開発などに見られる。満洲国農村部の宣撫活動の人員は、主に視覚メディアの使用と製作の技術や講演の方法を習得した現地出身の多民族の宣伝員と弘報要員である。弘報要員は現地の文化と農民への理解に基づいて、紙芝居、映画、漫画など視覚メディアの活用技術を習得した上で、現地人の立場から宣撫活動の内容を構成した。

さらに、満洲国の宣撫活動で応用された映画をめぐる設備は、戦争の展開によって、次第に大豆フィルムや満洲光音映写機などといった宣撫活動の特徴と満洲国独自の資源などに合わせる技術的な基盤が形成されていった。また、鉄道では到達できない範囲を補完する役割として、満洲国の自動車製造業界は新しい宣伝自動車を生み出そうとした。前述の映画機材を含める多種多様なメディアと設備を積載する宣伝自動車は、満洲国の各機関が複数のメーカーのトラックを改造して製造した。

以上のように、宣撫活動の起源には、社員向けの福利厚生の提供やアメリカのPR理論と近い鉄道沿線住民との「友情関係」の構築を含める満鉄の慰安活動と、ファシズムの侵略の一環である関東軍の宣撫活動とが共存する。さらに、満洲国内の工業化は、宣撫活動専用のメディアを開発する技術も高めていた。つまり、宣撫活動の制度は現地住民と現地文化へ接近していった動態的なものである。同時に多種多様な宣撫活動の人員と技術の基盤が構築されることで、宣撫活動における重層的なメディアの併用が可能となった。

［注］

1　小川真理生「『広報』は戦前に始まる」『日本の広報・PR史研究』日本広報学会・広報史研究会、２００８年6月、12－30頁

2　満鉄における「弘報」のあり方に関する先行研究は主に広報史の分野でなされている。具体的に前掲書（小川、２００８）、白戸健一郎による「中国東北部における日本のメディア文化政策研究序説――満鉄弘報課の活動を中心に」（『京都大学生涯教育学・図書館情報学研究』２０１０年3月）、猪狩誠也による『日本の広報・PR１００年――満鉄、高度成長そしてグローバル化社会』（同友館、２０１５年）などがある。これらの研究は満鉄弘報課の制度、人員、業務内容と弘報メディアごとの様相に注目している。

3　柴崎菊雄『企業情報参謀学』ダイヤモンド社、１９８４年、１６４頁

4 粕谷益雄「満鉄の弘報宣伝に就て」『広告研究』1940年、日本電報通信社編、160－172頁
5 松本豊三「満鉄と弘報業務」『宣撫月報』1938年10月号、31－42頁
6 金丸精哉「弘報係とは」『協和』1935年7月号、15－16頁
7 「宣伝媒体の利用」『弘報内報』1940年7月号、満鉄弘報課、6－7頁
8 「第一　業務要項　会社宣伝組織化の必要」『弘報内報』1940年8月号、満鉄弘報課、5頁
9 前掲書（「宣伝媒体の利用」1940）2－3頁
10 筆者は収集してきた『宣撫月報』や『弘報内報』などといった満洲国弘報処と満鉄弘報課の機関誌と関係資料のなかで、小川が列挙した間接的な証拠のほかに、満洲国政府と満鉄がアメリカのPR理論を研究していたことを裏付けられる直接的な論拠がまだ見当たらない。
11 前掲書（粕谷、1940）160－172頁
12 1933年3月に満鉄は満洲国有鉄道を管理する「鉄路総局」を奉天に設置した。後に、1935年に北満鉄道が鉄路総局に接収されて国鉄線の一部となったことをきっかけに、1936年10月に満鉄は奉天の鉄路総局、大連の鉄路建設局と満鉄社内の鉄道部を奉天の「鉄道総局」へ統合した。
13 「厚生業務の根本義とその目標」『弘報内報』1940年9月号、満鉄弘報課、43頁
14 「慰安船」『協和』1936年9月号、満鉄社員会、6頁
15 「慰安車の今昔物語」『協和』1933年9月号、満鉄社員会、58頁
16 前掲書（「慰安船」1936）6－7頁
17 「慰安車出発の日程」『協和』1933年6月号、満鉄社員会、19頁
18 「大人気を博した瀋海線慰問車」『協和』1933年7月号、満鉄社員会、11頁
19 「新装を凝して今春の慰安車」『協和』1934年4月号、満鉄社員会、25頁
20 「慰安車礼讃」『協和』1934年5月号、満鉄社員会、34頁／「廉商品や映画を積み　慰安列車巡行」『協和』1934年6月号、満鉄社員会、24頁
21 「鉄路総局慰安列車在濱北線内　巡回慰安工作時的盛況及所見」『同軌』1934年10月号、鉄路総局、64－65頁
22 長与善郎『満支このごろ』岡倉書房、1936年、123頁／「お待兼ね慰安列車　コバルト色十四輌」『協和』1936年5月号、満鉄社員会、17頁

23 曦光（開通駅）「慰安列車経過記」『同軌』1939年7月号、鉄道総局、79頁
24 前掲書（「慰安船」1936）6頁
25 石田英隆（鉄路総局）「月餘——慰安の船旅」『協和』1935年11月号、満鉄社員会、11頁
26 前掲書（「慰安船」1936）6－7頁
27 深瀬信千代（元満鉄北満江運局科長）『オロチョンの挽歌：満鉄厚生船終焉記』非売品、交栄印刷株式会社、1974年、4－7頁
28 「総局の慰問自動車隊」『協和』1934年5月号、満鉄社員会、25頁／「城安線へ慰安自動車」『協和』1936年3月号、満鉄社員会、12頁／前掲書（「慰安船」1936）6頁
29 「愛路宣伝に就て」『弘報内報』1941年6月号、満鉄弘報課、18頁
30 青木実「愛路を必要とするもの」『北窗』1941年7月号、満鉄哈爾浜図書館、27－30頁
31 『国線鉄道愛護村概要並愛護村現勢』南満洲鉄道鉄道総局、1937年、1－3頁
32 前掲書（「厚生業務の根本義とその目標」1940）50頁
33 前掲書（「愛路宣伝に就て」1941）18－20頁
34 鐵道總局附業局愛路課『鉄道愛護運動の概要』1939年、12－15頁
35 前掲書（「愛路宣伝に就て」1941）22頁
36 「線路の両側五キロに鉄道愛護村」『協和』1933年7月号、満鉄社員会、11頁／前掲書（南満洲鉄道鉄道総局、1937）2頁
37 前掲書（南満洲鉄道鉄道総局、1937）2頁
38 前掲書（南満洲鉄道鉄道総局、1937）11頁
39 小宮山照三「愛路工作紀行」『北窗』1940年7月号、満鉄哈爾浜図書館、48－51頁
40 青木実「鉄道愛護運動の文献」『新京図書館月報』1940年9月号、新京特別市立図書館、52－53頁
41 前掲書（「愛路宣伝に就て」1941）26頁
42 「愛路宣伝と映画演劇」『護れ愛路旗　愛路文芸集』鐵道總局附業局愛路課、1939年、117頁
43 前掲書（「愛路宣伝に就て」1941）26－29頁
44 前掲書（「愛路宣伝に就て」1941）20頁
45 前掲書（青木、1940）52－53頁

46 山本武利『解説――「宣撫月報」の性格』不二出版、2006年、9頁

47 魏慶傑の「日軍在東北的『討伐』与『宣撫』」(『蘭台世界』2001年1月号、遼寧省档案館)によると、遼寧省档案館に所蔵されている奉天省公署の内部公文書類『遼寧省档案館蔵奉天省公署档案第311巻』が共産党系の抗日武装を鎮圧する関東軍の軍事行動とそれに伴う宣撫活動の内容を記録するものだとわかる。しかし、この資料は遼寧省档案館内部関係者のみに利用権限が付与されているため、筆者はいまだに入手できていない。そのため、本節の分析対象から除いておく。

48 「JACAR(アジア歴史資料センター)Ref.C04012102400、昭和10年「満受大日記(普)其31/2」(防衛省防衛研究所)」

49 「JACAR(アジア歴史資料センター)Ref.C01002797500、昭和7年「満密大日記14冊の内其6」(防衛省防衛研究所)」

50 「JACAR(アジア歴史資料センター)Ref.C12120178200、満洲帝国協和会史料　協和会史資料集　第4集　中央事務局新京移転前後(防衛省防衛研究所)」昭和7年

51 「JACAR(アジア歴史資料センター)Ref.B04012569900、本邦神社関係雑件/靖国神社関係　第一巻(I-2-2-0-2_1_001)(外務省外交史料館)」昭和10年10月28日、659-660頁

52 「JACAR(アジア歴史資料センター)Ref.C04011247400、昭和7・5・2〜7・5・5「満受大日記(普)其101/2」(防衛省防衛研究所)」、243-244頁/「軍医部の施療に地方民感激」『宣撫月報』1937年1月号、242頁

53 「JACAR(アジア歴史資料センター)Ref.C01002848000、昭和8年「満密大日記　24冊の内其7」(防衛省防衛研究所)」

54 「JACAR(アジア歴史資料センター)Ref.C01002831400、昭和7年「陸満密綴　昭7・11・28結　第13号」(防衛省防衛研究所)」によると、『吉、京、奉、龍地区兵匪討伐ニ伴フ宣伝計画及同附属書並宣伝資料』(関東軍参謀部、1932年11月11日)には『吉、京、奉、龍地区兵匪討伐ニ伴フ宣伝計画』『宣伝隊勤務要領』『民衆説得要領』と『宣伝用ポスター類使用心得』という四つの書類が含まれているとわかる。また、これらの書類は日本陸軍省、大連における関東庁、満洲国軍とほかの満洲国関係機関、満洲の主要都市における駐在軍だけでなく、中華民国の北京、天津、済南、上海、南京と広東、朝鮮の龍山にも発送された。これらの書類の原稿がすべて破損されたため、本節の分析対象から除外しておくが、1933年頃から関東軍はすでに討伐地の特徴に基づいて作成された宣伝計画、また宣伝班の勤務要領、民衆説得の要領と宣伝メディア使用の心得という四つのテーマに分けて宣撫活動の計画書を作成し始めたとうかがえる。

55 米国フォックス社は1926年に薄益三が撮影した満蒙関係の実写映画を買い取り、ニューヨークへ発送した(「天鬼　満蒙映画　フォックス社が買ひ取る」『読売新聞』1926年10月21日5面)。薄益三は満鉄映画班から機材と映画技術者などといった援助を受けていたことから、1920年代にフォックス社はすでに満鉄とやりとりをしていたのがうかがえる。

56　「ＪＡＣＡＲ（アジア歴史資料センター）Ref.C04011560800、昭和８・４・13〜８・４・26「満受大日記（普）其71／２」（防衛省防衛研究所）、４７０－４７７頁
57　「安東省」『宣撫月報』１９３７年１月号、33頁
58　「康徳三年度各省宣伝宣撫実施概況　吉林省」『宣撫月報』１９３７年１月号、44－46頁
59　「康徳三年度各省宣伝宣撫実施概況　黒河省」『宣撫月報』１９３７年１月号、79頁
60　「康徳三年度各省宣伝宣撫実施概況　興安北省」『宣撫月報』１９３７年１月号、１０７頁
61　「東辺道治安工作委員会と宣撫工作」『宣撫月報』１９３７年７月号、50－51頁
62　「康徳三年度各省宣伝宣撫実施概況　安東省」『宣撫月報』１９３７年１月号、１１８頁
63　弘報処地方班「宣伝工作の注意」『宣撫月報』１９４０年３月号、19頁
64　田村敏雄「全体主義国家に於ける宣伝方針」『宣撫月報』１９３８年９月号、12頁
65　「冬季農閑期利用宣伝計画」『宣撫月報』１９３８年10月号、１３２－１３３頁
66　吉林省公署「康徳六年吉林省弘報計画要綱」『宣撫月報』１９３９年４月号、１７０頁
67　「弘報職員訓練実施さる」『宣撫月報』１９４１年10月号、59頁
68　福田孝寿「地方弘報と組織」『宣撫月報』１９４５年１月号、22－25頁
69　平塚敏「国民映画網の建設」『満洲映画』１９３９年５月号、21頁
70　『東京計器略史：65年の足跡』東京計器製造所、１９６１年、23－24頁
71　平本四郎「ホームライトに就て」『計器』１９３６年６月号、１頁
72　「満映招聘映画講習會各縣派員參加」『大同報』１９４０年２月15日、10面
73　牡丹江「管下県市弘報要員打合会議事要領」『宣撫月報』１９４０年４月号、65頁
74　北郷「我們的巡映 我是小型發電機」『満洲映画』（満文版）１９４１年４月号、満洲雑誌社（ハーバード大学イェンチン研究所図書室満洲国コレクション所蔵）。図２－８「私は小型発電機である」の上の漫画は、一人の女性に人間化されている満映が擬人化された小型発電機を「はは。みんなもう一度あなたを見て驚いて逃げてしまったの？」と嘲笑う内容を描いている。下の漫画は満映が小型発電機と腕を組んで「私たちは僻地へ散歩に行きましょう！」と、満洲国国旗を振る子どもに歓送されつつ、出発することをイメージしている。
75　前掲書（平塚、１９３９）21頁

76 世界最初の16ミリ映写機は1923年米国コダック社が発売したアウトフィット（カメラ、映写機、三脚、スプライサー）であり、世界初のトーキー16ミリ映写機は米国RCAレコードが1932年に発売したものである（Kattelle, Alan. 2000. Home Movies: A History of the American Industry, 1897-1979. Transition Publishing）。1936年当時の日本社会では米国コダック社とイーストマン社製の映写機が広く使用されていた（吉川速男『アルス最新写真大講座15　小型映画の写し方』アルス、1935年）。

77 主幹「日本光音会社を訪ふ」『科学画報』1937年3月号、124－125頁

78 「小型映画関係会社紹介　日本光音工業株式会社」『文化映画』1939年11月号、39頁

79 山田英吉『映画国策の前進』厚生閣、1940年、263頁

80 甘粕正彦「決戦下の満映」出版物名不明、Makino Collection Box 682 Series 7.2、コロンビア大学東アジア図書館所蔵

81 「満映光音會社巳在國都誕生」『大同報』1942年4月16日、6面

82 茂木久平「力強く再出発するのだ」（1941）、出版物名不明、Makino Collection Box 682 Series 7.2、コロンビア大学東アジア図書館所蔵

83 甘粕正彦「満人のために映画を作る」『映画旬報』1942年8月号、17頁

84 坪井與「満映の現況報告」『宣撫月報』1942年5月、15頁

85 伊奈文夫「満洲蓄音機の特殊性」『観光満洲』1941年10月号、32頁

86 前掲書（弘報処地方班、1940）24頁

87 日満交通新聞社『満洲自動車業視察報告座談会——満洲の自動車は何処に行く』聯合商事社出版部、1936年、55頁

88 青木国良「映画宣伝状況報告」『鉄心』1936年11月号、203頁

89 「奉天交通株式会社概況　1937年」解学詩編『満洲交通史稿』第20巻、2012年、中国社会科学文献出版社、490－493頁

90 「菱美電気商会の披露宴」『ワット』（1930年12月号、31頁）によると、中央禁煙促進委員会と弘報処が推進した宣伝自動車で配置された菱美式映写機は米国エスチング・ハウス会社製品の日本販売を引き受けた、三菱電機株式会社の分身である菱美電気商会が製造したものであることがわかる。

91 中央禁煙促進委員会教化分科会幹事会「阿片断禁に関する宣伝計画案」『宣撫月報』1938年8月号、76－77頁

92 弓削靖『スミダちよだ陸軍保護六輪自動車取扱法』協同国産自動車株式会社、1936年／福田新二郎「海城縣に於ける宣伝自動車使用状況報告」『宣撫月報』1939年8月号、210頁

93 前掲書（弘報処地方班、１９４０）24頁
94 杉本光市「鴨緑江岸宣撫行」『宣撫月報』１９４０年10月号、49頁
95 今里博三「錦州省に於ける宣伝自動車使用状況」『宣撫月報』１９３９年８月号、２０３頁
96 前掲書（杉本、１９４０）49頁
97 趙充祥「通化省下五縣宣撫日誌」『宣撫月報』１９４２年６月号、１１８頁
98 弘報処第四班「間島省学生特別工作隊動員概況」『宣撫月報』１９４２年８月号、51頁、60頁
99 曹大臣「日本占領華中初期的基層控制模式――以太倉県為中心」『民国档案』２００４年01期、中国第二歴史档案館民国档案編輯部、２００４年／王萌「抗戦時期日本在中国淪陥区内的衛生工作――以同仁会為対象的考察」『近代史研究』２０１６年05期、中国社会科学院近代史研究所『近代史研究』雑誌社、２０１６年／青江舜二郎『大日本軍宣撫官――ある青春の記録』芙蓉書房、１９７０年、３頁
100 「華北治安の宣伝自動車」『写真週報』１９４２年10月号、22頁
101 康貴銘・馬俊波「東北農林部的幻灯宣伝車」『東北日報』１９５１年３月２日、４面

第三章

宣撫宣伝活動の方法

第二章では、現地社会と文化に適応しようとする満洲国の宣撫《せんぶ》活動の体制の形成と、その人的かつ物質的な基盤を明らかにした。それは、南満洲鉄道株式会社（以下、満鉄）による社員向けの慰安活動と鉄道愛護運動（以下、愛路運動）という、実施側とターゲットの関係性が支配と被支配という単純な従属関係を不可視にしたものとして発足した。同時にそれは、関東軍の宣撫活動が一方向的な国策宣伝から現地文化への接近となるプロセスでもあった。第一章で検討した宣撫という実験は、これら満鉄と関東軍の試みから発展していった結果といえる。満洲国は、第二章で分析した人員的制度と物質的な基盤に基づいて、現地文化を取り込んだ宣撫を実現するために、第一章で明らかにした視覚メディアにおける娯楽性と宣伝性の配分、講演を実施する構想と施療施薬といった手法、さらに各種のメディアと活動を併用する方法においても工夫を凝らしていた。本章では、メディアの内容が他の活動から受けた影響による変容を検討する。

本章では、以下の三つのアプローチから各種のメディアの内容の変容を分析する。まず、特定の活動が他のメディアの内容とどのように整合性をとるか、また逆に特定のメディアが他の活動と協働するにあたりその内容をその活動とどのように関係づけるのかを明らかにすることである。次に、同じテーマを扱う活動とメディアにおいて、その内容がそれぞれどのように構成され、表現されるのかに注目する。さらに、メディアとそれに影響されることで変容する活動（両者は1対1で対応するのではなく、メディアは複数の活動をとらえるのだが）が、どのように宣撫活動の全体像を構成するか分析する。

これらの視点から、本章では満洲国農村部の宣撫活動、特に各地方政府とメディア製作機関による実践の模索に注目して、メディアの内容と他の活動との相互関連性について実証分析を行う。第一節では教化目的の講演と娯楽目的の映画上映を取り上げ、それらの内容の関係性について考察する。第二節では、診療活動と映画を取り上げ、両者の協働による映画の内容の変容を検討する。さらに第三節では、施療施物活動を取り上げ、そこで娯楽を提供するメディアの内容がほかのメディアや活動とどのような関係にあったのかを分析していく。

第一節　講演と映画上映

本節では、満洲国各地方政府が主催する宣撫活動において実施された、講演と映画上映の内容およびそれらの変容について、主に満洲国国務院総務庁弘報処機関誌『宣撫月報』と満洲映画協会機関誌『満洲映画』を用いて分析する。

1　講演と上映される映画の相互連関

まず、１９４０年までの宣撫活動において、満洲国の建国精神などを宣伝する講演と映画の相互の影響に着目したい。第一章では、１９３０年代の宣撫活動が『宣伝の研究』にみられる宣伝理論に従って企画され、講演と座談会を主要な方法として国策精神を伝達していたこと、また満洲国的というよりもむしろ日本的な映画やほかのメディアを単なる娯楽慰安の手段として使用していたことを明らかにした。こうした宣撫活動は、実施側の期待通りの効果を上げず、1940年以降は各実施主体が新たな試みを実践するようになった。こうした背景を踏まえ、ここでは1940年までの宣撫活動における、講演と映画の組み合わせの変容に焦点を当てる。

講演と映画を併用する宣伝方法の起源について、現存資料で確認できる最古の例が、満洲国建国と同年の1932年の満洲国協和会事業報告書に記載されている。その『事業報告書（附大同2年事業計画書）自大同元年4月至同12月』所収「普通宣伝工作」には、1932年における事例が記録されている。協和会は、1932年に各鉄道沿線に宣伝員を派遣し、映画や演劇の集客力を利用し、観衆向けの講演会と座談会を100回以上実施した。当時はまだ満洲国政権を宣伝する映画が製作されておらず、協和会は子ども向けの映画を主に上映した。[1] 1933年になると、協和会は会務要綱を制定し、一般国民の啓蒙宣化を目標にこのような形式で行われる講演や座談や映画などを主要な宣伝方法として位置づけた。[2]

満鉄ものちに同様の宣伝方法を採用し、慰安活動にとどまらない活用を試みた。一例として、1935年8月に大連市の小学校で行われたケースがあげられる。そこでは、まず同社建設局の鈴木庶務長による「北満事情」という講演が行われ、北満における満鉄事業の進展の紹介があった。その後、満鉄弘報係映画班によって北満の鉄道開発事情を記録する「北黒線の建設」と「東満を衝く」という、講演と同内容の二つの映画が上映された。[3] この例からわかるように、1930年代にすでに満鉄は、講演内容と合致する映画製作を行う体制をもち、講演に合わせて上映する手法を実現していた。

　1939年までには、協和会は講演と映画上映を（その順序は必ずしも一貫しないが）組み合わせて実施するというのが通例となっていた。「講演と映画の会」と呼ばれる宣伝工作方法は、講演者が聴衆を魅了する話術をもたない限り、聴衆を引きつけることが困難であったために採用されるようになった。協和会は、大衆を引きつける点で絶対的な優位をもつ映画を先に上映すると大衆は講演を聞かずに帰ってしまうため、必ず映画を後にして、それを「エサ」にして大衆を講演に参加させるべきであると考えた。[4]

　この形式は、建国後の農村部における宣撫活動でも応用された。資料

表3-1　1936年の宣撫活動に実施された講演

講演タイトル	実施側	実施記録の出典
国民ノ覚悟	満系職員（県長、副参事）	「龍鎮縣夏季治安及宣伝工作」『宣撫月報』2巻1号、1937年1月、64頁、70頁
保甲法		
衛生思想		
日本ノ実力王道主義		
納税ノ義務		
隠匿銃器		
軍閥時代		
満洲建国の真意義		
日満不可分関係		
日本軍の新使命		
満洲国の情勢、県勢	蔡県長	「鳳山県」『宣撫月報』2巻1号、1937年1月、94頁
満洲国建国後に於ける発展		
反共宣伝		
匪民分離		
回鑾詔書と日満不可分の意義		
日満不可分関係		
教育について		

で確認できる1936年の黒龍江省《ヘイロンジャン》における宣撫活動を見てみる。講演の内容について、省当局を含め、各県の宣撫活動班は関東軍と協力し、全県を講演、施療と宣撫品供与で巡回した。[5]講演者は、一般県民から地方有力者に至る多様な階層に受け入れられる県の満系職員であり、講演の内容は満洲建国、日満関係、教育と国家、反共宣伝と日本軍の使命に関するものであった。表3－1に見られるように、1936年後半の講演は、満洲国建国の意義、日本と満洲国の関係、反共産主義という満洲国自体に関する内容が中心であった。これが軍事活動を契機として拡大した。1936年前後において、講演は宣撫活動の実施地の地域社会に関連する内容であり、講演者はいずれも現地県政府の満系職員であった。

もっとも、前述の満鉄による「北満事情」講演とは異なり、この時期の講演と同時に提供された娯楽メディアは、必ずしも地域社会関連など、講演と直接関係する内容であったわけではない。映画についていえば、この時期に講演と合わせて上映されたものは、ほとんどが日本に関するものであった。1936年7月、興安南省は廟祭を利用し、ラマ僧を教育したが、宣伝講演の間に上映されたのは日本本土の状況を紹介する映画であった。[6]また、章末資料の表3－2「1937年～1939年の宣撫活動で上映された映画」のように「支那事変」直後に行われた扎魯特旗《ジャアルートアチー》地方における蒙満部落を対象とした宣撫活動では、「支那事変」と日満関係に関する講演の後に映画が上映されたが、それらは「事変」を紹介するニュース映画や満洲国の蒙古族の生活を描く満鉄映画班の記録映画を除き、すべて日本のアニメ映画や劇映画、文化映画であった。[7]その内容も文化から軍事力に至るまで、日本の状況を紹介するものであった。宣撫活動で使用された映画のほとんどが日本からの輸入であり、地域性と教化性を強調する講演と異なる内容のものであったということは、映画上映が外来性と娯楽性を持つものとして利用されていた点を示している。

その後、講演と映画のそれぞれの内容の関係を重視する宣撫活動の再編が行われるようになる。１９４０年以前の宣撫活動では、講演に際して「文化意識の低い文盲階級」向けに、「高邁《こうまい》な理論」から「極めて卑近な実生活に即した具体的問題」へと転換するなど、いかに聴衆を引きつけるかが問題とされた。教化を強調する講演では、「温かい慈愛と親しみある熱情を溢れさせねばなら」ず、聴衆に「限りなき親しみを覚え」[8]させる必要が強調された。具体的には、「今年の収穫はいかがだい」「病気はないか」「困ることはなんだ」等と丁寧に平易な言葉で「善意的同情を寄せる」ことで農民聴衆に親密感をもたせることが求められた。また、「聴衆の心を統一する」[9]ために、聴衆の心に自然と愉快な気持ちを起こさせるための工夫をした。会場環境の明るさ、図表、地図、絵画と黒板の使用なども、農民聴衆を「寛いだ気分」に導く手段であった。「温かい愛情」による「親密性」「愉快感」「寛いだ気分」などを追求することで、教化を目的とした講演の退屈さと難解さを解消しようとした。講演自体に欠けている「娯楽性」を補う取り組みでもあった。

映画上映については、満洲国関連の内容を上映することによる教化機能の重要性が強調されるようになった。１９３６年、間島省と興安北省で「実施せし工作に基き特に今後留意すべき事項」として、「満洲国の現実の状況実力を具体的に紹介するものとロシアの現状暴露を取材とせる創作映画等」の要望と、映画について「文化の紹介日満の現勢を紹介するに缺《か》くべからざる」[10]ことがあげられている。また東科後旗《ドンカーホウチー》では、実施後の感想で「映画は情操的な物より、直接彼等の生活に関係深き程歓迎さる」[11]と指摘されている。1937年の東辺道《ドンビャンダオ》治安工作では、「映画與講演之夜」と呼ばれる映画と講演の会で、上映される映画が「興味の中に思想観念を培養するもの」と位置づけられ、映画の題材によらず、教化性を重視した映画解説が求められた[12]。

宣撫活動で上映される映画は、日本の紹介から、満洲国社会全体を扱うものへと変化していった。それは各省の要望に応じて、満鉄映画製作所と満洲国情報処が対応していた。1936年には満洲国の現状を描く映画作品が満鉄映画製作所で企画され、1937年1月末に、情報処の宣伝映画として協和会並みに各映画館を通じ全満洲国に向けた配給が予定された。こうした映画は、「最も手軽に且大衆的教化力、感化力」の効果を発揮するものとされ、その「指導精神」は「満洲国国策映画の根幹」[13]と位置づけられた。これが満洲映画協会（以下、満映）成立の背景にもなった。1937年の満映設立後は、章末資料の表3－2に見られるように、農村部における宣撫活動において、それまでの日本本土の最新映画だけでなく、満映製作の最新の記録映画、劇映画とニュース映画が多数上映されるようになった。宣撫活動における映画上映は、その重要な一環として、地域性と教化性が強調されていった。

2 巡回映写による映画内容の現地化

宣撫活動向けに上映された映画は、次第に宣撫活動専用に製作される映画へと変容していく。その経緯や具体的な製作方針の背景には、国民の9割が集住していた農村部向けの国策宣伝を行っていくうえでの要請があった。その製作を担ったのが、満鉄映画製作所の国策宣伝の後任として創設された満映であった。満映は、巡回映写活動による山村僻地《へきち》への国策映画普及に取り組む過程で、上映映画作品のカテゴリーの再編と自主映画製作を行っていった。当時朝日新聞社に勤めていた映画評論家の津村秀夫は、満映主導の巡回映写活動が、協和会その他との協働による事実上の宣撫活動の一環であったことを指摘している。[14]

満映の巡回映写網は、各省に設置された映画班本部を中心としていた。各省には16ミリ映写機が配備され、満映が委嘱を受けて時局を反映した作品を製作、それを各省の映画班本部が購入する仕組みであった。製作の委嘱を受けた満映は、中国語、蒙古語と必要に応じて大衆の実情に則した録音を付したプログラムを作成し、各省の映画班本部へと送った。各省の映画班本部は、間断なくそのフィルムライブラリーに新しいプログラムを入れ、規模を拡大させた。プログラムの中心は文化映画とニュース映画であり、満映の作品が「主体」であったが、日本の映画や「適当」とされた洋画も上映されていた。使用される言語は、観衆の多民族性を考慮し、中国語、蒙古語、日本語の作品が上映された。各省はフィルムを購入する際に、各言語の作品を組み合わせていた。[15]省の映画班本部のフィルム選択の基準は、「理解しやすい」「宣伝価値がある」「興味が多い」ことを重視し、「諸種の国策宣伝及民意伸長のための手段」を第一義的使命とした。そこでは、「民衆に娯楽的慰安を與《あた》ふるは寧ろ第二義」であった。[16]満映の春山行夫は、「満映が設立された意義の一半は、さうした地域に映画の巡回班を派遣し、映画をして強力な国民組織の啓蒙の具たらしめんとすることにあったといはれ、所謂啓民映画の必要性が生れた」[17]と述べており、宣撫活動における満映の啓民映画（文化映画）を重視している。

啓民映画は、地域性と教化性をもつものであり、講演の効果を補強しやすいものである。満映が創設され、さらに宣撫活動での国策映画製作において農民観客が重視されるなど、映画製作のあり方の変化や映画に関するイデオロギー性の重視が見られるなかで啓民映画が多く製作された。満映が初期に製作した啓民映画は、そのほとんどが国策会社と政府各部局の委嘱映画であった。１９４２年に行われた「啓民映画」検討座談会のなかで、満映製作部長を務めた坪井與は、「会社が出来た当時」は「委嘱映画を作るだけで精一杯」であり、「注文品は主として日語版で、満語版の注文品が少なく、「満人に見せる文化映画は非常に少なかった」[18]点を指摘している。１９４０年まで満映の啓民映画は、ほとんど日本人向けの委嘱映画であったことがわかる。このような日本人向け作品を使用する国策宣伝に対しては、多方面から批判が寄せられた。満洲国文教部に所属し、農村部における映写活動の前線に立った赤川幸一は、「映画を誰に見せるか」を問うている。赤川は、「映画を見る者は全満洲国国民」であるのだから、「満洲映画は第一に先づ満洲人を対象として満洲国を舞台として満洲的イデオロギーを内容とした映画」[19]であるべきだと主張した。

観衆の受容の側面からも、日本人向け作品を使用する宣撫活動への批判が寄せられた。満洲国政府民生部社会科の満人科員劉貴徳は、「農民を対象に」と題した記事において、当時のフィルムが「如何に優美であっても満洲を離れた」感があることを批判し、満洲の民衆の大半は農民大衆であり、常にこの農民を対象とすべきこと、満洲映画は満洲の人情風物に通じた者が製作すべきことを主張した。[20]劉は、少なくとも１９３９年までの映画が農民を上映の対象としておらず、農民観衆がかれらの生活と程遠い内容を映し出す映画に反感を覚えていたことを指摘している。映画と農民大衆の間における唯一の掛け橋であるべき農村部での映写が、その目的を果たしていないことに対する、農村部における映写の実践から発せられた批判である。1939年に行われた「満洲の文化映画を語る」座談会では、民生部社会科映画係の天野と協和会弘報科映画班の大北良之輔が、僻地の農村部で行われた映写に対する農村観衆の反応から、以下のように地域性を重視した作品の必要性を説いている。

近代的な都会生活に取材したものや、日本の風景殊に海とか島とかはそうですが彼らには殆ど解らないらしいのです。そして彼等の生活に直接関係のある牛とか馬とかが出てきますと非常に喜ぶんですね。ですから、満映でも田舎の生活をそのまま写した映画も作って彼等に見せて戴きたいのですが。[21]

同様の批判はほかにも見られる。満鉄の愛路運動工作に関わった青木實は「満洲国は農業国である、農民の存在を度外視して、満洲国の存在は考へられない……従って、必然的に満洲映画は、主たる観客対象を農民の上に於かなければならない」[22]と語り、国策宣伝を映画で伝達することを実現させるには、映画の内容をまず農民大衆にわからせることが最優先であると主張している。同時に、農村を背景とし、農民の生活を描写すべきであるという意識も強くなっていった。加えて、民族別映画製作という課題も叫ばれるようになった。「満人の生活を描写した映画のどれもが、満人以外の異民族の感情に全的にピッタリ合ふとは云へぬ」[23]という実情があった。こうした農民観客重視のイデオロギーは、農村部における上映網の確立を通して実現された。それを補強するかのように、関東軍報道部の中島鈆三は次のように述べている。

映画の使命が国民大衆の啓蒙にあることから必然される問題は、映画の上映網の拡大強化、特に地方農村におけるそれに特別の考慮が拂《はら》はるべきことである。この上映網と国民大衆との強度な結びつきが得らるならば、従って如何なる映画が作らるべきかも立処《たちどころ》に解決する問題である。[24]

このように、農村部における映写網を農民大衆と結びつける要は映画製作思想にあると考えられていた。

こうした批判に対応する形で、映画上映による宣撫活動はその方針を変更していった。満洲国国務院総務庁弘報処(以下、弘報処)は、宣撫活動の効果を高め、映画をわかりやすくするために映画表現技術を後退させることは、「文化程度の低い満人大衆」にとって必要だとして、映画の「低度化」を正当化していた。[25] 一方で、満映製作部長の坪井は、宣撫活動の経験から、満人大衆向けに必要なのは「低度化」より、農民大衆の生活など映画の素材の現地化であると主張している。

高級的な文化映画も満語版で作ってゐるわけです。巡回映写の成績からいひましても、程度の低いものだからといって満系に受けるといふことはない。映画的には程度が高くても、素材の取り上げ方如何によると思ふのです。だから農民大衆の生活と結びついたものを描きさへすれば、高級で程度が高くてもよくわかるし、それで喜んで見られてゐる。[26]

僻地農村部の地方政府側も、観衆の反応とその効果に基づいた映画製作の技法に対する意見を満映に申し入れている。1939年、南満の昌図県県公署所属の杉山浩彦は、農民観衆が上映された映像を現実のように感じるよう、「最もわかり易く丁寧に、成るべく一つの事実を長く撮影する」ことの意義を説いている。それは、「観衆達が今に自分の頭の上に馬が走って来、汽車がやって来て、今にも自分達は死んで終《しま》ふ殺されて終ふのだと、錯覚を起して、騒ぎ立てた事もあると云ふ」[27]エピソードに基づいている。1940年、駐在蒙疆《もうきょう》満洲帝国代表部主催の映画会の上映について、代表部の杉山武夫は、費用の問題について触れつつも、漢族と蒙古族が混在する蒙疆地区では、観衆の理解のために映画の内容が各民族語の吹き替え、あるいは字幕により説明される必要性を説いている。杉山は、映画のシーンの構成についても、製作者の「執拗なる」こだわりゆえの芸術的な表現や、採光不良など技術的な問題が、観衆の疲労感や嫌悪感を生じさせやすいと指摘した。[28]

さらに、文化映画の監督が全員日本人であるという従来の慣行も問題視された。満映啓民映画部の石井照夫は1942年発行の『文化映画』で、宣撫活動用の啓民映画を製作するにあたり、満映が前年から「満系の脚本家、監督を養成」してきており、満洲国の観衆にふさわしくない日本風の映画という問題に対し、「克服の第一歩を切拓かうと努めて来た」[29]点を明らかにしている。1942年6月の時点で、啓民映画の監督のうち、満人監督6人、日本人監督4人である。[30]映画の内容のみならず、その製作陣も現地化が進んでいたことがわかる。

宣撫活動における講演と映画の関係性やそれに伴う映画の内容の変容から、1940年前後に変化が見られることがわかった。国策宣伝としての講演や座談会には、それ以前から映画が娯楽慰安として使用されていたが、講演が地域性や教化性を強調するのと対照的に、映画は外来性や娯楽性で観衆を引きつける日本的なものが中心であった。この方法の限界が指摘されるようになり、講演は言葉遣いや内容面において聴衆に寄り添った娯楽性を持つものに変化していき、映画は教化的な満洲国関連の内容のものへと変容した。また、満洲国独自の国策宣伝映画を製作することを目的とした満映が設立されて、農村部での宣撫活動として巡回映写活動が展開されるようになった。そこでの実践から、満映は満洲国の農民と農村生活をわかりやすい形で表現する作品を製作するようになり、啓民映画の製作陣も現地化されていった。宣撫活動における講演は、映画の内容に影響を与えた結果、両者が次第に同期するようになった。

第二節　施療施薬と映画上映

1　映画上映と絡み合う施療施薬の展開

映画の内容に変容をもたらしたもう一つの宣撫活動として、施療施薬活動があげられる。満洲国で映画上映と施療施薬を組み合わせた宣撫活動の始まりは、満洲事変における関東軍の施療班による活動にまでさかのぼることができる。１９３２年の4月上旬から5月中旬にかけて、関東軍の施療班は、北満から南満へ回るなかでその活動について宣伝することであらかじめ患者を集めておく手法を用いていた。関東軍参謀部第四課は、施療班が現地に着くまでに、一部の班員を施療地に先遣し、宣伝を行うのが最良の手段だと考えていた。その後、施療開始前や実施中に、施療の趣旨や効果などを宣伝することで、関東軍の作戦への理解を促す手法が用いられた。その際、関東軍は施療班の工作の風景を記録する写真を撮影し参謀部第四課へ送付することを求めた。次の宣伝材料として使用するためである。[31]

関東軍施療班による活動は、１９３２年に制定された関東軍の宣伝工作要領で、映画上映と同様に、軍事作戦終了地における宣伝工作の一環として位置づけられるようになった。満洲事変に伴う軍事作戦終了後には、駐屯地付近にいる満洲軍人と住民に向けて、南満や日本事情、さらに１９３２年3月に建国されたばかりの満洲国の実情を紹介する映画を上映するように規定されている。そこで、施療班は満鉄病院や奉天赤十字社とともに、事前に予告したうえで、前線付近の一般住民向けに施療を行うこととされた。[32] 軍事作戦が完全に落ち着いた後、満洲国赤十字社の前身である恩賜財団普済会（以下、普済会）が満洲国の協和会、民政部、蒙政部興安東省公署や奉天省公署などといった中央と地方の機関と連携するようになった。普済会はこれらの機関と協力し、それぞれが主催した宣撫活動のなかで、施療施薬を行った。[33]

１９３７年の日中戦争勃発後には、満洲国各地方政府は管轄下の農村部で中華民国から来た移民や現地住民の間で高まっていた反日感情を抑えるため、施療施薬と映画上映による「物心両面」からの宣撫活動を試みた。この1937年以降の施療施薬活動は、主に時局を取り上げた映画上映と組み合わせて行われたもので、それは従来の関東軍の手法を継承するものであった。そこには、宣撫活動上の効果や、移民や現地住民の欲求の充足を狙って、娯楽映画の上映も組み入れられた。

たとえば安東省公署は、日中戦争勃発直後に現地住民や中華民国からの招懇移民の時局に対する認識を新たにすべく、従来の口演やビラによる継続的かつ反復的な宣伝方法に加えて、「物質的精神的欲求」を充足するための「物心両面」の宣撫活動の計画が要請されるようになった。そこで安東省公署は、医療による宣撫をこの目的に適合的であると位置づけた。それに基づいて巡回施療班が設置され、協和会の事業の一環として、高邁な理論型の宣撫ではない、現地住民の生活上の利害に直接合致する宣撫が実施されることとなった。安東省協和会は、「日支事変」と満洲、華北地区、上海を記録するニュース映画を上映する巡回映画班を編成し、映画の上映の前後には安東省北支視察団員が現地住民による観衆の前で発表を行う形式をとった[34]。

また、通化省においては、同省公署がニュース映画の上映と施療活動の併用を「民心把握」の手段として考えており、宣撫活動における施療施薬は、口演や座談会、映画の上映による宣伝を補強する「国家の温情の実」を示すものとされていた。たとえば、通化省の水没地の復興事業に関する宣撫活動では、事業の重要性と民生の関係をより理解させるために、村の有力者による座談会と講演会が開催された。また、映画班は「模範郷の建設」と「開け行く東辺道」という通化省における開発事業に関する国策宣伝の文化映画を上映した。このように、この時期の宣撫活動では、施療施薬は現地住民に時局や政策を理解させるニュース映画や文化映画の上映を伴ったことがある。[35]

上映作品の選定にあたって、娯楽慰安を目的としたケースも少なからず確認できる。特に蒙古族や朝鮮人などが集住し、多民族の状況にあった興安東省と間島省では、現地住民の慰安娯楽として映画上映が行われる傾向が強い。施療班は映画班をともない、診療のみならず自ら衛生思想の普及に関する宣伝も担当した。そこで映画班は一般住民や軍警、自衛団などといった現地社会のあらゆる階層向けに、「健全娯楽、国策浸透」を目的とした上映を行った。[36]

他方で、ニュース映画と劇映画の両方を上映した例もある。1939年、干ばつによる熱病および消化器系統羅病者が多数発生した東安省宝清県では、「福民工作班」が編成され、宣伝宣撫、施療施薬の工作を実施した。省公署の官僚、協和会幹部に加え、満洲医科大学学生や満映の上映技師によって構成された福民工作班は、満洲国の建国精神の徹底、一般農民の衛生思想の喚起を目的として活動した。工作班は宿泊地で夜間に共産党系「匪賊《ひぞく》」謝文東の帰順を記録するニュース映画と満映の劇映画「萬里尋母《ワンリーシュンムゥ》」(1938年)を上映した。東安省公署によれば、ニュース映画の上映は「文化施設及其生活を知り、多少なりとも世界の動きに接し、友邦皇軍の偉大さを感銘せしめ」ることを目的としていた。同省公署の報告書で、施療施薬係が「映画其他に依る衛生思想の普及宣伝」に期待を込めていたことは注目に値する。1939年頃の施療施薬活動による宣撫活動では、すでに衛生知識を普及するための映画製作と利用が要請されていた。

映画を利用した衛生知識の普及の構想と実践は、満鉄による各機関との連携で行った宣撫活動によく確認できる。1936年の施療活動から、普済会は農村部の一般民衆の衛生思想が極めて幼稚な程度であり、衛生知識を普及する講演と衛生施設の設置が必要だと主張していた。そこでは、僻地農村の慰安活動となるポスターや映画などを利用し、各種の伝染病のウイルス感染拡大状況等を積極的に教育することが急務とされた[37]。当時の満洲国には、こうした目的に適う、衛生知識を紹介する映画フィルムが存在した。満鉄は、1939年までに夏季伝染病流行期と晩秋チフス流行期に備えて、日満人向けに衛生知識の宣伝映画会を屋外あるいは野外でしばしば実施していた[38]。たとえば、安東省は、農村部の宣撫活動で、上映の目的、観衆の性格、地域性を考慮した映画上映プログラムを編成し、伝染病が流行していた村で文化映画「衛生伝染病和征服」を上映した[39]。

1940年までの満洲国の農村部における施療施薬活動は、それまでの関東軍の宣伝工作を継承し、ニュース映画や文化映画の上映と組み合わせて実施されていた。そこでは、娯楽慰安の提供のために劇映画が上映されることもあった。こうした「物心両面」による宣撫活動において、施療施薬は講演や映画による国策や政策の宣伝効果を補強するものとして位置づけられていた。他方、施療班も現地住民の衛生知識の普及を目的とした映画の利用を推進していた。

2 衛生映画の誕生

続いて、施療施薬活動から派生した、衛生知識啓蒙のための映画の製作経緯について見ていきたい。これまで見てきたように、満映は、満洲国国内社会の啓蒙教化を目的として、満洲国の「発展」を記録した文化映画の製作を進めてきた。前述のように、1940年までの満映の初期文化映画は、すべて政府各機関や関東軍や特殊会社から製作を委嘱された映画であり、満洲国内外の日本人向けの作品を多く製作していた。[40] それら満映の作品の大半を占める文化映画は、委嘱先の視点から描かれ、特定の部局や産業に焦点があてられており、満洲国全体の発展に対する認識を深めるものではないとの懸念があった。[41] そうした懸念に応え、１９３９年には満映の新スタジオ竣工に伴い、満洲国政府、関東軍、協和会、満鉄等が共同で『満洲帝国映画大観』を策定した。『大観』では、政治、産業、経済、文化各分野にわたる紹介宣伝を文化映画によって展開させることが謳《うた》われている。『大観』は全篇満語によるものであり、日本語版と外国語版の抄録も作成された。これと同時に、政府各部局と協和会による企画で、衛生思想の普及、勤労奉仕思想の徹底、兵役観念の是正、科学思想の向上などについて、満洲国内の素材を取り上げた啓蒙教化映画が製作されることとなった。[42]『大観』の刊行は、衛生映画を満映のカテゴリに位置づけるきっかけとなった。

『大観』が主眼を置いているのは、あくまでも満洲国文化全般の「映画に依る記録」という点であったが、「社会衛生篇」に含まれるアヘン撲滅映画、結核予防映画、社会道徳映画などは単なる記録を超えた国民の教化に必要なものと考えられていた。さらに、『大観』の要綱であれ教化映画の計画であれ、いずれも映画の製作と同時に、それぞれの題材の映画の配給と上映の実情を念頭に置いておくものである。[43] こうして、衛生映画の製作は満映による教化目的の文化映画の一部として独立的に企画されるようになった。

満映独自の衛生映画が利用される前は、主として日本本土の文化映画が衛生知識の普及に利用されていた。１９３９年８月の段階で、衛生映画を所有していたのは満洲国政府各機関のなかで民生部のみであった。当時民生部が所有していた衛生映画として、眼病トラコーマ（トラホーム）の予防を紹介する「目のない小島」、肺結核の予防と克服をテーマとする「人類の敵」、フランス保健協会製作で「理想的衛生資料」とされた「結核の予防と征服」、家庭衛生の模範を示す「我家の衛生」、蚊や蝿の特性と病気の伝播を説明する「蚊の一生と疾病の伝播」と「蝿と其の害毒」、内務省社会局の公募による保健衛生の標語を漫画や記録映像で表現した「保護イロハカルタ」、歯の構造や虫歯の予防などを説明する「細菌の進軍」、コレラ・パラチフス・赤痢などの予防を啓発する「夏の衛生」、そして日本文部省委嘱の「伝染病の病原体」などがある。[44] いずれも日本本土から輸入されたものだと推察される。

これらの映画は、日本やフランスなどでよく見られる伝染病、健康問題、衛生問題などを取り上げたものであり、必ずしも満洲国社会の実情に適合的ではない。満洲国全国に施療班を派遣した普済会の1936年の報告書[45]によると、同国では結核病の症例はわずかに存在したが、むしろ農村部での流行が深刻だったのは、胃腸病、呼吸器病、眼病であった。民生部所有のフィルムは、都市部の衛生知識普及には有用であったようだが、胃腸病、呼吸器病は扱われていないため、農村部での施療活動の実践の要求を満たすものではなかった。また、日本やフランスの衛生映画は、映像の素材や映画の構成、表現技法の面で、満洲国の文化に適合的ではなかった。そのため、これらの衛生映画は、満洲国国民の知識向上に適したものとはいえず、満映は独自の衛生映画の製作に向けて動き出した。

満映の衛生映画は、満洲国における毎年の社会状況と観衆についての調査に基づいて計画された。

満映の奥田直晴は、映画の本質を製作者と観衆との共同製作の上に成立するものと位置づけており、「国家の政治的或は国民啓発的意図」を持つべき満映の啓民映画については、上意を下達し下意を上達する役割を果たすものとして製作者と観衆の双方向性を評価した。啓民映画の製作方針は、「国家的必要性に即応し、映画様式として国民啓発及記録を形態的に確立し、総合計画に従って目的を闡《せん》明《めい》し、素材を計画的に調整し、作品の相互聯《れん》関《かん》性を重視し、現状民度に即して現実を創造的に処理」することである。そのために、啓民映画の製作総合計画のなかに、具体的な分類項目も示されている。社会生活の章の「保健」には、防疫、保健施設、家庭衛生、生理、風土病という細目が並ぶ。満映は、毎年の必要に基づいて、衛生映画のテーマを選択した。[46]

以上の方針に基づいて1940年から製作されるようになった満映の衛生映画として、章末資料の表3－3「満映が製作した衛生関係テーマの啓民映画」に示した6編が確認できる。

これらのなかには、満洲国の一部地域でのペストと発疹チフスの爆発的な感染拡大や農村部で流行していたトラコーマ(トラホーム)を取り上げた作品が多い。ペストを取り上げた作品としては、それ以前にも防疫状況を記録する満鉄の作品「ペスト防疫状況」(満鉄映画製作所、1940)が製作されているが、[47]これを含めて満鉄映画はその商業上の理由から在満日本人と日本本土向けの日本語作品が多い。それに対して、満映の作品は現地の満人住民への啓蒙を重要視していた。なかでも、関東軍と民生部の委嘱作品である「白城子《バイチョンズー》のペスト」と「百斯篤能撲滅《バイスードゥノンプーミエ》」はいずれも満語を主要言語とし、満人の啓蒙教化のために企画された。「白城子のペスト」は、主に関東軍の防疫の記録で、関東軍の宣伝にも使用されたと考えられる。もう一方の「百斯篤能撲滅」(ペストは撲滅できる)は、民生部の委嘱によるもので、ペスト感染地の住民向けに、現地社会の様子、防疫と衛生を担当する政府機関の働きを取り上げている。

撫順《フーシュン》と鞍山《アンシャン》など中華民国から大量の労働者が流入した炭鉱や鉄鉱地区では、発疹チフスの防疫対策が必要となり、アニメーション入りの映画「虱《しらみ》はこわい」が制作された。この作品では、労働者や住民の理解を促すために、アニメーションによって発疹チフス予防の方法や虱のイメージ、発疹チフスの原理などを表現している。他には、農村部で流行していたトラコーマ予防のために、一般的な家庭衛生を紹介する作品がつくられた。特筆すべき作品として、農村部での施療施薬活動を担当した満洲国赤十字社（恩賜財団普済会の後身）の委嘱による「満洲国赤十字社」がある。同社の主要な事業である施療施薬活動を記録したものと考えられる。

満洲国独自の衛生映画は、製作当時の具体的な社会衛生問題を取り上げ、その解決の一助となることが期待された。満洲国における衛生知識啓蒙政策は、初期の施療施薬活動から映画による衛生知識の普及へと発展し、さらに『満洲国映画大観』や啓民映画の製作総合計画において衛生映画に関する一大プロジェクトとなった。衛生映画では、伝染病の感染拡大が問題となった地域を取り上げ、そこでの防疫宣伝工作の一環として上映された。

3　映画に描かれる診療活動と衛生知識

続いて、衛生映画に見られる施療施薬活動などの防疫宣伝工作についての表現や、衛生知識の説明について現地の観衆や文化に合わせた構成や表現技法を分析する。ここでは、施療施薬活動の前後に上映されたことがわかっており、直接映像あるいは作品構成の記録が確認可能な3作品「模範郷之建設《モーファンシアンジージェンショオ》」（満鉄映画製作所、製作年不明）、「虱はこわい」（満洲映画協会、1943年）、「百斯篤能撲滅」（満洲映画協会、1944年、映像は未確認）を取り上げる。この3作品はいずれも満語版である。

無声映画「模範郷之建設」[48]は、国務院情報処の指導のもと満鉄映画製作所が製作した、満人農民たち向けに農村部の保甲制度をドラマ仕立てで描いたものである。この作品は、「郷村的先途《シアンツンダシエントゥー》光明無限《グアンミンウーシエン》」（郷村の前途　無限なる光明へ）というテーマで、村の治安を維持する農民の自衛団の様子、養殖業や農業の発展、養殖業や農業技術の知識を教える授業、孤児院や養老所や施療活動など救済事業の様子、小学校教育、道路の修復と治水、農村物合評会、農産物の豊富な収穫の光景、農事合作社の事業などの描写で構成されている。施療活動を描くシーンでは、保甲制度が確立された農村の明るい未来像が示唆される。

瀋陽市（奉天省奉天市）あたりの農村を記録したと考えられる（図3－4の旗に「瀋陽」の文字）この作品では、村民たちが続々と施療班の建物に入って、農村部で一般的であった漢方医ではなく、西洋医学の医者による検査を受ける様子がまず描かれる（図3－1）。そして、診断結果に基づいて薬剤師が薬を調剤する場面がクローズアップされ（図3－2）、それが村民たちに配布される様子が映し出される（図3－3）。その様子を解説するかのように、壁には平仮名で「はひふ」などと記された掲示がなされている（図3－3）。

巡回施療班の施療施薬活動の映像に対する農民観衆の受容は、映画の上映の前後に行われた施療施薬活動それ自体に影響されたと考えられる。前項で論じた通化省輯安県《トンホアションジーアンシェン》の水没地宣撫活動計画の例では、観衆が復興事業についてより容易に理解できるように、輯安県の復興事業に適応する映画「模範郷之建設」が選択された。また、計画では、啓蒙慰安活動においては映画に加え、「徹底的」な「民心把握」のために施療施薬活動も予定されていた。[49]施療施薬活動は、宣撫活動に必要不可欠な要素の一部という位置づけから、１９３７年までには農村の宣撫活動を宣伝する国策映画に描かれる対象ともなっていた。

前述のように、民生部の後援で満映が製作した映画「虱はこわい」では、アニメーションが用いられている。[50]そこには、観衆に合わせて、わかりやすい表現方法を用いるという製作方針が反映されている。この作品は、すでに崔吉城（２００５）と山口猛（２０００）が指摘しているように、虱の恐ろしさを周知し、予防を喚起すべく衛生観念の啓蒙を主要な目的として製作された国策の衛生映画で

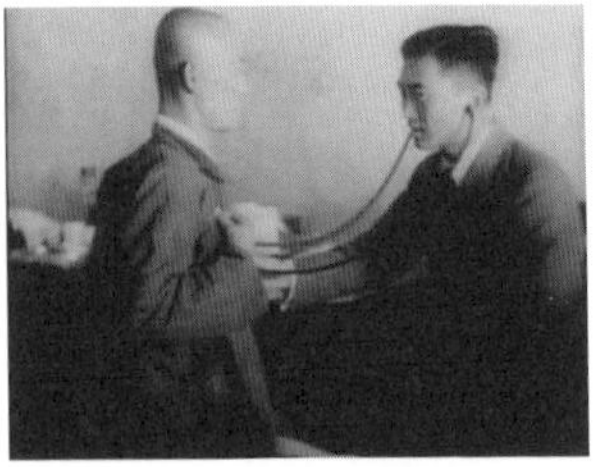

図3-1

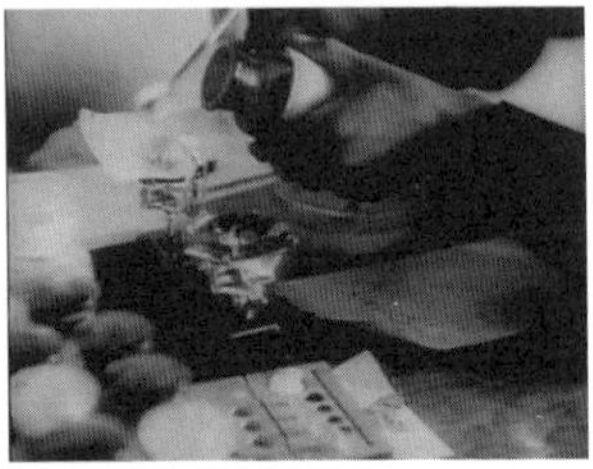

図3-2

図3-3

図3-4
（出典：「模範郷之建設」満鉄映画製作所、製作年不明）

ある。また、劉文兵（２０１６）が分析するように、日本人が「不潔な中国人」を改造していく表象が特徴的な、宣伝的な性格を強くもつ作品でもある。[51] この映画は、劇映画仕立てで虱の拡散と発疹チフスの予防方法を説明するが、ところどころでアニメーションによって虱に関する知識をわかりやすく伝えている。作品の舞台となる当時の撫順炭鉱では、虱の繁殖による発疹チフスの流行が大きな問題になり、そのための衛生知識の宣伝の一環として映画が製作された。撫順炭鉱は当時アジア最大規模の露天掘り炭鉱であり、そこへは中華民国から大量の出稼ぎ労働者が集まっていた。かれら労働者の劣悪な衛生状態が虱の繁殖と発疹チフスの要因とされたのである。

この映画の最初の部分では、アニメーションと実写映像を合成し、虱の繁殖とヒトへの寄生、さらにその拡大の過程を説明している（図３‐５〜図３‐８）。続いて炭鉱労働者が登場し、映画俳優さながらに発疹チフスの感染拡大のなかでの生活を演じ、発疹チフスを発症した仲間の様子を目の当たりにしたときの衝撃と恐怖を表現している（図３‐９）。労働者自身が演じることで、発疹チフスが流行する撫順炭鉱の労働者に予防知識を伝達するうえで、観衆である労働者が感情移入しやすく危機感を持ちやすくなると考えられたのであろう。

労働者が次々に倒れ、炭鉱の医師がかれらを病院で診療することで（図３‐10）、虱による発疹チフスだと判明する。そこで、衣服の消毒、宿舎の清掃、定期的な洗濯、入浴など予防としての虱退治が紹介される（図３‐11〜図３‐14）。ここでは、発疹チフスに感染した労働者を炭鉱の医師が積極的に救助し、労働者の家族とともに衣服を煮沸消毒する様子が描かれる（図３‐10、図３‐11）。自ら労働者の間に入り込んで治療や消毒を行って発疹チフス対策を講じる医師のイメージは、映画において日本

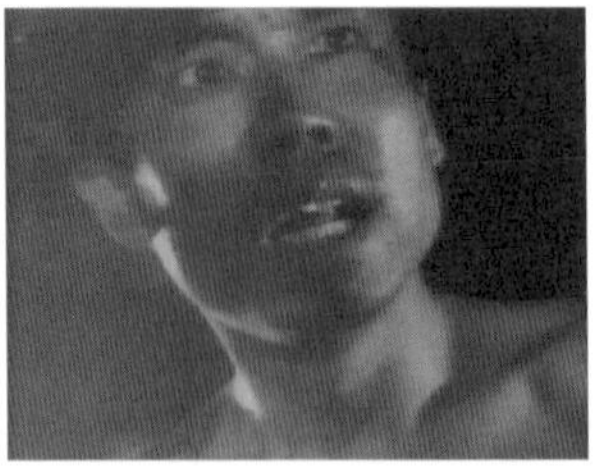

図3-9

図3-10

図3-11

図3-5

図3-6

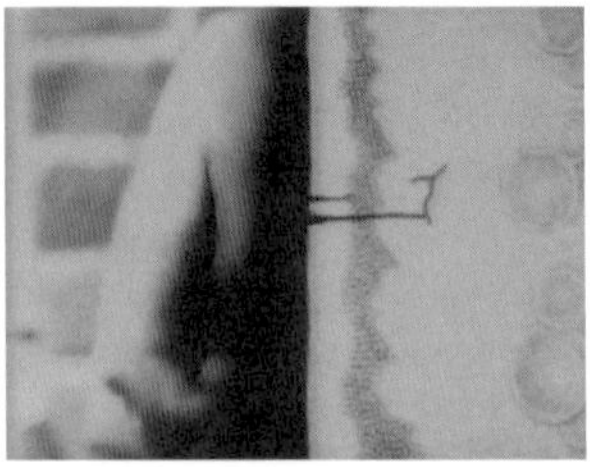

図3-7

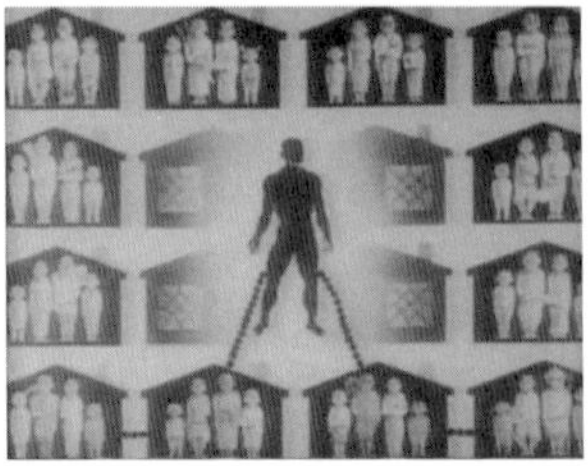

図3-8

図3-12

図3-13

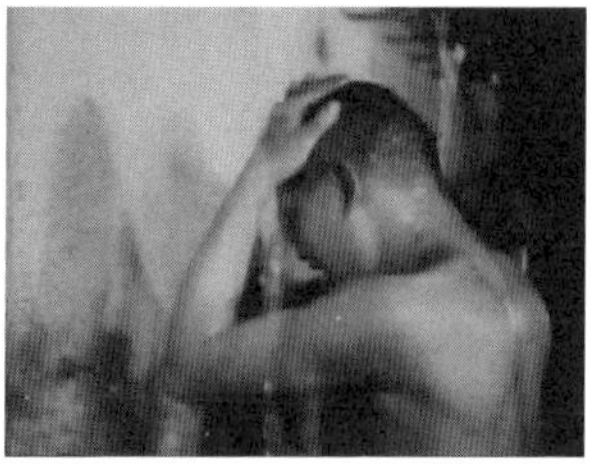
図3-14
（出典：「虱はこわい」満洲映画協会、1943年）

人支配層と現地労働者との間の救済・非救済の関係というパターナリズムの表象を象徴的に示す存在である。

民生部の委嘱による１９４４年の満映作品「百斯篤能撲滅」は、ペストが流行する農村での感染予防とペスト根絶に向けた地方政府への協力を喚起する目的で製作された、満語による劇仕立ての作品である。この映画の主題文では構成が次のように説明される。

父が、母が、兄弟が、隣近所の誰彼が数日ならずして倒れて行った。ペスト恐怖の余り近所の人々は近くの部落に逃れ、逃れた部落には又次々と患者が発生した。そしてある部落は全滅した。直ぐに役所に知らせ、萬端《ばんたん》の備へを固めた部落だけが厄を逃れた。この恐しいペストとは何か、元を正せば鼠の罹る病気である。鼠がペストにかかってゐる、虱がその血を吸ふ、鼠が死ぬ、虱は飛んで人体へ移る。忽ち人体は恐るべきペスト菌でみたされる。このペストを撲滅するには第一に我々の生活から鼠を切り離し、虱を寄せ付けない工夫が大切である。先ず家の内外を見回って鼠の穴を見つけ直ぐ塗潰すこと、穴の中に毒だんごをいれて両端を塗潰すことが良い方法である。次には一匹でも多く捕へる算段をする。炕《こう》の上には紙を張りつめ虱の棲家をなくすること。家の内外を清潔にすること。これが虱退治の最大の方法である。炕のアンペラは毎日表へ出し、下の塵は焼きすてること。寝具や衣服も毎日日光に当てること。予防注射をした者は萬一罹っても手当さへよければ滅多に命をとられることはない。老人も子供も予防注射を受け捕まった鼠は役所にとどけること。

「あのばあさんも、若い衆もこの子も皆注射したのと、屯長の俺が早く届出た丶め思はぬ命拾ひをし、部落も助かりました。」[52]

ここから、この映画がペストの強力な感染力と高い致死率による部落の全滅、鼠を媒介とするペストの感染経路の紹介、そしてペスト根絶に向けた方法という三つの部分から構成されていることがわかる。この映画は、ペスト撲滅活動における官民協力を強調し、農村での診療活動におけるペスト予防注射も取り上げている。この主題文から、ペスト撲滅のための政府工作の一環としての診療活動は、農村社会の健康向上に貢献するものとして描かれていることがわかる。

ここで分析してきた三つの映画では、診療活動は模範的な農村社会を構成するものであり、伝染病を撲滅するための防疫工作の一環であるとともに、防疫活動を通じて住民を積極的に教化し救済するというイメージをつくりだす役割を果たしていた。そこでは、衛生知識の具体的なイメージを示すために、現地社会の記録映像やアニメーションも使用されていた。

施療施薬と映画上映の組み合わせについての考察から以下のことが明らかになった。映画上映と施療施薬の併用という手法は、満洲国成立後に関東軍の経験を継承したものである。そこでは、劇映画も次第に利用されるようになり、施療施薬が映画や講演による宣伝を補強するものとして期待された。他方で施療施薬活動を担う施療班は、映画に衛生知識の普及の役割を期待した。満洲国における衛生知識の啓蒙が要請されていくなか、映画と施療施薬を合わせた宣撫活動など、衛生をテーマとした啓民映画製作の方針が策定され、それは『満洲国映画大観』に反映されている。衛生映画には、住民の理解を高めるための映像素材とアニメーションなどの工夫が施され、また、日本人支配層や地方政府の現地住民に対するパターナリズムが具体的なイメージとして描かれた。

第三節　人を引きつけるための工作方法

1　物心両面の施療施薬工作

ここまで講演と映画上映の組み合わせや施療施薬と映画上映の組み合わせについて見てきたが、ここで宣撫活動において施療施薬と講演やその他メディアが併用されたケースを見ていくことで、組み合わされた活動やメディア相互の内容のテーマが、それぞれの特徴を活かしつつどのようにして一貫した宣撫活動をつくり上げたのかについて検討したい。ここでは、第一章第三節3項で検討した「メディア受容を誘導する施療施物」と、本章第二節1項「映画上映と絡み合う施療施薬の展開」を前提とし、そこで見られたような施療施薬活動と、それと併用された講演を含むメディアの内容との関連について明らかにする。ここで検討すべきメディアは、主に施療班が用意したポスターと薬品袋、そして施療施薬活動の前後に行われた講演や蓄音機の放送である。映画はほとんどが施療施薬活動と関係ない知識普及を目的とする文化映画やニュース映画、そして娯楽慰安を目的とする劇映画であり、本節での検討対象としない。

まず、施療班が用意した薬品袋や宣伝ポスターである。薬品袋と宣伝ポスターは当時文教部編審官室に勤務していた浅枝次朗[53]の作品である。春期施療班の薬品袋は、「恩賜薬品」の文字の下に満人の若者夫婦と国旗を持つ愛児を描いたもので、「春日を浴びて逍遥する和やかなる風景を鳳凰の模様化せるものを以て囲」んだ図案がある。浅枝によれば、これは「天災、匪禍等に悩む地方民心に幾分にても施薬を通して平和の光を投せむ」雰囲気を表現するデザインである。秋期施療班に配布された薬品袋は、文字が「恩賜薬品」から一般満人にわかりやすい「欽賜薬品」へ変更され、国旗を持つ少年が颯爽と白馬に跨《またが》る様子を高粱《コーリャン》の模様が囲むデザインである。一方、宣伝ポスターは施療班を受診した現地住民に皇帝溥儀《プーイー》へ感謝の念を抱かせる目的でデザインされたものであり、施療班を受診する患者とともに、診察によって回復した満人たちが嬉々として退室する様子が描かれている。[54]これら薬品袋とポスターの図案は2種類あり、一つは施療班の治療と施薬を受けた現地人の幸福な気分を表現する図案、もう一つは施療班の部屋の前に人々が並び施療を待っている図案である。

薬品袋であれポスターであれ、いずれにも「普救全民衆《プージゥチュエンミンジョン》、済世頼仁慈《ジーシライレンツー》。蒼天施雨露《ツァンコンシーユィル》、生我是皇恩《ションウオシホアンエン》。」（すべての民衆を救い、仁慈で世を助ける。天から雨露の恵を受け、我々を育てるのが皇恩である）という詩が記されている。施療班を組織した普済会は、この活動を満洲国皇帝の恩賜として位置づけており、南満洲地区の漢族の催しである娘々廟会《ニャンニャンミャオホイ》でこのデザインの薬品袋とポスターを積極的に活用した（「娘々廟会」とこれらの図案の内容については次章で検討）。ここから、普済会が施療施薬活動を「建国精神の宣伝」と「皇恩の浩大」を知らしめる目的で行う宣撫活動の一環と位置づけていたことがわかる。それは、施療班が満洲国国歌と忠君愛国思想を鼓吹するレコードをこの宣撫活動に利用していたことからもわかる。[55] 普済会が施療の開始前に行った講演においても、満洲国の重要性や満洲国「皇帝陛下の民」としての自覚を促すことが強調されていた。そうした場に参集した村民は、施療班長の講演の際に、「皇帝陛下的施療班来了」（皇帝陛下の施療班が来た）と記された黄色布旗に対して思わず頭を下げて丁寧に御辞儀をするほどだった。[56]

このように、満洲国農村部の宣撫活動における施療施薬活動では、薬品袋やポスターの図案、漢詩、講演、蓄音機放送によって、満洲国の建国精神を宣伝する内容が反復された。そして、施療施薬活動そのものが皇帝の恩賜と建国精神を具現化するものであるという認識が強化された。

2　娯楽を提供する複数の活動——映画・音楽・紙芝居など

ここで、施療施薬活動のほかの宣撫活動において、娯楽慰安を目的とするメディアや活動が一貫した内容をもって利用されていたケースについても見ておきたい。１９４０年代に入ると、満洲国では、各メディアを同じテーマのもとでほかの活動やメディアと協働させ、非識字層に向けて一貫した宣撫活動を行う方針を本格化させた。国策宣伝のための紙芝居を製作する画劇拡撫社《がげきかくぶ》の石井廣次は、ラジオ放送のニュース解説は農民にとって理解が難しく、最も不向きな宣伝方法であるが、国共分裂やノモンハン事件の経緯などについても、紙芝居を併用することで、色彩のある絵画によって講演がたちまちおもしろくなり、世情に疎い観衆に国策宣伝の内容を浸透させることができるとして、講演と紙芝居を併用する利点を説いた。また、慶城県公署の報告によると、紙芝居と講演の内容を等しくすることで、農民たちの理解が促進されたという。[57] 写真について弘報処は、写真ポスター、写真ビラ、写真壁ニュース、写真を多用したパンフレットやグラフなど印刷媒体において、教化宣伝のために同じ写真の二次利用・三次利用を促した。[58] 石井は、これら紙芝居、講演、写真掲載メディアの内容を同じテーマのもとに構成し、各部門の歩調を一致させて複数メディアを駆使する宣撫活動の必要性を主張した。[59]

こうした１９４０年代の満洲国における宣撫活動の実践では、従来の地方政府主導の形式とともに、中央政府の弘報処が直接指導を行って具体的なテーマによるキャンペーンを展開するようにもなった。その例として、記録が確認できる１９３９年に始まる徴兵（１９３９年公布）と防疫をテーマとした宣撫活動の実践を見ていきたい。満洲国における徴兵制の宣伝は、主に弘報処による一元的な内容の決定から、宣伝対象と地区の選定、資料の作成、工作班の派遣、さらに他機関の指導にいたるまで行われていた。弘報処は、都市部に集中するラジオ、映画、演劇、出版など既成のメディアを活用して宣伝を製作し、それらは工作班の手によって農村部へもたらされた。

ラジオについては、徴兵制に関するニュースや講演、「国軍の夕」などのプログラムが農村部で放送された。映画では、満映が啓民映画「我們的軍隊《ウオメンダジュンドウイ》」（我々の軍隊）（１９４０年）の製作の委嘱を受けたほか、劇映画「国境之花《グオジンジーホア》」（１９３９年）を製作した。「国境之花」は、弘報処により巡回映写班の手によって農村部で上映された。このほか、満映製作で満洲国軍を主題とする劇映画「壮志燭天《ジュアンジージュウティエン》」（１９３８年）と「鉄血慧心《ティエシュエホイシン》」（１９３９年）も農村部で上映された。徴兵宣伝では、計2万５０００人の農民が巡回映写班の上映会に集まった。映画のほか、大同劇団、安東協劇、奉天協劇が巡回演劇班を組織し、全国１００地点で「護国之母」や「従軍伍」などを上演した。印刷物では、弘報処が主導し、徴兵制と満洲国軍の宣伝パンフレット「趣味画報」、絵本『児童画報』、グラフ『精軍画報』、漫画『漫画満洲』、さらに関連標語と図案を印刷しマッチ箱に貼ったマッチレッテル、便箋（レターペーパー）などが発行された。[60]徴兵制に関する弘報処の宣伝工作は、都市部と農村部の双方に向けて、複数のメディアと活動を弘報処が一元的に統括する形で企画立案、そして実施された。そこでは、同時に各種メディア機関が共通の内容を創出していた。

農村部に限って展開された防疫の宣撫活動では、徴兵制のようにラジオから印刷物にいたるあらゆるメディアを動員するのではなく、地元の政府が代わってその都度小規模にメディアを動員して実施した。
首都新京郊外の農安で1940年に発生したペストの際には、現地民衆の防疫への協力が不足し、防疫工作員に対する信頼も薄く、ペストの感染拡大が深刻化した。そこで、交通が遮断されたなかでの農安の住民の協力的姿勢を醸成すべく、同年7月中旬より10月下旬まで、主として文字、漫画、図解、歌謡、講習会を用いた防疫の宣撫活動が行われた。[61]
文字による宣撫活動では、「県城父老兄弟姉妹諸君に告ぐ」という宣伝ビラと満文の「防疫報」が主に用いられた。「防疫報」は、毎日ザラ紙1500枚から3000枚が印刷され、送報班と行動班員の手で各戸に配布された。その際、非識字者には班員から口頭で

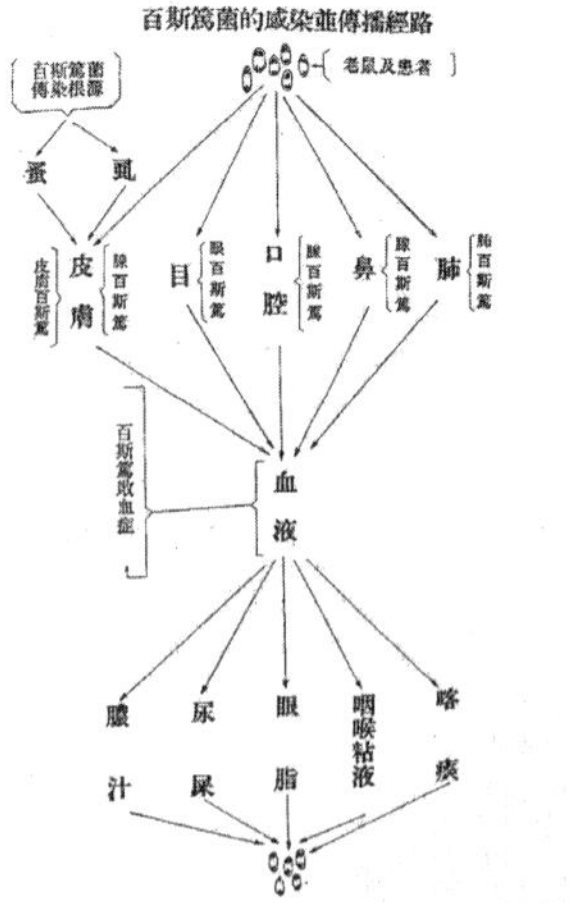

図3-15　図解「ペスト菌の感染及び伝播経路」
（出典：弘報処映画班長・劉盛源「農安防疫に伴ふ宣撫の実際」『宣撫月報』1941年3月号、44頁）
不二出版の復刻版からの引用

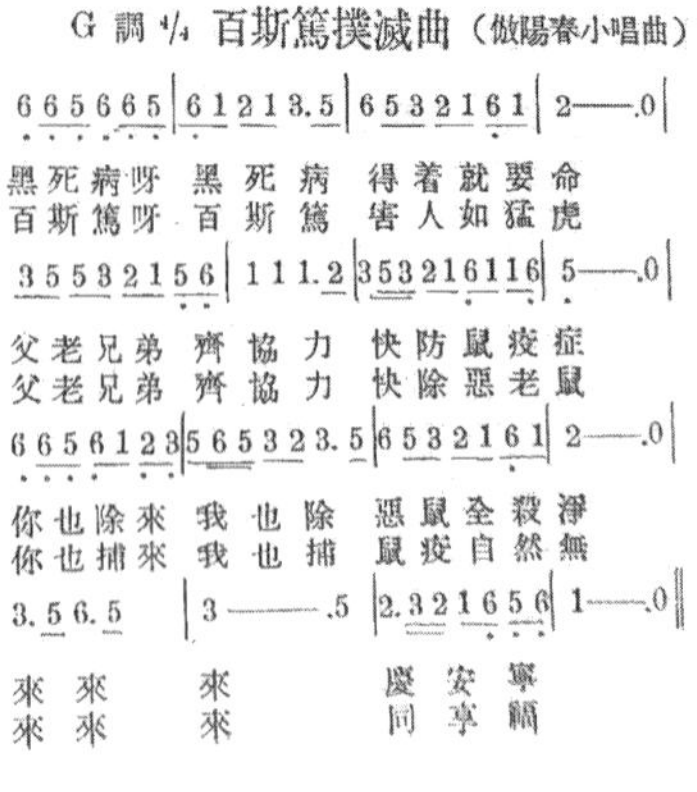

図3-16　歌謡楽譜「ペスト撲滅曲（倣陽春小唄）」
（出典：弘報処映画班長・劉盛源「農安防疫に伴ふ宣撫の実際」『宣撫月報』1941年3月号、45頁）
不二出版の復刻版からの引用

説明も行われた。また、「防疫報」創刊号の配布では、日用必需品や石炭、小麦粉、白菜などの物資も交通遮断区域内の住民に配給された。[62]

これと並んで、視覚メディアによる宣撫活動も重要視された。防疫宣撫班は、非識字層向けに現地の学校教員を動員して、捕鼠《ほそ》の徹底を促す漫画、ペストの伝染と家庭衛生について啓発する漫画、マスク装着方法を説明する漫画などを描かせた。さらに、図解で非識字層の注意を喚起し、ペスト菌の感染経路について説明した（図3－15）。非識字者の多さから、弘報処はこの図解でペスト菌に関する知識をいかに簡潔にまとめるかなどについて工夫を凝らしたという。

同時に、宣撫班は現地で流行していた「陽春小唄」を利用し、これに歌詞をつけ、「ペスト撲滅曲」として現地の民衆に普及させた（図3－16）。以下は歌詞の日本語訳（筆者による）である。

黒死病、黒死病、かかると命も失う。みなさん、協力しよう、ペストを予防しよう。あなたも私も駆除し、悪鼠を全滅させよう。来い、来い、来い。安寧を喜ぼう。ペスト、ペスト、猛虎のように人間を害する。みなさん、協力しよう、悪鼠を駆除しよう。あなたも私も捕まえたら、ペストは自然になくなる。来い、来い、来い。一緒に幸せを楽しもう。[63]

「陽春小唄」は、映画「東遊記」（満映・東宝、1939年）で李香蘭が歌ったことで新京周辺で流行したものである。講習会においても、宣撫班は漢族が集住する村落で伝統的な漢方医と仏教の概念を用いながら、現代医療と鼠の撲滅に対する抵抗を戒め、鼠の駆除の必要性とペストの脅威について理解を促した。[64]満鉄映画製作所は、こうした防疫の活動を記録し、1940年9月に記録映画「ペスト防疫状況」を製作した。[65]

図3-17

図3-18

図3-19

図3-20

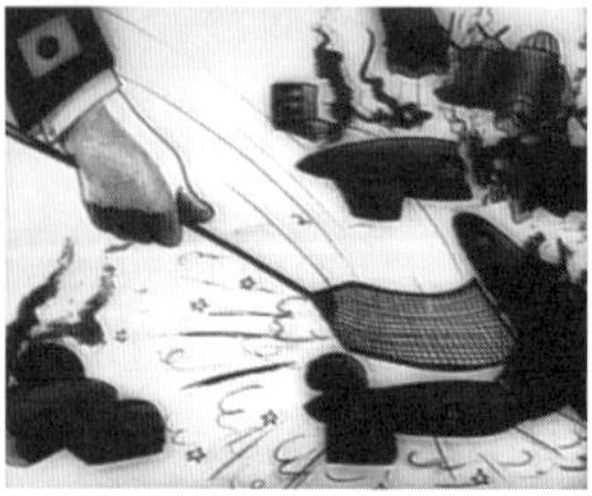
図3-21

図3-22

（出典：「満映通信276報・艦隊出動」満洲映画協会、1945年）

このように、1940年代からメディア製作側は同じテーマを基につくられる特定のメディアとほかの活動の内容との相互連関を議論しつつ、実践の面においてテーマ別の宣撫活動を行うことで、その議論を実現しようとしていた。こうしたことから、1940年代より本格化する弘報処主導の宣撫活動においては、それぞれのメディアの内容が相互に影響し合うことで宣撫活動が成立するようになった。

こうした手法が用いられた終戦間近の満映ニュース映画の例を見てみたい。1944年10月にフィリピン海域で日米両軍が衝突したレイテ沖海戦と満洲国におけるこの海戦についての宣伝を記録したニュース映画「満映通信276報・艦隊出動」[66]では、まず撫順炭鉱で宣撫班が紙芝居を用いて行ったレイテ沖海戦についての説明が描かれ、それに続いてその後に行われた物品配布の光景が映し出される（図3－17～図3－22）。具体的には、まず協和服に身を包んだ満洲国協和会の宣撫員と、説明を聞く労働者の姿が映し出される（図3－17、図3－18）。次に宣撫員が紙芝居の解説を同地の言葉で始め、画面は紙芝居の絵画へと切り替わる。その解説は次のようなものである。

諸位、請看羅斯福的醜態。他依然想當美國的大總統。於是他讓軍隊去送死。而這個時候、日本出動海軍打的美国軍隊失去防御的……（引用者訳／みなさん、ルーズベルトの醜態を御覧なさい。彼は依然として米国の大統領に再任されたいと思い、人命を顧みずに軍隊を戦場へ送った。まさにこの時、日本の海軍が攻撃し米軍の防衛力を奪っていった……）。

紙芝居の解説の途中、音声は宣撫員の講演から日本語のナレーションに切り替わり、紙芝居のそれぞれの絵の説明を始める（図3－19～図3－21）。以下がナレーションによる説明である。

不逞《ふてい》にもフィリピン奪回を誣妄《ふぼう》して迫った敵の機動部隊に鉄槌はくだされた。幾万の敵兵員と膨大なる敵艦船は次々と太平洋の藻屑と化し去ったのである。さはあれ、敵の野望は物量を頼んで熾烈となり、今次の敗戦を糊塗《こと》せんとする侵攻は続くであろう。戦いはまさに新しき段階へ突入したのである。

そこでは、ルーズベルトが艦隊をフィリピン海域へ派遣する様子（図3－19）、初めて組織的に出動した神風特別攻撃隊の玉砕作戦によって米艦隊の戦艦が撃沈された様子（図3－20）、ハエたたきを持つ手で表現された日本が、米軍の戦闘機をはたき落とすイメージ（図3－21）が映し出される。ここでは、宣撫員の講演も映画のナレーションも、いずれも紙芝居の絵に沿っている。

さらに、このニュース映画は、講演後の物品配布という宣撫活動も映し出している（図3－22）。ナレーションでは、「フィリピン周辺に次々上がる大戦果に国内は今こそ敵撃滅の好機に至るとばかりに沸き立った。戦局説明の紙芝居に打ち興じ、戦果の特配に面をかがやかす増産戦士、撫順炭鉱の風景である」と語り、宣撫活動のメタレベルの視点でこれを説明している。レイテ沖海戦の「戦果之特配物品」として粥や小麦粉などの食料が炭鉱の労働者たちに配布されており、そうした労働者の姿そのものが、「日満一体」のスローガンのもとで日本の戦果の恩恵に浴する存在として、宣撫活動の一部を構成している。

満洲国農村部で宣撫活動に用いられた満映ニュース映画は、宣撫活動の風景を映し出すなかで、そこで使用されたメディアの内容を流用し、さらにその映像自体が宣撫活動のメディアとなっているという重層的な構造をもっていることがわかる。１９４５年までの満洲国農村部の宣撫活動においては、それぞれのメディアの内容が相互に交錯しており、それによって非識字者の多い農村部の民衆に対する国策宣伝が行われていた。

小括

第三章は第二章で考察してきた宣撫活動の制度のなかで、宣撫活動においてメディアを利用する方法とメディアの内容を創出する経緯について明らかにした。１９４０年までの宣撫活動では、講演が地域性と教化性を強調するのとは対照的に、日本的なものを中心とする映画は外来性と娯楽性という性格を持っていた。このような宣撫活動の方法が失効しつつあったなか、講演は次第に「愛情」と娯楽性を増加させるとともに、映画は教化的な満洲国関連の内容へ変容し始めた。宣撫活動向けに上映された映画は、徐々に宣撫活動専用に製作される映画へと変容していった。満洲国独自の国策宣伝映画を製作することを目的とした満映の映画政策方針は満洲国の農民と農村生活を中心とするようになり、その表現方法もわかりやすくなった。こうして、宣撫活動における講演が映画の内容に影響を与えた結果、両者が次第に同調するようになった。

次に、映画の上映と同時に展開された施療施薬活動を通して、施療班は衛生知識の普及のために映画を利用した。こうした「物心両面」による宣撫活動において、施療施薬は講演や映画による国策や政策の宣伝効果を補強するものとして位置づけられていた。施療班も、現地住民への衛生知識の普及を目的とした映画の利用を推進していた。こうして映画上映と施療施薬活動を組み合わせた宣撫活動などによる衛生知識普及の必要性から、衛生映画は誕生した。満映独自の衛生映画が利用される前は、主として日本本土の文化映画が衛生知識の普及に利用されていた。満映の衛生映画は、満洲国における毎年の社会状況と観衆についての調査に基づいて計画された。満洲国独自の衛生映画は、製作当時の具体的な社会衛生問題を取り上げ、その解決の一助となることが期待された。満洲国における衛生知識啓蒙政策は、初期の施療施薬活動から映画による衛生知識の普及へと発展し、さらに『満洲国映画大観』や啓民映画の製作総合計画において衛生映画に関する一大プロジェクトとなった。衛生映画では、伝染病の感染拡大が問題となった地域を取り上げ、そこでの防疫宣伝工作の一環として上映された。衛生映画には、住民の理解を高めるための映像素材とアニメーションなどの工夫がほどこされ、また、日本人支配層や地方政府の現地住民に対するパターナリズムが具体的なイメージとして描かれた。

さらに、施療施薬と複数のメディアと講演が、それぞれ共通のテーマを表現していた。宣撫工作における施療施薬活動では、薬品袋やポスターの図案、漢詩、講演、蓄音機放送によって、満洲国の建国精神を宣伝する内容が反復された。そして、施療施薬活動そのものが皇帝の恩賜と建国精神を具現化するものであるという認識が強化された。１９４０年代からメディア製作側は、共通のテーマを基につくられる特定のメディアとほかの活動とメディアの内容の併用を議論しつつ、実践の面においてテーマ別の宣撫活動を行い始めた。１９４０年代以降、弘報処主導の宣撫活動では、映画や音楽や紙芝居などのメディアの内容の併用と相互連関が一つの方法として成立するようになった。つまり、宣撫活動で使用された映画の内容は、講演と施療施薬に影響されることでその内容が変容した。こうして宣撫活動で使用された各種のメディアの内容がほかの活動と相互に連関することは、宣撫活動の内容の重層性を浮き彫りにしている。また、これらのメディアが現地社会の実情とほかの活動へ接近し同調するようになった過程から、宣撫活動の内容面における動態的な変容のあり方がうかがえる。

［注］

1 「ＪＡＣＡＲ（アジア歴史資料センター）Ref.C12120178200、満洲帝国協和会史料　協和会史資料集　第4集　中央事務局新京移転前後（防衛省防衛研究所）」

2 「ＪＡＣＡＲ（アジア歴史資料センター）Ref.C04011565100、昭和8・4・13〜8・4・26「満受大日記（普）其72／2」（防衛省防衛研究所）」

3 「沙河口　映画と講演の夕」『協和』１９３５年10月号、満鉄社員会、56頁

4 大北良之輔「協和会映画工作の実際」『宣撫月報』１９３９年8月号、２１５頁

5 「黒河省」『宣撫月報』１９３７年1月号、70－98頁

6 「興安南省」『宣撫月報』１９３７年1月号、１５５頁

7 「興安西省の宣撫工作」『宣撫月報』１９３７年12月号、１１３頁

8 早野正夫「東辺道における宣伝宣撫工作——主に臨江縣を中心として」『宣撫月報』１９３９年3月号、１０４頁

9　弘報処地方班「講演会・座談会の開き方」『宣撫月報』１９３９年12月号、50頁
10　「安東省」『宣撫月報』１９３７年１月号、１１２頁／「興安北省」『宣撫月報』１９３７年１月号、１６７頁
11　東科後旗「東科後旗宣撫工作実施状況」『宣撫月報』１９３８年７月号、１７１頁
12　「前篇―東辺道治安工作委員会と宣撫工作」『宣撫月報』１９３７年７月号、61頁
13　「満洲国に於ける重要宣伝機関の統制」『宣撫月報』１９３７年２月号、89頁
14　津村秀夫『映画戦』朝日新聞社、１９４４年、80頁
15　田中公「映画工作の組織化と十六粍トーキー映画の利用に就て」『宣撫月報』１９３８年11月号、55－63頁／弘報処「十六ミリ映画利用と規画統一」『宣撫月報』１９３９年８月号、１７８－１８１頁
16　安東省弘報要員「安東省」『宣撫月報』１９３９年８月号、１９６－１９７頁
17　春山行夫「満鉄の文化映画」『満洲の文化』大阪屋号書店、１９４３年、３１３頁
18　「『啓民映画』検討座談会」『文化映画』１９４２年６月号、19頁
19　赤川幸一「新しき満洲映画に求むるもの」『満洲映画』１９３８年３月号、14頁
20　劉貴徳「農民を対象に」『満洲映画』１９３９年２月号、34頁
21　「満洲の文化映画を語る」『満洲映画』１９３９年２月号、51頁
22　青木實「満洲映画と満洲文学」『満洲映画』１９３８年５月号、26頁
23　李台雨「民族別映画製作の必要」『満洲映画』１９３９年６月号、22－23頁
24　中島鈆三「新しき日の映画」『満洲映画』１９３９年１月号、33頁
25　桑野寿助「国策ご映画指導」『宣撫月報』１９３８年11月号、47頁
26　前掲書（「『啓民映画』検討座談会」１９４２）23頁
27　杉山浩彦「映画宣撫の効果に就いて〝現地報告と云った立場から〟」『宣撫月報』１９３９年５月号、１３３－１３４頁
28　杉山武夫「ノモンハン事件及満洲国事情紹介の蒙疆映画会報告書」『宣撫月報』１９４０年３月号、35頁
29　石井照夫「満洲国の巡回映写と啓民映画」『文化映画』１９４２年１月号、48頁
30　前掲書（「『啓民映画』検討座談会」１９４２）22頁
31　「ＪＡＣＡＲ（アジア歴史資料センター）Ref.C04011247400、昭和７・５・２～７・５・５「満受大日記（普）其１０１／２」（防衛省防衛研究所）」

32 「ＪＡＣＡＲ（アジア歴史資料センター）Ref.C01002797500、昭和７年「満密大日記14冊の内其６」（防衛省防衛研究所）」
33 「施療費決算」普済会編『恩賜財団普済会施療班報告書 康徳３年』普済会、１９３７年、３０２－３０３頁
34 「安東省の重点県巡回宣撫工作」『宣撫月報』１９３７年12月号、１２６－１２８頁
35 通化省長官房弘報股「輯安県水没地宣撫工作計画」『宣撫月報』１９３９年５月号、１１８－１１９頁
36 「冬季農閑期利用宣伝計画 興安東省公署」『宣撫月報』１９３８年10月号、１２１頁／間島省公署「秋冬季粛正工作に伴ふ行政浸透工作」『宣撫月報』１９３９年11月号、95頁
37 「間島省施療班報告」普済会編『恩賜財団普済会施療班報告書 康徳３年』普済会、１９３７年、25頁
38 南満洲鉄道株式会社總裁室地方部残務整理委員會著『満鉄附属地経営沿革全史 中巻』南満洲鉄道株式会社、１９３９年、２０１頁
39 安東省弘報要員「安東省」『宣撫月報』１９３９年８月号、１９５－１９８頁／「弘報処、民生部、治安部、協和会所有フィルム目録」（『宣撫月報』１９３９年８月号）に記載されている各機関が所有したフィルムのリストによると、安東省の宣撫活動で上映された文化映画『衛生伝染病和征服』は、フランス保健協会が製作した『結核の予防と征服』の誤記だと考える。
40 前掲書（「『啓民映画』検討座談会」１９４２）19頁
41 坪井與「満洲国産業開発と映画――何故映画を積極的に活用しないか」『宣撫月報』１９３８年９月号、92頁
42 水上滋「東洋映画界の動向 満洲文化の最前線」『満洲映画』１９３９年７月号、51－52頁
43 飯田秀世「『満洲帝国映画大観』の計画と其の意義について」『宣撫月報』１９３９年２月号、１０３－１０６頁
44 「弘報処、民生部、治安部、協和会所有フィルム目録」『宣撫月報』１９３９年８月号、１５９－１６０頁
45 『恩賜財団普済会施療班報告書 康徳３年』普済会、１９３７年、18－２９６頁
46 奥田直晴「満映啓民映画に就いて」『文化映画』１９４１年８月号、59頁
47 胡昶、古泉『満映――国策電影面面観』中華書局、１９９０年、１３５頁
48 『満州の記録――映像の証言17 満鉄文化映画編 第１集』テンシャープ、１９９４年／オープニングの画面で「国務院情報処指導」という字幕が出ている。満洲国の国務院情報処は１９３７年７月から弘報処に改組されたため、この映画は１９３７年７月までに満鉄映画製作所が完成させたものだと判断できる。さらに、満洲映画協会は１９３７年８月に設立されたため、この作品は満映成立まで満鉄映画製作所が満洲国の国策宣伝映画の製作を担当していた時期のものだとわかる。
49 前掲書（通化省長官房弘報股、１９３９）１１８－１１９頁

50 『満州の記録――映像の証言9　満映啓民映画編　第6集』テンシャープ、１９９４年

51 「虱はこわい」を対象として取り上げる先行研究は、主に山口猛『哀愁の満州映画　満州国に咲いた活動屋たちの世界』（三天書房、２０００年、２０３－２０８頁）、崔吉城「満州映画『虱はこわい』考」『アジア社会文化研究』（６）（アジア社会文化研究会、２００５年、１２１－１３６頁）と劉文兵『日中映画交流史』（東京大学出版会、２０１６年、83－86頁）がある。

52 高原富士郎「時局下の啓発映画（二）」『宣撫月報』１９４４年６月号、66－67頁

53 浅枝次朗（１８８８－１９６７）は１９１２年『現代の洋画』（日本洋画協会）の創刊号で日本洋画協会主催第１回作品競技会における出品作が２等賞として掲載されていた。浅枝は１９１３年に上京し、『現代の洋画』に寄稿するとともに、11月には「旧フユウザン会同人其他第一回展覧会」に出品した。その後、大連に渡った。出典は五十殿利治「美術雑誌読者ネットワークのなかの柳瀬正」『美術情報２０１７』ウェブサイトhttps://kousin242.sakura.ne.jp/wordpress013/日本美術／近代美術／柳瀬正夢／１２３５－２／（閲覧日２０２０年５月１日）

54 「第二章　準備」普済会『恩賜財団普済会施療班報告書　康徳３年』普済会、１９３７年、17頁

55 「錦州省施療班報告」『恩賜財団普済会施療班報告書　康徳３年』普済会、１９３７年、48頁、55頁

56 「龍江省施療班報告」『恩賜財団普済会施療班報告書　康徳３年』普済会、１９３７年、２２１頁

57 石井廣次「紙芝居と私の体験　附畫劇工作成績及各省批評」『宣撫月報』１９４０年１月号、42－43頁、51頁

58 弘報処宣化班・佐藤甫「写真と宣伝」『宣撫月報』１９４１年３月号、23頁

59 石井廣次「紙芝居と感想」『宣撫月報』１９４１年２月号、69－70頁

60 弘報処「総服役宣伝の今日まで」『宣撫月報』１９４０年２月号、13－15頁

61 弘報処映画班長・劉盛源「農安防疫に伴ふ宣撫の実際」『宣撫月報』１９４１年３月号、37－46頁

62 前掲書（劉、１９４１）42－43頁

63 前掲書（劉、１９４１）45頁

64 前掲書（劉、１９４１）46頁

65 前掲書（胡昶、古泉、１９９０）１３５頁

66 映像資料「満映通信２７６報・艦隊出動」『満州の記録――映像の証言 11 満映時事映画編』テンシャープ、１９９４年、16／50－17／43

章末資料

表3－2　1937年～1939年の宣撫活動で上映された映画

上映年と記録の出典	タイトル	製作年	製作者、カテゴリー	言語	貸出フィルムの所属
1937年 11、12月 「興安西省の宣撫工作」『宣撫月報』1937年12月号	支那事変ニュース	不明	不明	日本語	不明
	日本	1934	不明	日本語	弘報処／民生部
	月の宮の女王様（月の宮の王女様）	1934	横浜シネマ商会・アニメーション	日本語	民生部
	草原バルガ	1936	満鉄記録映画	満語	弘報処
	海国男子（海国男児）	1926	日活劇映画	日本語	民生部
	若き空の勇士	不明	不明	日本語	民生部
	海軍大演習	不明	不明（日本海軍省の寄贈品）・記録映画	日本語	協和会
	陸軍大演習	1935	満鉄記録映画	不明	協和会
	観艦式（特別大演習観艦式）	1933	不明・記録映画	日本語	民生部
1938・1939年 「各省における映画工作の現況　間島省」『宣撫月報』1939年8月号	1938・4－1938・5				
	皇帝訪日（皇帝陛下御訪日）	1935	満鉄記録映画	日本語・満語	民生部
	国都防空	1935	満鉄記録映画	日本語	弘報処
	吉林防空	不明	不明	不明	不明
	デンマー（デンマーク農民の努力）	不明	不明	不明	民生部
	農民の努力（デンマーク農民の努力）	不明	不明	不明	民生部
	子供の作法（小学校作法映画　子供の作法）	不明	奥商会教育映画部・記録映画	日本語	民生部

上映年と記録の出典	タイトル	製作年	製作者、カテゴリー	言語	貸出フィルムの所属
1938・1939年「各省における映画工作の現況　間島省」『宣撫月報』1939年8月号	長門のお叔父さん	不明	不明	不明	民生部
	捕鯨船	1920	日活・記録映画	日本語	民生部
	海の桃太郎	1932	横浜シネマ商会・アニメーション	日本語	民生部
	建国体操	不明	満鉄記録映画	不明	民生部
	1938・9				
	無鉄砲選手	1935	マキノトーキー製作所・劇映画	日本語	不明
	朝日ニュース(朝日世界ニュース)	不明	朝日新聞社	日本語	不明
	張鼓峰事件	不明	不明	不明	不明
	1938・11				
	復活への道	1936	マキノトーキー製作所・劇映画	日本語	不明
	日本刀	1938	奥商会・アニメーション	日本語	民生部
	富士下五湖巡り(富士と五湖巡り)	1929	日本文部省・記録映画	日本語	民生部
	建国体操	不明	不明	不明	民生部
	皇帝御訪日(皇帝陛下御訪日)	1935	満鉄記録映画	日本語・満語	民生部
	海の桃太郎	1932	横浜シネマ商会・アニメーション	日本語	民生部
	銀嶺の勇士(銀界の勇士)	不明	日本語	不明	民生部
	若き空の勇士	不明	不明	日本語	民生部
	1939・4				

	ニュース（日本ならびに満洲国）	不明	不明	日本語・満語	不明
	赤の脅威	1938	東京朝日新聞社・記録映画	日本語	不明
	お猿の大漁	1934	横浜シネマ商会・アニメーション	日本語	協和会
	萬里尋母	1938	満洲映画協会娯民映画	満語	不明
	非常線	1936	日活（多摩川撮影所）・劇映画	日本語	不明
1939・5					
	謝文東帰順式	不明	不明	不明	不明
	楽土新満洲	1935	満鉄記録映画	満語	弘報処／協和会
	協和青年	1938	満洲映画協会啓民映画	満語無声	弘報処
	満映ニュース	不明	満洲映画協会ニュース映画	不明	不明
	満映月報	不明	満洲映画協会ニュース映画	不明	不明
	朝日世界ニュース	不明	朝日新聞社	日本語	不明
	子供の作法（小学校作法映画　子供の作法）	不明	奥商会教育映画部・記録映画	日本語	民生部
	兄弟こぐま	1932	日本文部省・アニメーション	日本語	民生部
1938年5、7、8、10月「各省における映画工作の現況　安東省」『宣撫月報』1939年8月号	進展中的日本	不明	不明	不明	不明
	観光日本	不明	不明	不明	不明
	壮志燭天	1938	満洲映画協会娯民映画	満語	民生部
	春風万里	1935	満鉄記録映画	日本語	弘報処
	開拓突撃隊―鉄道自警村移民記録	1936	満鉄記録映画	満語	弘報処
	空は生命線	1938	オール・キネマ社・記録映画	日本語	不明

1938年5、7、8、10月「各省における映画工作の現況　安東省」『宣撫月報』1939年8月号	防空日本	不明	写真科学研究所／都商会教育映画部・記録映画	日本語	不明
	護れ日本海	不明	不明	不明	不明
	防共の契り	1938	満洲映画協会啓民映画	日本語	弘報処
	衛生伝染病和征服（結核ノ予防ト征服）	不明	仏保健協会（仏保健協会が製作した理想的衛生資料）・記録映画	フランス語	民生部
	海底探訪	1935	不明・記録映画	不明	弘報処
	植樹節（康徳五年植樹節）	1938	満洲映画協会啓民映画	無声	不明
	満映月報	不明	満洲映画協会ニュース映画	不明	不明
1941年8月奉天省長官房総務科企画股「康平県に対する宣伝宣撫実施状況報告書」『宣撫月報』1941年10月号	満洲国皇帝陛下御訪日	1933	満洲弘報協会	満語	民生部
	満映ニュース	不明	満洲映画協会ニュース映画	不明	不明
	煙鬼	1939	満洲映画協会	満語	不明
	日本文化ニュース	不明	不明・ニュース映画	日本語	不明

補足／貸出フィルムの所属については「弘報処、民生部、治安部、協和会所有フィルム目録」『宣撫月報』1939年8月号を参考にした。また、「不明」と表記する箇所は、満洲映画協会から直接貸し出されたものという可能性もある。

表3－3　満映が製作した衛生関係テーマの啓民映画

製作年	タイトル	言語	製作側	製作陣	あらすじ
1941	白城子のペスト	日本語・満語	満洲映画協会	大塚新吉	関東軍委嘱のペスト防疫記録改編。製作を企画したきっかけは、1940年に新京で発生したペスト騒乱である。満洲のペストの根源地は白城子だとも言われている。十数人の患者が病院に収容され、苦しくてのたうちまわっている。軍医が電気メスで腫瘍を切り取る様子を記録する作品である。
1942	細菌和伝染病	満語	満洲映画協会	高橋紀 大塚新吉	家庭衛生の知識啓発を目的とする作品

	怎様予防トラホーム	満語	満洲映画協会	松岡竹一 南田常治	トラホーム予防に関する衛生知識を紹介する作品
	満洲国赤十字社	日本語	満洲映画協会	辻野力弥 大塚新吉	満洲国赤十字社による委嘱作品
1943	虱はこわい	満語	満洲映画協会	加藤泰 吉田貞次	発疹チフスの予防映画。虱の動くアニメーションという満映最初のアニメーションがこの映画にある。当時の大陸では発疹チフスが流行していた。戦時体制における増産のために満洲国は労働者を集め、山東省方面から困窮農民をどんどん撫順に連れていった。そのせいで、撫順が発疹チフス発生の中心地となった。それゆえ、撫順がロケ地となった。
1944	百斯篤能撲滅	満語	満洲映画協会		民生部による委嘱作品。この映画は満系国民一般を対象とし、ペスト予防の方法について解説し、官民一体となってペストを撲滅すべきだと主張している。

出典／奥田直晴「満映啓民映画に就いて」『文化映画』１９４１年８月号、59頁／胡昶、古泉『満映――国策電影面面観』中華書局、１９９０年、２０３頁／坪井與「満洲映画協会の回想」『映画史研究』(19)、佐藤忠男・佐藤久子、92頁、97‐98頁／「聞き書き 満映から『仁義なき戦い』まで――キャメラマン 吉田貞次」『FB――映画研究誌』(3)、１９９４年８月、82頁／高原富士郎「時局下の啓発映画(二)」『宣撫月報』１９４４年６月号、66‐67頁

第四章

各地域における宣撫宣伝活動の実践例

第三章では、満洲国農村部で行われた宣撫活動を通して、映画の内容は講演と施療施薬に影響されて変容していったこと、および講演と施療施薬は映画を含める複数のメディアと相互連関することで国策宣伝が行われていたことを明らかにした。このように第三章で分析した宣撫活動の方法に基づく宣撫活動の実践の展開について、本章では南満における漢族の「娘々廟会《ニャンニャンミャオホイ》」と北満における蒙古族のラマ教廟会を事例に考察する。

満洲国国務院総務庁弘報処(以下、弘報処)は、以下の引用のように、廟会などといった祭典を宣撫活動の主要な拠点として位置づけていた。

式典にせよ、祭典にせよ共に或る一定の目的の下に多数人が集合するものであるから、吾々は此機会を逸せず、之を宣伝媒体として利用する必要がある。特に多数人の集合は群集心理が支配し、文書宣伝其他の方法によっては到底企及し得ない効果を発揮する事が出来る……之がため有効適切に実施された式典が、国民の国家観念の涵養、国民意識の徹底、及び国民的群連の実施上重要なる手段の一たること。[1]

ここから、弘報処が祭典を満洲国人意識育成の場と見ていたことがわかる。特に、弘報処は多数の人が集まることで、群衆心理が機能する点に注目している。弘報処は、この点について「参加者はもとより、傍観者たる国民一般に與《あた》へる効果」を指摘しており、「祭典に集合した群集は概して非組織的集団であるが、かれらは伝統的祭典によって一種の祭典心理に支配されてゐる。吾々は此群集の心理状態を利用して宣伝的効果を収める事が出来る」と考えていた。祭典気分によって生まれた群衆心理の利用である。

本章の分析対象である娘々廟会に関しては、これまで主に経済史、メディア表象、観光史という三つの視座から研究がなされている。深尾葉子と安冨歩（２００９）[2]は経済史における廟会とその定期市の位置づけを明らかにしたうえで、廟会の開催地や開催の様子などを論じている。橋本雄一（２００５）[3]と貴志俊彦（２０１０）[4]は娘々廟会を取り上げたメディアの表象に注目し、その国策宣伝としての機能についても言及している。高媛（２０１５）[5]は観光史の立場から、娘々廟会をめぐる南満洲鉄道株式会社（以下、満鉄）と政府の宣伝工作の様相、それによる娘々廟会の変容を考察している。本章では、これらの研究を踏まえつつ、娘々廟会における宣伝メディアや活動がどのように有機的に統合されていたかを見ていきたい。これまで注目されてこなかった、廟会における活動の展開とそのメディアでの表象の関係性が主たる検討対象である。

本章は、廟会における各種の活動とメディアの表象の相互関係を論じるため、次のような構成を展開していく。まず、第一節では、南満の「娘々廟会」を分析する。「娘々廟会」は、満鉄の観光事業の宣伝という宣撫活動の一環であり、また農村部の漢族農民向けに行われた道教の祭典でもあった。本節では、観光事業の宣伝という商業主義が、伝統行事や診療活動、各種のメディアの同時実施、講演、座談会、映画などとどのように相互連関していったかについて検討する。第二節では、これまで十分に取り上げられてこなかった、蒙古族のラマ教廟会を取り上げる。特に、北満における蒙古族のラマ教廟会に着目して、関東軍が軍事目的による宣撫活動として行った、蒙古族対策としての宣撫活動の方法について検討する。そこで、従来行われてきた講演や座談会と、映画とを組み合わせた宣撫活動の方法が、蒙古族文化を活かしつつ実施されていた様相を考察する。異なる民族の集住が見られる満洲国での宣撫活動の実践例を論じることで、先行する章で見てきた宣撫活動概念の形成と実践の展開を総合的に示すことができると考える。

第一節　商業主義と接合する宣撫
――南満における漢族の娘々廟会

1　漢族の支持を凝集する場としての娘々廟会

廟会は中国伝統の民俗行事として、1000年以上の歴史がある。寺廟《スーミアオ》を基に特定の日に開催されるものであり、宗教信仰、商業活動、文化娯楽などといったすべての要素を統合する総合的な民俗活動である。満洲国における廟会は、漢族の伝統行事として古い歴史をもつ。満洲国では、寺廟の前で芝居を演じ、神に感謝する行事を廟会と呼ぶ。ただし、定期的に開催される廟会のなかには、芝居をせずに参詣祈願のみを目的とするものが多い。また参詣客に女性が多かった。[6] 表4－1「満洲国における漢族廟会の種類」[7]は、1940年代の満洲国における定期的な廟会を示したものである。

ここに見られる、国立東北大学による定期的廟会の分類では、全体として六つの種類に大別でき、それぞれの廟会では供える神も異なっていた。満洲国の知識人は、こうした信仰のあり方について、

「満洲人は仏教だけでなく、多種多様な神を信じている」とし、「都市部も農村部も共通の信仰に基づいて建てられた寺廟が多」く、「釈迦如来や阿彌陀佛や観音菩薩や東嶽大帝や神農皇帝や娘々や関帝や竜王など」「このような一連の神仏は仏経から出典されるものと『封神演義』を継承するものに大別できる」[8]ととらえていた。この地域では、20世紀に政権の転換や日本の軍事占領といった政治的激変を経験するが、それでも仏道混合という礼拝対象の構成は、中国の他の地域と同じく、宗教廟会の構造とともにそれ以前の状態を維持していた。[9]さらに、廟会は

表4-1 満洲国における漢族廟会の種類

開催日（旧暦）	廟会の名前	廟会の意味
2月19日	観音廟会	観音菩薩を供える寺廟で、観音菩薩の生誕祭に開催される。参詣客に女性が多い。女神として参詣されている。
3月28日	天斎廟会	東嶽大帝を供える寺廟で、東嶽大帝の生誕祭に開催される。死後地獄に堕ちないように祈願することが主要目的とされている。警察による臨時交番、消防隊のテントがある。参詣客に女性が多い。寺廟の前に茶屋がある。
4月18日	娘々廟会	娘々と呼ばれる女神を供える寺廟で開催される。子宝を授かりたいと祈願することが主要目的とされている。大石橋迷鎮山娘々廟会は規模が一番大きく、満洲国で一番有名である。大規模の臨時市場がある。武術、芝居と獅子舞などの伝統行事がある。満鉄鉄道総局による交通代キャンペーンと仮駅の設営がある。
4月28日	薬王廟会	薬王を供える寺廟で開催される。健康を祈願することが主要目的とされている。吉林省北山薬王廟会は規模が一番大きなところである。満鉄鉄道総局の観光誘致キャンペーンで往復交通代が半分になる。寺廟群があり、4月18日には北山娘々廟会も開催される。
5月13日	関公廟会	関羽を供える寺廟で、関羽の単刀赴会の日に開催される。一番普遍的な廟会。男女ともに参詣している。
6月13日	竜王廟会	竜王を供える寺廟で、竜王の生誕祭に開催される。祈雨と水難事故防止の祈願をすることが目的とされている。

国立東北大学『東北要覧』三台国立東北大学出版組、1944年、768-769頁／文則「廟会在満洲」『麒麟』1942年5月号、満洲雑誌社、74-78頁／川崎操『満洲ごよみ』満洲開拓社、1941年。筆者は以上の資料に基づいて整理した。

信仰の場にとどまらず、市場としても機能していた。寺廟と商人は、毎年参詣客が購入する線香、食物、遊び道具等の商品を準備し販売していた。定期的な廟会は、定期市と同じような経済的機能を持っていた。漢族の文化に存在するこのような信仰と商業との併存は、漢化されていない蒙古人の間にも、類似した形態がみられる。[10]

満洲国の廟会のなかで最大規模を誇るのが娘々廟会であった。満洲事情案内所の所長を務めた奥村義信は次のように指摘している。

満洲国各地で行はれる娘々祭の参詣者は無慮二百五、六十万人を下らない……娘々廟会の数だけでも百四個所に上つてゐるが、恐らく満洲国全体では二百七、八十個所位はあらう。その祭りの盛んな事は、満洲国が現在持つ他の色々な催しもの丶中でも断然群を抜いてゐる一大行事である。而《しか》も当日は村から部落へ、部落から農村へ、農村から大都邑《とゆう》へ、満洲国到る処で夫々《それぞれ》地方的に大規模に行はれる。[11]

娘々廟会のなかでも特に「非常な賑ひを呈」するのが「日露戦争で有名な大石橋《ダーシーチアオ》の迷鎮山《ミージエンシャン》で行はれる娘々祭」であった。「当日の参集者は少い年で約九萬人、多い年は十数万の数に達する」と奥村は記述している。奥村は満洲事情案内所の立場から、大石橋迷鎮山の娘々廟会の縁日の重要性を強調している。それは「一般民衆に取っても極めてフリーな解放デー」であった。[12]

地方誌によると、満洲国において娘々を供える寺廟である娘々廟は、清代に華北地域から移住した漢族によってもたらされたものだという。特に乾隆年間以降、娘々廟は東北地方で多数建てられるようになった[13]。これらの寺廟で行われた廟会が最も発展を遂げたのは、清代から満洲国時代にかけてである。

廟会は一般民衆にとって極めて重要な催しであり、その様子は満洲国の地方政府によって次のように記述されている。

娘々廟祭が満洲国人間に如何なる意義を持つ祭典であるかは今更に事新しく云々する迄もなく大方の知れる所であり、此の報告は娘々廟祭を機会に実施せるものである。当青岡県に於いても何十年かの伝統の下に毎年娘々廟祭が行はれて来ては居るのである……本年は来島新副県長の来任に依り、「本年は娘々廟祭を盛大にやり、同時に宣伝宣撫活動を実施しその効果を如実に挙げ様」と云った発意……即ち、一般民衆に慰安を付与し、地方行政の明朗化を計ると共に、王道楽土、建国精神の普及徹底を期する。[14]

ここでは、地方政府の役職についた日本人官僚が弘報処の政策方針に従い、娘々廟会を地方政府の宣撫活動計画の重要な要素と見なしていた様子が示されている。特に、日本人官僚の就任によって、娘々廟会における宣撫活動の必要性が強調された様子が表れている。このような娘々廟会を利用した宣撫活動によって、娘々廟会はさらに大規模になった。それは、「民国期（引用者注／中華民国期。満洲国以前の政権）の廟会は各村会の力によって組織されていた」が「満洲国時代には、一切の準備は依然として各村会の責任によってなされていたが、廟会そのものは政府の直接管轄下にとり行われ」るようになったことからもうかがえる。こうした政府の関与の目的は、「宗教活動の機会を利用して、いわゆる『大東亜共栄圏』の宣伝を行」[15]うことにある。満洲国政府が直接関与するようになった娘々廟会における宣撫活動の様子は、以下に示す参加者の口述によって明らかになっている。

迷鎮山娘娘廟の祭礼は、清代の統治階級の神仏崇拝に基づいて乾隆年間に始まり、その規模はますます大きくなってゆき、民国期にも絶えることはなかった。特に日本の統治時期に入ると、その活動はピークに達した。日本の統治者は廟会に強い「興味」を示し、廟会の活動に力を入れ、宗教活動を利用して、「日満親善、共栄共存」「一徳一心」といった類のスローガンをみだりに鼓吹した……このため、廟会は民間の自発的な祭礼ではあるものの、日本側統治階級の「積極支持」を得るに至り、毎年の会期には「満洲文化協会」「協和会」「弘報処」などの機関が、あちこちに宣伝広告を貼り、参詣客や観光客を誘致しようとした。[16]

2　娘々廟会における満鉄の観光事業としての宣伝工作

満洲国政府による娘々廟会への直接関与の目的は、漢族参詣者の国民意識の涵養や、漢族農民大衆による満洲国傀儡政権支持の促進に限らない。そこには、観光誘致の目的も含まれていた。これにより、娘々廟会における宣撫活動は次第に商業主義と接合するようになる。娘々廟会における観光宣伝は、満鉄によって1920年代から行われるようになった。満鉄は、娘々廟会を自社の観光事業の一環と位置づけ、日本と満洲で観光誘致のキャンペーンを行っていた。一方で、満鉄を中心とする各機関は宣撫活動や定期市も組織していた。本項では、娘々廟会という祭典を利用した宣撫活動から、そこに内包されていた満鉄による観光宣伝のあり方を考察していく。

満鉄附属地行政が1937年11月に満洲国に委譲されるにあたり、30年余における附属地経営の記録として『満鉄附属地経営沿革全史』[17]が編纂された。そのなかで娘々廟会の経営について以下のように記述している。

> 廟会中の催物として廟正面に演劇舞台が係り、野外では活動写真が行はれ、或は高脚踊が練り歩く等殷賑《いんしん》を極め、殊に廟会中の呼物として参籠者の人気を博するものに活美人の山車がある……催物の外に諸雑貨、建築材料、農具等の定期市が山麓に開かれて取引が盛である……娘々廟会に対する満鉄は昭和三年以来最近まで会社各部夫々の機能に応じて参詣客の集中に最善の努力を拂《はら》ってゐる。[18]

満鉄が関与した娘々廟会では、伝統演劇や催し物のほかに、映画上映と定期市も行われていた。1928年から1937年にかけて、満鉄は観光誘致のために各部署の役割分担を明確にしていた。鉄道部は「臨時列車の運転並臨時停車場の特設」を担当し、総裁室は「満洲人に珍重され室内装飾用とされる」「宣傳畫《せんでんが》表作製」に取り組んだ。地方部は「野外活動写真の映写、奉天医科大学と共同して施療班を組織し施療に従事」し、産業部は「豚券、苗木券を花火に仕込んで打揚げ拾得者に改良豚、苗木を引渡して地方畜産界植林事業に寄与」するほか、「大石橋商店協会、営口輸入組合に補助金を下附して露店を設け邦商邦貨の進出」を図ることが期待された。[19]

満鉄が娘々廟会を観光資源として開発し始めた1928年以前、娘々廟会で行われた催し物には、伝統行事のほかに中華民国の国民意識を育成する講演やキリスト教の伝道がしばしば見られた。たとえば、1921年の吉林省北山の寺廟群の廟会では、民国吉林省の省立通俗教育講演所が旗やビラを貼り、毎日午前10時から午後5時まで、「愛国」「道徳」「守法」「美感」「実業」「体育」「衛生」「常識」という民国の思想教化的な内容に関する講演をしていた。またキリスト教も伝道のための演説をする傍ら、露店で聖書を販売していた。[20]

満鉄の進出により、こうした中華民国のスローガンを主として宣伝する空気が一変していった。そして、満鉄主導の宣伝は次第に商業的な観光宣伝へ変容していった。満鉄は鉄道の臨時列車と停車場を設営することで、「普《あまね》ク付近村落ニ頒布シ乗客ノ勧誘ニ努メ」ていた。[21] 同時に臨時列車の開設によって、「南は旅大（引用者注／旅順大連）方面までの夥《おびただ》しい満洲国人達が陸続として廟に参詣に来るし、沢山の日本人達までが汎《あら》ゆる色彩風俗祭事催しものを見る為にやって来る」[22]ようになった。1933年までには、満鉄は「迷鎮山《ミージェンシャン》、湯岡子《タンガンズー》、興盛廟《シンションミアオ》、鳳凰山《フォンホアンシャン》、大屯阜豊山《ダートゥンフウフォンシャン》の娘々廟会に対し」「参拝客の便利を図り割引往復乗車券を発売し、之が運賃は三等片道普通運賃と同額で臨時列車を運転」[23]するようになっていた。図4－1の通り、満鉄は参詣者向けに、廟会の開催と割引往復乗車券を宣伝するポスター広告をチラシとして満鉄沿線の各駅の構内に貼っていた。[24]

このような布告のチラシには、廟会の名前、開催日、特別割引往復乗車券の発売と各駅の発車時刻が掲載されていた。たとえば、大石橋迷鎮山娘々廟会《ダーシーチァオミージェンシャンニァンニァンミァオホイ》の布告チラシの文面には次のような記述がある(引用者訳)。

大石橋娘娘廟には旧暦7月17日から20日までの間に廟会が開催される。善男信女が集まる一方、この辺りの村にも花会を行う予定である。弊社は参詣者に交通の便を提供したく、割引往復乗車券を発行することになった。

この臨時列車について、当時同地を観光した稲葉亭二は「多数臨時列車が運転されて僅か往復十銭で乗せてくれる」[25]と書き残しており、多くの列車が安価で乗客を運んでいた様子を伝えている。当時の大石橋駅は、公衆電報取り扱い、赤帽、携帯品一時預かり、構内食堂、弁当店、両替店を備えるなど[26]、はじめて来訪した観光者向けの、便利な観光環境を提供する満鉄の試みが見られた。廟会の日には「臨時列車を増発」していたようだが、現地の漢族の「参詣人の多くはアンペラ闔《がこ》ひの自家用蒲鉾《かまぼこ》馬車に家族を

図4-1　大石橋、鳳凰城、湯岡子の娘々廟会、大石橋北分水の薬王廟会とその割引往復乗車券を宣伝する布告チラシ
(出典:満洲経済事情案内所『満洲国の娘々廟会と其市場研究』満洲文化協会、1933年)
東京大学経済学図書館蔵

載せ牛馬に曳《ひ》かせて山麓に陣取」[27]るなど、馬車を主要な交通機関として使用していた。
満鉄の関与が強くなるなかで来訪した多数の日満参詣者は、娘々廟会でどのような宣撫活動を経験したのだろうか。満鉄は毎年発行した『南満洲鉄道旅行案内』で娘々廟会と大石橋を紹介しており、多数の日本人がその案内を使用し大石橋を来訪した。同地を観光した佐々木秀光は、大石橋駅到着後「電柱にある黄色の地に赤服の支那娘を描いた」「中日文化協会（引用者注／のちの満洲文化協会）のビラ」を目撃している。これは、「大石橋を中心に満鉄沿線の支那人間へまかれたもの」[28]であったようである。前述の割引往復乗車券の布告チラシのほか、さまざまなビラが配布されていた。[29]それぞれのチラシとビラを配布する機関は異なっていた。満洲国建国後、満洲文化協会は「満洲国や満鉄と相呼応して、得意の宣伝文を刷込んで赤、黄、青の三色に彩られたチラシを各駅は言はずもがな、奥地の部落までべたべた貼」っており、それは「郷土色豊かな満洲景物の一つ」であった。[30]
そのほか、娘々廟会定期市の露店では、娘々廟廟景印刷画と廟景を彩色印刷した扇が販売されていた。これは満鉄総裁室の企画によるものと考えられる。満鉄側は、「娘々廟の廟景或は祭景を彩色印刷して一枚金十銭以下で売れるやうに美麗な絵を特製したら、絵の好きな田舎の満洲国人は、参詣の記念として又は室内の装飾品として、きっと買ふに違ひない」と考え、「廟景を美麗に彩色印刷した、満洲国式大形の丈夫な扇も亦、参詣記念として、且つ常用として、五月のお祭りの商品には確かに好適だ」[31]として、満鉄各機関はこれら印刷品を娘々廟会でしばしば使用した。
このように、満鉄は乗車券布告チラシや廟景の彩色印刷物などを観光宣伝に利用した。こうしたタイプの印刷物は、娘々廟会において商品広告にも使われていた。満鉄商工課は１９２９年より組織的に大石橋娘々廟会の定期市を企画した。[32] この定期市は、満洲における日本商人のさきがけとして位置づけられた。1933年までの定期市では、日本人商店がビラや広告を配布すると、「店頭は黒山のやうに群集はおしよせて来」た。それは「勿論拝商バラックでお客に対し買上金額に応じて抽選券を渡」すといった宣伝方法によるものである。さらに、商品ラベルの工夫も見られ、「各種の宣伝用ポスター、商品レッテル、燐寸《マッチ》、蝋燭《ろうそく》、包紙の閉じ紐にいたるまで満洲国人の嗜好を選び、その間満洲国讃美の文句や意匠が巧みに折り込まれてゐ」[33]た。また、花火が打ち上げられ、そのなかから「日本の旗、赤鳥居、それに豚が得られるといふ彩票」[34]が飛び出す仕掛けも用いられた。

1928年以降、中日文化協会は花火を「昼夜間断なく五分間置きに打上げて親善を計る」ようになった。[35] 頻繁に打ち上げられた花火から飛び出す宝くじである「豚の彩票」は、奥村が「社命により数年に亘る娘々祭現場調査」を通して、「南満の農村を対象とする農民群の欲求するものと偶々《たまたま》満鉄会社側の企図せる養豚改良普及事業とを結びつけ」るものとして提案したものである。これが次第に娘々廟会の有名な見所の一つとなっていった。[36] 1929年には、満鉄は豚10頭と苗木1万数千本を賞品として提供していた。[37] さらに中日文化協会は映画の上映を企画し、「山のやうな人気を呼」んでいたと記録されている。[38]

現存資料から見ると、1928年から満洲国の建国後にかけての娘々廟会における満鉄の各種の宣伝は、講演や映画よりも主にビラやチラシなどを使用していた。これらの印刷品には、国策宣伝よりもむしろ観光宣伝、商品広告の宣伝や図4-2のような畜産植林産業の開発に関する図像と説明が中心的であった。これら文字ばかりの乗車券の布告チラシ、廟景を描いた彩色印刷物、日本商品を宣伝するビラや広告ポスター、満洲国風情を漂わせる商品ラベルなどの満鉄の宣伝印刷品は、参詣客によって受容されていた。

> 山に「日の丸」が飜《ひるがえ》ってゐる。一本、二本……無料休憩所かと……蒲鉾馬車、アンペラを賣《う》る露天商人、さうした間をうねって登る。国旗に近づけば小屋にさがってゐる提燈の文字は「芙蓉樓」、中から朝鮮美人がのぞく。その近くに満鉄医院の施療テント、出て来る支那人の多くは眼薬を大事さうにもってゐる……下を見ると、向ふに青天白日旗ともう一つ「日の丸」が飜ってゐる。[39]

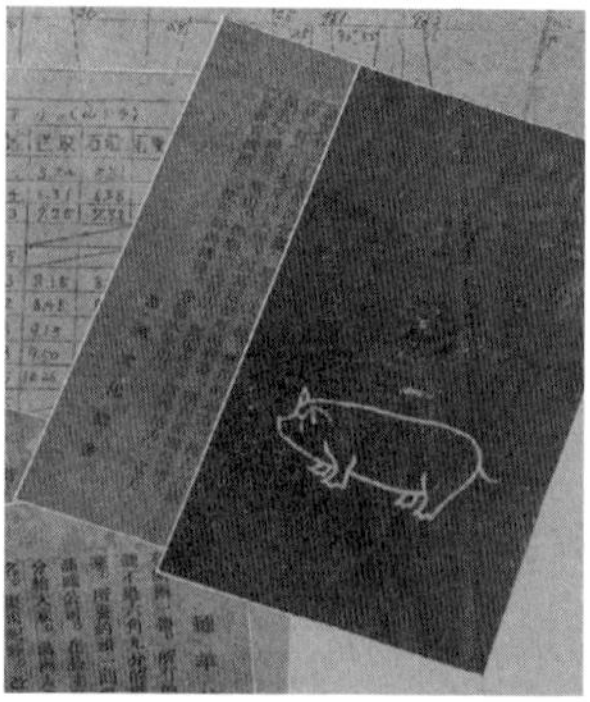

図4-2　満洲文化協会（元中日文化協会）によって配布された改良畜産宣伝ビラ
（出典：満洲経済事情案内所『満洲国の娘々廟会と其市場研究』満洲文化協会、1933年）
東京大学経済学図書館蔵

満洲国建国直前の娘々廟会では、中華民国の青天白日旗と日本の「日の丸」が両立していた。国旗によって示される現地漢族商人の露店、満鉄の施療活動のテント、朝鮮妓楼《ぎろう》が林立していた。このような環境で、満鉄の宣伝は、日本の勢力がすでに南満洲の土地で定着していたことを示すシンボルとなっていた。

満洲国建国後、娘々廟会における宣伝活動は、満鉄による宣伝に加え、満洲国国民の意識を育成する国策宣伝が増加していった。１９３６年の大石橋娘々廟会の縁日の直前には、「汽車の割引広告——満人向きに書かれた色彩豊かなポスターが、停車場といふ停車場、都会・村落・奥地の小字《こあざ》まで、楽土王道の宣伝を兼ねて、克明に貼り出され、大小のビラやチラシが、萬遍なくバラまかれ」[40]ていた様子が記録されている。そこでは、「この廟会季節を利用して、商人は儲け、官憲は民衆指導の好期を逸しやうとしな」かった。満洲国政府は、「宣伝ポスターに依って、新生の満洲愛国心を鼓吹しやうと」していた。満洲国は、人々が「敬信する娘々の所産」[41]と考えられ、満洲国のスローガンや国民としての愛国心を宣伝するビラやチラシやポスターが、満鉄の宣伝とともに用いられるようになった。

娘々廟会における満鉄の商業的な宣伝活動は1928年に発足し、満洲国崩壊まで政府と協和会などの機関と協力しながら、国策的な宣撫活動を実施してきた。すなわち、娘々廟会における宣撫活動は当初より、観光や商品の宣伝と畜産植林産業の開発の宣伝という満鉄の商業主義的な土台に基づいて発展していったものである。

3 伝統行事、診療活動とメディア活動の実施

高(2015)によると、南満の漢族の間で行われていた娘々廟会は、満洲国の「建国」と日本勢力の北進に伴い、「国都」新京を中心として、新京大屯《シンジンダートゥン》娘々廟会(⑰、丸数字は表4−2と対応する。以下同じ)、安東鳳凰城《アンドンフォンホアンチョン》娘々廟会(⑮)、吉林北山娘々廟会(薬王廟会と合祀)(⑱)の3カ所で新たに大規模な形で開催されるようになった。最大規模の大石橋迷鎮山娘々廟会(④)を含めた、この四つの大規模な娘々

廟会に加え、少なくとも15カ所以上の娘々廟会が存在していたことが高によって明らかになっている。これら満洲国政府によって新たに開発された娘々廟会は、表4－2の通りである。図4－3はそれら18カ所の娘々廟会の位置を示したものである。[42] 本項では、特に大規模に開催された表4－2④の娘々廟会における、伝統行事、各機関によるメディア活動、施療施薬のあり方、さらにその他各種の活動がどのように相互に関連して実施されたかを明らかにしていく。

満洲国時代の娘々廟会は、複数の政府機関と民間団体が連携して運営していた。新京大屯娘々廟会の運営に参加した機関として、

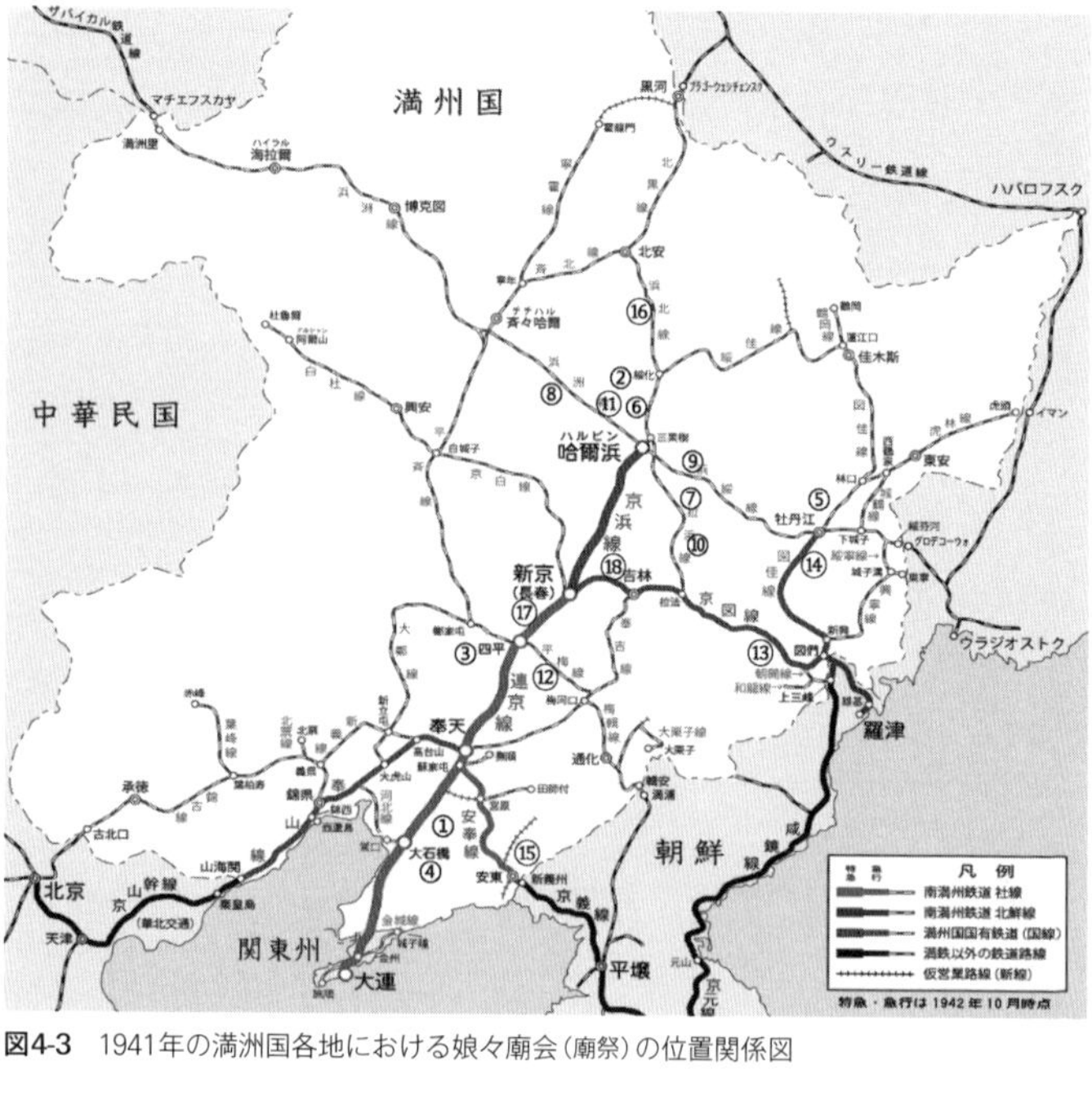

図4-3　1941年の満洲国各地における娘々廟会（廟祭）の位置関係図

1937年時点で県公署、警察署、弘報処、文教部、協和会という国家機関に加え、地方の商会組合、鉄道駅、小学校、電話局、満洲事情案内所、新京観光協会、恩賜財団普済会（以下、普済会）、国防婦女会が名を連ねている。満鉄は大石橋のケースと同様に臨時列車を運行し、割引往復乗車券も販売していた。

新京大屯娘々廟会では、満鉄主導の商業的な宣伝を主とした満洲国建国前の廟会とは異なり、事前宣伝から余興行事に至るまで、各種の行事をそれぞれの政府機関や民間団体が担当した。協和会は「娘々廟と満洲国の王道政治の現状」と「国民の自覚」というテーマ

表4-2　1941年の満洲国各地における娘々廟会（廟祭）

番号	廟会（廟祭）名	線名	期日
①	鞍山娘々廟祭	連京線	5月1日-5日
②	綏化娘々廟祭	濱北線	5月3日-7日
③	昌圖善果寺娘々祭	連京線	5月11日-15日
④	大石橋迷鎮山娘々廟祭	連京線	5月11日-15日
⑤	牡丹江娘々廟祭	濱綏線	5月11日-15日
⑥	呼蘭娘々廟祭	濱北線	5月11日-15日
⑦	拉林娘々廟祭	拉濱線	5月11日-15日
⑧	安達娘々廟祭	濱州線	5月11日-15日
⑨	阿城娘々廟祭	濱綏線	5月11日-15日
⑩	五常娘々廟祭	拉濱線	5月11日-15日
⑪	肇東娘々廟祭	濱州線	5月11日-15日
⑫	西安娘々廟祭	平梅線	5月11日-14日
⑬	銅佛寺娘々廟祭	京圖線	5月11日-14日
⑭	三間房娘々廟祭	平齊線	5月12日-14日
⑮	安東鳳凰城娘々廟祭	安奉線	5月21日-25日
⑯	海倫娘々廟祭	濱北線	5月21日-25日
⑰	新京大屯娘々廟祭	連京線	5月22日-26日
⑱	吉林北山娘々廟祭	奉吉縣	5月22日-24日

出典：小林勝「旅する者の心」『満洲観光』1941年5月1日号、23頁

で講演を行ったほか、鉄道駅前の道路で同会製作の映画を上映した。施療施薬は、政府と連携する普済会が実施した。余興行事としては、映画のほかに無料の伝統的な芝居や花火大会もあった。これらの実施主体であった新京観光協会、日系・満系の新聞社、協和会、現地の鉄道愛護村は、廟会についての事前の宣伝をそれぞれ行っていた。各鉄道駅は、駅構内の掲示板に宣伝のポスターを掲示していた。大屯電話局も、ラジオを通じて廟会の案内を放送した。加えて、「盛京時報」は日本人経営の露店が１９３７年から廟会に参加したことについて、「日満一体の真精神を実現した」と報道した。[43]

薬王廟会と合祀した吉林北山娘々廟会についても、同様の傾向が見られる。満洲国「建国」までは商会が運営を担当していたが、「建国」後は県公署、吉林鉄路局、協和会、総商会、商店協会などの各政府系機関が北山廟会委員会を設立し、共同運営を行うようになった。１９３７年には、吉林鉄路局が割引往復乗車券を販売しており、協和会は事前に絵画、新聞記事を掲載したビラ、広告などによって観光客を誘致するための宣伝を行った。廟会の行事としては、吉林市民衆教育館が講演を実施し、協和会が映画を上映した。さらに満洲電話電信株式会社がラジオ放送を行った。そのほか、演劇、施療施薬、花火大会、慰霊祭、建国精神展覧会、松花江《ソンホアジャン》流灯祭り、満日商店聯合《れんごう》割引市が催されていた。[44]

これら廟会での宣伝業務について、参加機関は宣伝方法の改善に取り組んでいた。協和会は娘々廟会で、宣伝印刷物を配布していたが、その部数について、現地の識字率の低さを考慮するようになった。

ポスターハ駅及廟ニ貼布《ちょうふ》シ印刷物ハ数ノ関係ニテ知識階級ト思シキ者ニ配布シタリ……将来考慮スベキハカ、ル場合ハ文字ノ印刷物ヲ配布ナスモ、部落民多数ヲ占ムル関係上文盲ノ者多ク、為メニ多大ノ効果ヲ期待シ得ズ、依ッテ今後這《この》種工作ノ際ハ平易ナル言葉ニテ呼ビカクルカ、絵画ポスターニ依ルヲ得策ト思料ス、一日二日ニ亘ル参詣人合計約七萬余ト称セラル。[45]

右記の「鳳凰城娘々廟ニ於ケル工作」という報告によると、満洲国「建国」の1932年以降、協和会はポスターを駅と寺廟に掲示するとともに、現地識字層への配布も決定した。現地の農村部では非識字者が多かったため、わかりやすい言葉と絵画によるポスターが望まれた。現地の識字率の低さゆえの、簡単な文字と絵画を重視するポスター製作の方針は、それ以降の協和会の娘々廟会における宣伝工作に継承されていった。1934年の大石橋娘々廟会では、民衆への周知のため、協和会の営口海辺警察隊によって、「水上飛行機三台に依る『日満元首交驩《こうかん》が日満永遠の不可分の基となる』意味を示す印刷物六万枚と、愛護村に於ける鉄道愛護精神の普及ポスター五万枚」の「上空から撒布」[46]が行われた。さらに、1936年には、協和会は飛行機2機で「建国精神の大義、日満一徳一心の真意、王道国政の各要目」が書かれた5色ビラ30万枚を散布した。[47] 1937年には、飛行機3機で協和会と放送局の宣伝文が5万枚ずつ散布された。[48] 飛行機による宣伝ポスターの散布は、協和会による娘々廟会の宣撫活動で確立したものである。

宣伝ポスターやビラのみならず、上映された映画作品のテーマも満洲国「建国」後、時局に沿うようになった。満洲国皇帝溥儀《プーイー》が訪日した1935年の大石橋迷鎮山娘々廟会では、溥儀訪日のニュース映画や満鉄の愛路宣伝記録映画が上映された。[49]また、1941年の大石橋迷鎮山娘々廟会では、当時の満洲国政府が積極的に遂行していた農業政策、国兵法、阿片断禁政策についての説明を講演と映画の上映によって行っていた。[50] 1942年に入ると、「大東亜戦争」に関する写真展や時局を記録したニュース映画の上映も大石橋迷鎮山娘々廟会で行われた。[51] 1943年には、「糧穀増産」が大石橋廟会のテーマとなり、その「増産の目的」の達成を促すべく、弘報処は映画班を派遣した。[52]その際、ハルビン鉄道局俯《ふぎょう》業課愛路係は、娘々廟会で「参詣者の多数参集するを利用し施療、施薬、愛路講演、映画及演芸を公開、或は無料休憩所等を設け一般民衆に対して愛路思想の普及宣伝」[53]を実施した。

このように、宣撫活動におけるメディアの利用や各種の施策は、現地の実情に合わせて、テーマや実施方法の面で改善されていった。各種の施策とメディアの利用は、決して無関連で独立していたわけではない。以下に見る普済会による施療施薬活動のように、その施策の改善のため、いかに他の施策やメディアと協働したらよいかについての模索が続けられてきた。

1936年の大石橋迷鎮山娘々廟会、吉林北山娘々廟会、新京大屯娘々廟会において、普済会は、施療施薬活動を行っており、報告書を残している。娘々廟会における普済会の施療施薬活動の趣旨は、「施療並医薬ノ施與ヲ為スコト」で「地方民ノ衛生思想ノ向上並慰撫上多大ノ効果ヲ収ムル」ことから、「旁々《かたがた》本機会ヲ利用シ一般民衆ニ皇恩ノ普及均霑《きんてん》ヲ図ル為施療班ヲ現地ニ派遣シ施療並施薬ヲ実施」することであった。1936年に開催された前述の3カ所の娘々廟会で施療施薬を受けた参詣者は4273人と普済会は伝えている。[54]

この施療施薬活動関連の宣伝活動は、主に事前宣伝と当日宣伝に大別できる。いずれもさまざまなメディアとの組み合わせを見いだすことができる。事前宣伝を欠くと、廟会当日の受診者が不足となり、期待された成果を上げられなかったケースもある。[55]こうした経験を踏まえて、現地の警察署や県政府が布告のポスターを貼り出すようになった。さらに警察官や自警団員向けに、特別に宣伝ビラを無料で配布するなどの宣伝も行った。[56]

普済会は、廟会当日の施療施薬においても、診療所の環境や薬品の包装についての工夫を試みている。設置場所については、廟屋のなかに診療所を開設することで、予期以上の成績を上げた。もっともその後、普済会は「最大限ノ患者吸収致シ度シ救急薬品準備ノ必要」から、診療所を「天幕張トナシ廟ノ屋外ニ設置」する要望を出すようになった。[57]薬の包装については、風邪薬と腹痛薬の袋に同じ絵が用いられ、ただ薬名のみ異なっていたために、字が読めない受診者は、説明を受けても、どの薬か理解できないケースがあった。そのため、普済会は包装のデザインについて、「色彩ニヨリ判別シ得ル様、考案ヲ望」んだ。[58]

これらに加えて、普済会はより多くの受診者を集めるために、廟会当日に多種多様な宣伝を行った。まず、彩色旗幟《さいしききし》とポスターを用いた案内を行った。吉林北山娘々廟会の第三班は、「宣伝用大幟《おおのぼり》六枚」を使うことで、「三日間ヲ以テ打切ル患者ノ多キニ」驚嘆するほどの効果を上げたという。[59]新京大屯娘々廟会の第二班は、寺廟の入口に「施療所」と大書した布告ポスターを貼り出すことで、寺廟内の施療所の存在が「相当一般ニ知レ渡リシ模様」となったようである。さらなる宣伝効果を狙い、参詣道の入口から診療所に至るまでの道の片側に「染メ抜イタ旗」を立てる提案も行っている。[60]

また、芝居やラジオ、講演、ポスターを利用することで、参詣客に施療施薬活動の存在を積極的に宣伝していた。協和会や地方政府の官僚は奉納演劇の幕間に舞台に立ち、芝居を鑑賞する多数の参詣者に対して普済会の意義や施療施薬班の趣旨、その場所について講演を行った。ラジオ放送も同様の内容の宣伝のために用いられた。その他県公署が印刷した2万枚の宣伝ビラや貼り紙、普済会が自ら製作した貼り紙など、診療所の前に集まった参詣客に普済会の趣旨と施薬の方法について説明したポスターもあった。これらは講演の後に配布された。これらのポスターには、「大満洲国皇帝陛下派遣来到了請大家快來治病非常歓迎及施薬治病分文不取（大満洲国皇帝陛下に派遣された施薬治病班が参りました。喜んで診療し薬品を差し上げます）」と記されていた。こうした施療施薬活動の宣伝について、「当地官民諸機関ノ熱心ナル応援ハ豫期以上ノ宣伝効果ヲ収メ」たと評価されている。[61]

普済会は1936年の娘々廟会で実施した施療施薬活動を「皇恩ノ宏大ヲ宣伝スル」ものと位置づけた。そのうえで、娘々廟会を利用する大衆向けの宣伝にとって最も有効的なのは、「施療ノ標識ノ下ニ大衆ヲ集メルタメ先ヅ本会施療班ノ存在ヲ宣伝スルタメニ全力を傾注スル」ことだと指摘した。とりわけ薬などをめぐる説明において、仁丹の広告宣伝から学ぶべきという反省もあった。施療施薬活動では、一人の医師が一日何百人もの患者を診るため、徹底した治療は難しく、むしろ宣伝に重きが置かれた。普済会は、施療施薬活動について「凡《あら》ユル視野ヨリ宣伝ニ重点ヲ集中シ努力スルヲ最良」としていた。[62]

このように、満洲国「建国」後の娘々廟会においては、それまでの観光宣伝、商品宣伝、畜産植林産業の開発宣伝といった満鉄主導の商業的な宣伝工作が一変し、国策宣伝を重視する宣撫活動へ変容していった。その宣伝内容の変遷に伴い、宣伝方法はそれまでの満鉄の宣伝工作の中心であった絵と文字による印刷物から、メディアと各種施策の協働へと重点を移していった。満洲国時代の娘々廟会は、複数の政府機関と民間団体が連携する運営体制のもとに置かれ、それぞれの機関は自らの業務の範囲で改善に取り組んでいた。わかりやすい文字と図像を組み合わせたポスター、飛行機でのポスターの散布、時局情勢に沿ったテーマの映画上映などがある。そのなかでも、施療施薬活動はわかりやすい包装の意匠、彩色旗幟など目立つ案内物、多数の参詣者が集合する芝居の幕間の利用、ラジオ、地元有力者による講演、ポスターなど、さまざまなメディアと各種施策を利用してきた。それらのメディアと施策の協働により、施療施薬活動は順調に実施された。

4 各機関に創作されるメディアの内容

以上見てきたように、娘々廟会で使用されたメディアは、満鉄主導の時代から満洲国「建国」後にかけて、絵と文字による印刷物から複数のメディアと活動の協働へ重点を移すようになった。これを踏まえて、本項では印刷物を対象にメディアの内容について分析していく。

満洲文化協会は、1933年に出版した『満洲国の娘々廟会と其市場研究』(満洲文化協会、1933年)と1933年5月号の『満蒙』で、それまでの娘々廟会で配布されたポスターやビラの代表作を掲載している(291〜293ページにある章末資料の表4－3のなかの図4－4〜図4－8)。章末資料の表4－3は、それらポスターの制作者、付された文字情報と出典を整理したものである。

表4－3に見られるように、満洲国の娘々廟会で配布されたポスターとビラで描かれているのは、さまざまな意匠の娘々像と参詣者が押し寄せた娘々廟会の風景である。図4－4、図4－5、図4－6のように中国伝統の民間版画を用いたものもあれば、図4－7のように娘々廟会の風景を記録した写真もある。なかでも図4－4と図4－5は、明朝初期に誕生し1920年代まで盛んであった楊柳青木版年画である。このようなポスターに描かれる娘々像の服飾には、狄髻《ディジ》（頭上に髻《もとどり》をかぶって固定してから髪飾りを挿す髪型）と披風《ピーフォン》（長着の上に羽織る中国式のマント）などが特徴的な明朝初期の女性服飾（図4－4および図4－6）と、1930年代に流行した長袍《ジャンパオ》のチャイナドレス（図4－5）という二つの種類があり、異なる時代の娘々像のイメージが混在していたことがわかる。満洲国「建国」後になると、娘々廟会の風景を描く図案が流行し始めた。図4－8は1932年5月に開催された娘々廟会のポスターである。このポスターは西洋絵画の遠近法の技法を使うことで、遠方の寺廟と参詣者の様子を捉えた。中国の伝統絵画にない遠近法の技法は、満洲国成立後のポスターで使用され始めたとみられる。図4－7に見られるように、押し寄せてきた参詣者の近景と寺廟のある大石橋迷鎮山の遠景を捉える遠近法は、写真でも表現された。このように、娘々廟会で使用されたポスターとビラの図案は、娘々像の版画という中国の古典的なデザインから、遠近法を多用する西洋絵画や写真へと変遷していったことがうかがえる。同時に、娘々廟会における宣撫活動に使用されたメディアも、中国の古典的な美人図版画から、記録性が高い絵画や写真へと変化した。娘々廟会における宣撫活動が新しい娘々廟会のあり方を創出するなかで、それを映すメディアも宣撫活動の一部となっていた。

これらのビラは、簡単な文字と図像を組み合わせたものだけでなく、文字ばかりのものもあった。識字率が低い農村部の娘々廟会ではあったが、識字層の参詣者向けに図4－9や図4－10のようなビラやパンフレットが配布された。図4－9のビラには、「満洲国は皆さんの敬神する娘々が生み出したもの」や「娘々を信じれば参詣者の子孫繁栄、金運招来、無病息災という祈願が実現できる」といった文言が見られる。図4－10は「建国」後の満洲国政府の様子を大衆向けに宣伝するための、廟会での溥儀や大臣を紹介するパンフレットである。

このような政府側の手によるポスターやビラやパンフレットのみならず、参加機関が独自に製作した宣伝印刷物もある。章末資料の表4－4は、施療施薬を担当した普済会が使用したポスターや薬品の包装について整理したものである。これらは寺廟の構内における診療所付近で配布された。

1938年に満洲国赤十字社に統合されることになる普済会は、満洲国における救護診療支援を提供していた。普済会の宣伝ポスターと薬品袋の絵画は、主に中国の伝統的絵画と満洲国の典型的宣伝絵画に大別できる。前項で述べたよう

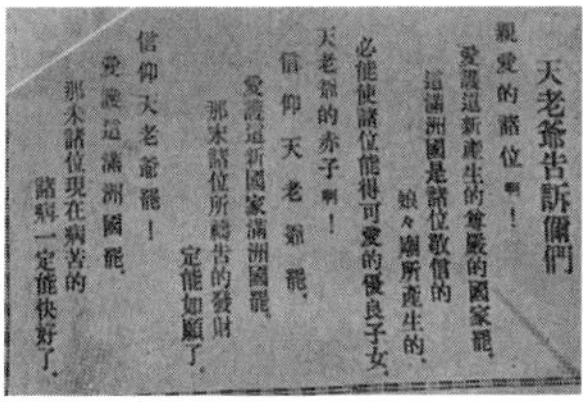
天老爺告訴儞們
親愛的諸位啊！
愛護這新産生的尊嚴的國家罷、
這滿洲國是諸位敬信的
娘々廟所産生的、
必能使諸位能得可愛的優良子女、
天老爺的赤子啊！
信仰天老爺罷、
愛護這新國家滿洲國罷、
那末諸位所禱告的發財
定能如願了。
信仰天老爺罷！
愛護這滿洲國罷、
那末諸位現在病苦的
諸病一定能快好了。

図4-9 娘々廟会で配布されたビラ
（出典：満洲経済事情案内所『満洲国の娘々廟会と其市場研究』満洲文化協会、1933年）
東京大学経済学図書館蔵

図4-10 娘々廟会で配布されたパンフレット
（出典：満洲経済事情案内所『満洲国の娘々廟会と其市場研究』満洲文化協会、1933年）
東京大学経済学図書館蔵

に、普済会は施薬の包装のデザインについて、色彩によって種類を判別できるよう改め、新たに多種多様な薬品袋を制作した。図4－11は、中国の伝統的絵画を載せる薬品袋の図案である。明朝の服飾を着る施薬者と下僕、薬を喜んでもらいながら感謝を伝える村民が表現されている。この絵画は、伝統的な中国絵画の画法を使い、主要人物である施薬者と下僕を意図的に大きく、脇役にあたる村民を小さく描いている。満洲国国旗は、上部に配置されている。図4－12、図4－13、図4－14は、1936年の娘々廟会で使用されたポスターと薬品袋であり、満洲国の典型的な宣伝画の画法によって描かれている。図4－12と図4－13のいずれにも、少年が満洲国国旗を掲げている様子が描かれている。この3点には、「皇恩」に恵まれる老若男女の国民像という、満洲国の宣伝メッセージが一貫している。娘々廟会における宣撫活動は、無料診療や施薬のみならず、こうした老若男女のイメージの利用によっても行われた。

娘々廟会で配布された各機関の宣伝印刷品は、娘々廟会の宣撫活動の一環として、「娘々」や「廟会」という題材を用いていた。これら印刷物は、1930年代から1940年代にかけて娘々廟会の必要不可欠の要素となった。さらに、娘々廟会で使用された印刷メディアは、娘々廟会を記録するものとして娘々廟会のイメージを描写したものであるとともに、そのメディア自身が他のメディアにも活用されていた。

他のメディアを活用した宣伝メディアの例として、満鉄発行の『満洲グラフ』や日本国際観光局満洲支部発行の『観光東亜』には娘々廟会を紹介する記事がある。1934年5月号の『満洲グラフ』は、海外の読者を意識しながら、娘々廟会の記録写真を多数用いた紹介記事を英語と日本語で掲載している。また、多くの日本人観光客が娘々廟会に関する詩や紀行文などを、時に著者が想像する娘々像のイラストレーションとともに寄稿している。満鉄の駅のスタンプという宣伝メディアにも、記録写真という他のメディアが活用されている。たとえば、漢族大衆の主要な交通機関である馬車を撮影した写真（図４－15）は、満洲国最大規模の娘々廟会である大石橋迷鎮山娘々廟会の最寄り駅大石橋駅のスタンプのモチーフとして用いられている（図４－16）。

このように、満鉄と満洲国は娘々廟会を現地の農民や満洲国全国民に向けての宣撫活動としてのみならず、世界に満洲国文化のあり方を宣伝する道具としても位置づけた。その集大成が映画であった。

満鉄映画製作所は、１９４０年に文化映画「娘々廟会」を製作し、これは１９４１年日本映画雑誌協会ベストテンのうち第５位の好成績を収めた。１９４２年には、満洲映画協会（以下、満映）が劇映

図4-15　娘々廟会における馬車と子供
（出典：『観光東亜』1941年5月号）
不二出版の復刻版からの引用

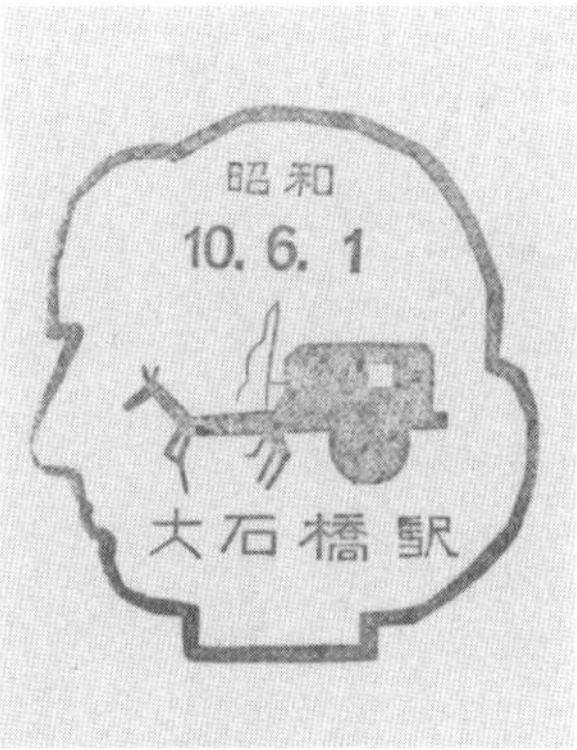

図4-16　満洲国時代の大石橋駅の馬車スタンプ
（出典：「南満に輝く大石橋の景観MZ006」1935年、中国戦前絵葉書データベース、愛知大学国際中国学研究センター）

画「娘々廟会」を製作している。娘々廟会をテーマとするこのような映画作品は、満映の巡回映画班によって、たびたび上映されていた。文筆家の姜霊菲は、奉天市文化人映画漫談会で、「非都市部を対象として製作された映画を利用し、土地増産の方法と科学的な知識を」満映の巡回映画班によって「農民たちへ教えてほしい」と述べ、そのなかで『娘々廟会』など賑やかな行事を描く内容を農民たちへ過度に見せない」よう求めている。というのも、姜にとっては、「これはただの一時的な喧騒」であり、農民たちに「何も残されないもの」だからである。[63]

姜が指摘した満映の巡回映画班には、娘々廟会における宣撫活動の一部である「娘娘廟会映画班」も含まれる。[64]ここから、娘々廟会の宣撫活動では、娘々廟会を題材とする映画が上映されていたことがうかがえる。青岡県《チンガンシェン》の娘々廟会における宣撫活動の記録からも、「三日即ち初日の娘々廟祭実況迄撮影したものを五日夜公開する事に成功した」[65]とある通り、娘々廟会の初日を記録した映像がその後の日で廟会の場で上映されたことがわかる。娘々廟会そのものの映像作品が宣撫活動を通じて娘々廟会の場で上映されたことから、映像における娘々廟会の表象が、廟会における宣撫活動の手段ともなっていたといえる。

この文脈において、満鉄映画製作所の文化映画と満映の劇映画について明らかにしたい。「娘々廟会」（満鉄映画製作所、１９４０年）の監督芥川光蔵は、１９３７年に「新しき土」[66]の撮影で来日したドイツ人監督アーノルド・ファンクから譲り受けたアスカニア・カメラをこの映画の撮影で使用した。「山頂の社に達するまでの前半も山麓の市場や見世物描写の後半も、共に豊富な画面数を費した構成」を表現したその効果について、映画評論家の津村秀夫は「よく大写を活かしてをり、映画の視角が実に大胆不敵に雑沓《ざっとう》する群像の中に掻《か》きわけ入つて民衆の自然な姿態を捉へることに成功してゐる」と評している。[67] さらに津村は、「記録映画は先づ第一に、画面と音で以て真実を語らねばなら」ず、「画面の構成をよりよく理解せしめるためのアナウンスであれば、直接画面と縁のない言葉で必要な言葉も多」く、「さういふ意味に於ては、満洲風俗に真実親しみを持つて感覚で描いた『娘々廟会』（満鉄）は秀逸な記録映画」[68]であると述べている。記録映画として、観衆が日本語のアナウンスで画面の構成をよりよく理解できるよう工夫が凝らされているとい

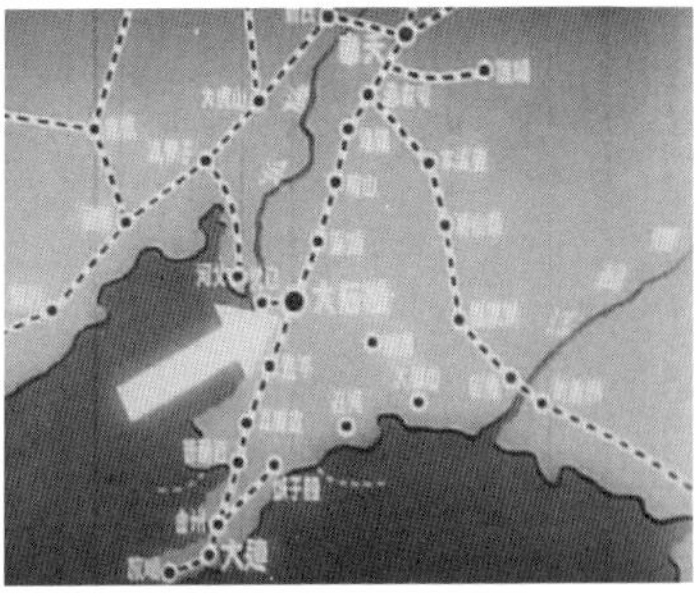

図4-17

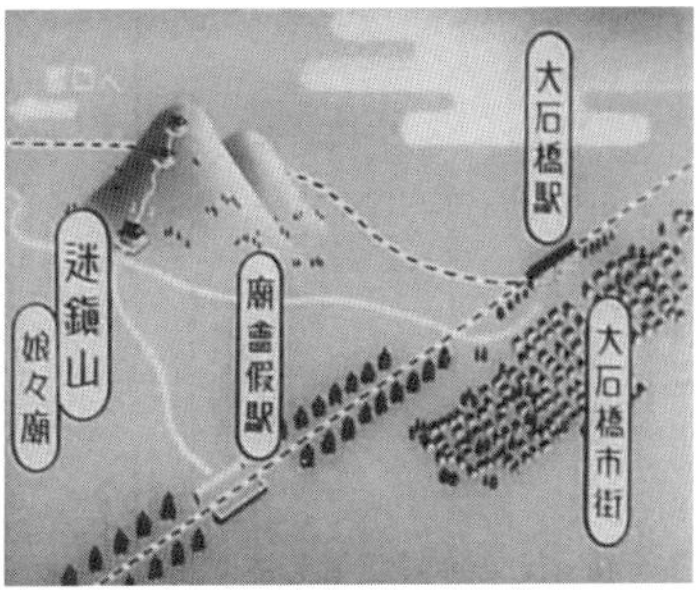

図4-18

図4-19

図4-20

（出典：「娘々廟会」満鉄映画製作所、1940年／「満洲アーカイブス 満鉄記録映画集［8］」ケーシーワークス、2005年）

う評価である。津村は、満鉄の「娘々廟会」を、満洲に詳しくない日本人観衆向けに、満洲の生活と風俗がよりよくわかるような技法で撮られたものであると評価している。こうした技法は、満洲国農村部における巡回映画での上映においても、現地人による説明を加えることで、効果を発揮したものと考えられる。

ここで、「娘々廟会」(満鉄映画製作所、１９４０年)の静止画(図４－17〜図４－27)を用いてこの作品を分析したい。この作品は、１９３９年から撮影が始まり、１９４０年に完成、同年公開された。そこには、１９３９年の大石橋迷鎮山娘々廟会の様子が記録されている。オープニングでは、鉄道線路図によって大石橋迷鎮山娘々廟会の位置が示され(図４－17)、続いて娘々廟や臨時停車駅を含む大石橋駅周辺の地図が紹介される(図４－18)。これら観光パンフレットに類似した内容が示された後、映像は娘々廟会の撮影現場へと移る。１９３９年の大石橋迷鎮山娘々廟会のゲートには、「祝娘娘廟会」と掲げられており、左側には「一徳一心」、右側には「以民護路」のスローガンが大書されている(図４－19)。満洲国の建国スローガン「日満一徳一心」と満鉄の鉄道愛護運動(以下、愛路運動)のスローガン「以民護路」から、「建国」後の大石橋迷鎮山娘々廟会の運営が、満鉄と満洲国政府の各機関との共同によるものとなっていたことがわかる。

この作品は参詣者の目線に沿って、娘々廟会を描いている。漢族大衆の主な交通手段であった馬車について詳しく説明され、馬車で娘々廟会に到着する様子(図４－20)、「三聖宮《サンションゴン》」と呼ばれる寺廟のなかに入って三体の娘々神像を参詣する様子(図４－21)を経て、伝統演劇鑑賞(図４－22、図４－23)、そして市場周辺で買い物やその他娯楽行事を体験する流れとなっている。20分間の映像のなかで、参詣活動が完了するまでの過程が10分ほどで描かれている。残りの10分で、この作品は娘々廟会に行われた各種の行事の全体を捉えている。

監督の芥川は、当時最先端のアスカニア・カメラで、遠方から迷鎮山の頂上にある寺廟に焦点を当てズームインした後、遠方から山の全景を眺める寺廟の入り口までのシーンを接合し、カメラを参詣者の目線をなぞるように動かしている。このズームインのカメラワークは、駅の参詣者から寺廟の参詣者へと捉える対象を切り替えている。同様の手法は、山頂の寺廟から遠方の市場の舞台へと切り替わるシークエンスにも使用され

図4-21

図4-22

図4-23

図4-24
（出典：「娘々廟会」満鉄映画製作所、1940年／「満洲アーカイブス 満鉄記録映画集［8］」ケーシーワークス、2005年）

ている。このように、この映画はカメラの性能を生かして遠近法を駆使することで、一連のシークエンスがつながるよう工夫が凝らされている。

後半の10分間では、映画は主に伝統演劇の様子、娘々廟会の市場における人混み（図４－24）、市場における雑貨露店や飲食露店などの風景、「のぞき」と呼ばれた満洲の紙芝居（図４－25）などを記録している。17分４秒から17分24秒にかけて、カメラは左へ移動しながら廟会の全景を収めている。そのなかに、普済会を前身とする満洲国赤十字社の社旗と満洲国国旗が掲げられている様子が見える（図４－26）。社旗の存在から、施療施薬活動の診療所が周辺にあるものと推測できる。全景のシークエンスの最後に、警察の立ち寄り処にチャイナドレスの美人を図案とした化粧品広告のポスターが

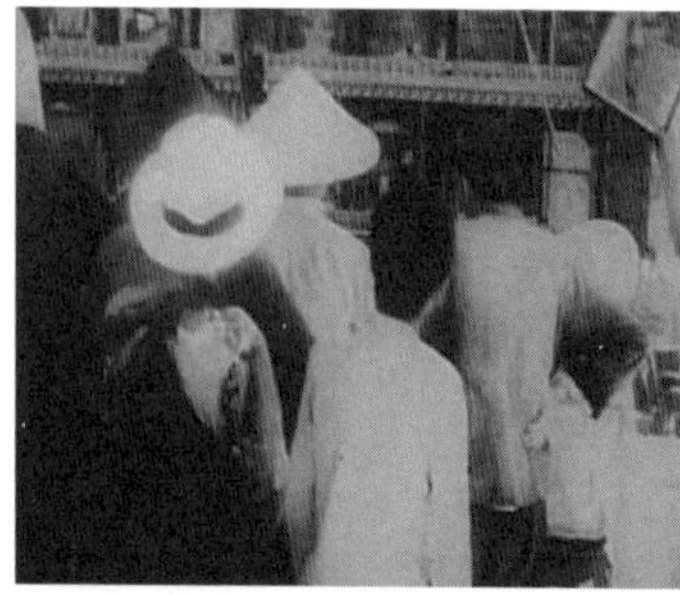

図4-25

図4-26

図4-27
（出典：「娘々廟会」満鉄映画製作所、1940年／「満洲アーカイブス 満鉄記録映画集［8］」ケーシーワークス、2005年）

多数掲示されている（図4－27）。このように、満鉄の文化映画「娘々廟会」は、満洲国の伝統文化行事と風俗を記録しながらも、同時に満鉄の愛路運動や満洲国赤十字社の施療施薬や地方の伝統演劇などといった宣撫活動や満鉄主導の商業的な宣伝活動も映像化している。

１９３９年の大石橋迷鎮山娘々廟会の全体像を記録したこの映画は、ほかの娘々廟会や地方の農村部で上映された。宣撫活動を行っている様子の映像が、宣撫活動の道具として利用された例といえる。一方で、この映画の製作の動機は宣撫活動ではなかった。監督の芥川は、個人の意見として、「映画の発達の為には」「官営でない方がいいのぢゃないか」と述べている。というのも、芥川と「同じやうに誰もが希望することは、満洲は比較的に映画的処女地であるから、純心な企業としての映画開発」をすべきで、「文化映画などといふことは、むづかしい上にも困難な仕事ですから、立派な素地の上に十分気をつけてやって」[69]いくべきであると語っている。芥川にとって、文化映画は国策宣伝を図るものではなく、映画なりの芸術性と記録性をもつものであった。しかし、こうした製作の動機をよそに、娘々廟会における宣撫活動は、娘々廟会を記録したメディアを最大限に動員しようとしていた。

『電影画報』１９４２年９月号[70]（満洲雑誌社）には、満映の劇映画「娘々廟会」の撮影事情を紹介する記事が掲載されている。この映画のフィルムはすでに所在不明であり、映像を確認することができないが、その記事から映画の内容をうかがい知ることができる。監督の水ヶ江竜一は、日活から満映に移籍した人物で、脚本と配役は全員「満人」であった。この作品は、満洲国の民間信仰として篤い信仰を集める娘々廟にまつわる伝説を、神話的物語としてまとめた時代劇である。物語は以下の通りである。3人の天女（図4－28）が天界の王・娘々の怒りにふれ下界に追放され、異なる家で生まれ変わり、成長する。彼女らは村を守るため、馬賊を武勇で撃退したことで、天界の王・娘々に許され、再び天界に昇っていく。そして、村民たちは彼女らを祀るために廟を建てた。[71] この映画は、吉林白山の寺廟でロケーションが行われ、そこの娘々廟が撮影されている。作品中に、吉林北山の娘々廟で十数メートルにわたる、馬車による木材の運搬のシーンがある（図4－29）。[72] そこでは、馬車という交通機関が再び強調されている。

以上、娘々廟会における宣撫活動にあたって各機関が制作したさまざまなメディアの内容を見てきた。そこでは、ポスターやビラ、写真、映画、さらに駅のスタンプにいたるまで、娘々像や馬車などといった娘々廟会の特徴が明確に示されている。それらポスターの図案や遠近法を用いた映画のカメラワークなどは、寺廟の風景と廟会における参詣者の活動をつなげて表象している。ポスターやビラなどといった印刷メディアには、娘々廟会が記録されると同時

図4-29　「娘々廟会」（満洲映画協会、1942年）の馬車のスチール写真
（出典：『電影画報』1942年10月号）
国立国会図書館関西館蔵

図4-28　「娘々廟会」（満洲映画協会、1942年）のスチール写真
（出典：『電影画報』1942年10月号）
国立国会図書館関西館蔵

に、そこには娘々廟会のイメージが描出されている。このような印刷メディアそのものが、愛路運動の宣伝、施療施薬、伝統演劇などの宣撫活動とともに、現地農民や満洲国国民、さらには世界へと娘々廟会を宣伝する映画のなかに記録された。こうした映画が娘々廟会で上映されたことで、娘々廟会における宣撫活動のイメージそれ自体が、宣伝道具となっていた。印刷メディアから映画まで、娘々廟会における宣撫活動のメディアは、それぞれに表象されるイメージが相互に交差しながら宣伝性を発揮したといえる。

もちろん、娘々廟会で上映された映画や配布されたポスターは、娘々廟会のイメージばかりに焦点をあてるものではなかった。娘々廟会における宣撫活動は、多人数が集まる「祭典」を利用して、参詣者の群衆心理に働きかけることを目的としていた。[73] 満洲国では、前項で論じたように、「建国」後の娘々廟会の宣撫活動では、時局と関連する宣伝が行われることになっていた。娘々廟会のイメージを描くメディアは、参詣者がこれらの時局に関連する内容をより理解できるよう、満洲国建国の意義や満洲国のあり方を提示する補助的な道具であったといえる。

5 講演と映画の相互連関

娘々廟会におけるメディア使用に関連して、娘々廟会において時局情勢と関連する国策宣伝がどのように宣撫活動を通じて実施されたかについて、考察してみたい。本項では、浜江省青岡県《ビンジャンションチンガンシェン》公署による1939年6月の綏化娘々廟会(221ページ、表4-2②)における宣撫活動の実施報告書と奉天省公署による1941年5月の大石橋迷鎮山娘々廟会（表4－2④）における宣撫活動の実施報告書を取り上げる。本項では、以上論じてきた娘々廟会のイメージを描くメディアのほか、廟会における講演と映画がいかに相互連関の上で、時局情勢に関連するテーマを宣伝しようとしたかについて明らかにする。

　前項では満洲国政府によって新たに開発された娘々廟会を見たが（表4－2）、そのほかに地方政府によって組織された、農村部における農民向けの娘々廟会も存在する。青岡県は、1939年に来島新副県長の就任により、10年以上前に停止された現地娘々廟の廟会の開催に取り組んだ。県公署は「何しろ娘娘廟祭が盛大に行はれ様とする事は十数年振りであり、無料の芝居なんか未だかつてなかった状態にて、その実施上の効果を考へて、あらゆる方面の設備等も大々的に準備した」[74]。ここから、地方政府主導で、青岡県で初めて無料の芝居などを持ち込んだ試みを行ったことがわかる。1939年6月3日に復活し、7日まで行われた青岡県の綏化娘々廟会の効果について、青岡県公署は「十数年振りの催し」ではあったものの、人々は「斯《か》くした催しを」「予想以上に期待して居」たようであり、「五日間に亘る集合総人員は十萬人を遥かに突破」したようだと報告している。そして、「此度の結果に徴して、更に第二の新しき宣伝宣撫工作実施」のために、さらに「細心の研究を以って、優秀なる効果を収めん」[75]ことを期待している。ここから、青岡県公署は娘々廟会の復活を宣撫活動の成功例と位置づけていることがわかる。

　廟会の行事は、祭典、満洲芝居、施療施薬活動、映画とその撮影、運動競技会によって構成されていた。なかでも、満洲芝居は娘々廟前広場で行われ、初日より毎日午前8時から正午までと、午後1

時より7時半まで、長時間の芝居が2回上演された。この伝統芝居の演目について、県公署は、「成るべく興味本位とせしも、建国精神及満洲国を十分に認識理解せしむる立場より、斯くした筋を持つものを上演さす様」心がけていた。[76]

芝居の幕間には、夜間の映画の上映が通知されており、さらに多数の民衆が映画の上映を期待して集まった。[77] こうした芝居や映画の際の、最も聴衆が集まるタイミングを見計らい、県長、副県長、庶務科長、行政科長、協和会事務長、警務科長、農事合作社専務董事らによる講演が行われた。[78]

このような映画上映と講演の同時開催について、6月5日の夜を例にとる。青岡県はハルビンから拡声器を手配し、5日の午後5時、「県長の第一声」に始まり、「続いて来島新副県長第二弾を放つや、萬余《まんよ》の民衆は喊声《かんせい》を擧《あ》げて是に答ふるの白熱化した」[79]と記録されている。次に「警務科長、庶務科長の講演」がなされ、その後、以下のように映画上映が行われた。

> 吾々待望の県事情撮影の記録映画、四百フィート一巻は到着した。先づ最初に上映した。忽ちにして民衆の拍手は起る。大平原に羊の群、牛馬の群、豚の群、県公署、付属機関、警察官、県長、副県長や各附属機関の代表者の姿は勿論、二日前に見たであらう芝居の実況迄出て来る。拍手、喊声、と矢継早の連続である。他の映画に混ぜて前後三回上映した。「民衆は此の様な映画が一番ピッタリ来るのだ！」と我々をして思はしめたものであった。くだらない映画よりも、何時も民衆達が見て居り、親しんで居る自然、植物、動物、そうしたものを今一度映画として動く姿を見る事に最も関心があるらしい。[80]

青岡県公署は、浜江省公署弘報股《こ》の応援を得て、廟会で上映するため、記録映画とほかの諸映画のフィルムを省から借りている。さらに、娘々廟会の実況を16ミリフィルムに収めて、青岡県の記録映画を製作するよう、省弘報股に依頼している。青岡県公署は、「撮影中の県事情の記録映画を是非共一般に公開」すべく、初日である6月3日の「娘々廟祭実況迄撮影したものを五日夜公開する事に成功した」。こうして撮影された記録映画は、県公署によって「今後の宣撫活動上にと思って県事情を概括的に収めたもの」[81]とされた。青岡県の娘々廟会の実況を記録した記録映画それ自体が、娘々廟会で上映された主要な映画であった。

この映画には、参詣者の回りに見られる青岡県の風景、2日前の廟会における講演登壇者と芝居の様子が含まれている。県公署は、このような「日常生活の中に民衆達が何時も親しんで居る事物を対象としたい」[82]と考えており、これらこそ宣伝用の映画にとって必要不可欠な要素であると考えていた。こうした記録映画に描かれる廟会のイメージは、青岡県の娘々廟会における宣撫活動の道具の一つとなった。そして、映画上映のなかでは、「県長の発声にて日満両帝国の万歳を三唱」した[83]。

このような講演と映画が交互に実施される方法により、具体的にどのような内容が観衆に伝達されたかについて、表４－５に１９４１年の大石橋迷鎮山娘々廟会についての奉天省公署による宣撫活動の実施報告書にみられる、会場、講演資料、映画のタイトル、観衆人数と宣伝効果を取り上げて見ていきたい。

同資料には、「農産物新方策ニ就テ」「国兵法ニ就テ」「阿片断禁政策ニ就テ」という三つの講演の原稿が掲載されている。ここで講演原稿と上映作品に関する資料が現存する１９４１年5月11日、12

日と14日を対象に講演と映画との関係を見ていきたい。なお、「満映ニュース」というニュース映画の番号とタイトルが判明できないため、分析対象から除外する。

まず、11日の大石橋迷鎮山娘々廟会では、「農産物新方策ニ就テ」と題する講演がなされた後、「森林満洲」と「満映ニュース」が上映された。来場した観衆は6000人であった。宣伝工作の効果について、主催側は民衆が宣伝目的を理解したと評価している。当日の講演は、「農民皆さんに於いて最も重要な問題で謂《い》はば即ち農産物のこと」であった。講演では、「農民皆さんに於ては一ヶ年中朝早く起きて晩遅くまで野原に一生懸命に汗を額から一滴一滴土地の上に落しながら土を耕して耕作することは満洲農民皆さんに於て世界中に最も勤勉壮健で追

表4-5　1941年大石橋迷鎮山娘々廟会における「映画宣伝工作実施報告」

月	五	五	五	五
日	十一	十二	十三	十四
場所	娘々廟会前広場	同	同	同
講演資料	農産物新方策ニ就テ	国兵法ニ就テ	社会教育ニ就テ	阿片断禁政策ニ就テ
使用影片	森林満洲 満映ニュース	風潮 満映ニュース	日本ノ都市文化 満洲空ノ旅 満映ニュース	煙鬼 満映ニュース
時間	午後八時半ヨリ十一時迄	同	同	同
観衆人数	約六千名	約八千名	約二萬名	約一萬名
記事	民衆ハ宣伝目的理解セリノ感アリ	映画ニ対シ一般民衆ハ大イニ喜ビ宣伝ノ目的ヲ達セルモノト感セリ	民衆ハ宣伝目的理解セリ感アリ	民衆ハ宣伝ノ来意ヲ理解シ最モ良好ナル成績ヲ擧ゲ工作ヲ完了セリ

出典：奉天省公署「大石橋娘々廟宣伝工作実施概況」『宣撫月報』1941年7月号、51頁

求すれば東洋民族固有の道徳であります」と、農民の苦労に対する賛辞から始まった。しかし、それに続いて、「殊に特用作物は例へば洋麻、煙草、棉花《めんか》、落花生、甜菜などの作物に対して」農民たちが「餘《あま》り熱心でないばかりか殆んど指定される土地を棄権」しているとして、それを「遺憾とする所」と批判した。そして、1941年度から特用作物を「一つ試験的に耕作すれば必ず普通作物以上の収益を擧《あ》げることが出来る」と、その栽培を奨励した。満洲国中央政府と地方政府は、すでに徹底した農業指導方針を確立しており、そうした宣伝がこの場で行われていた。

講演はさらに具体的な方法の指導におよび、「今実施中の春耕資金貸付種子の配給肥料の斡旋種子の消毒生活必需品の配給」について伝達している。最後に、満洲国地方政府の貢献について、「省の指導監督の下に市県に於て円滑敏速の方法を以て農民皆さんの所に配給することは何時も面倒を見て」おり、「従った農民皆さんの生活を安定に図るを以て増産の一心奉公も出来る」とたたえた。そのうえで、「国家より農民皆さんに対し昼夜に分たずに世話し面倒を見るの恩に報いんために」、農民たちに「少しの犠牲を出して貰ひたい」「国防的に要請する農産物を生活必要以外のものを全部出荷して貰ひたい」と協力を呼びかけ、「其の代りに時を與へる外に奨励金を交付し又は生活必需品をも優先的に交

図4-30　文化映画「森林満洲」（満洲映画協会、1938年）のスチール写真
（出典：『満洲映画』1938年2月号、52頁）
国立国会図書館関西館蔵

付する」と、恩恵を示した上で、特用作物の増産への動員を呼びかけた[84]。

このような講演に基づいて、聴衆は「森林満洲」（満洲映画協会、１９３８年）を鑑賞した（図４－30）。「森林満洲」は、産業部林野局の委嘱により、吉田秀雄監督、カメラマン藤巻良二によって製作された、全5巻の日本語トーキーの文化映画である。本作品は、「満洲の原始林、東部国境地帯たる敦化、五常等満洲の森林地帯並に厳冬に於ける積雪を衝いて行はれる伐木、採出、流出等を撮影し、満洲の材木資源を紹介したもの」である[85]。

監督の吉田は、「文化映画の部門に於て、満洲産業資源の紹介が企画され、其の第一に森林映画が具体化された」と、製作の背景を紹介している。作品では、「従来放漫な取扱ひを受けてゐた森林資源、濫伐《らんばつ》、山火、蹂躙されてゐた森林資源、これ等無限の宝庫が満洲国建設後の合理的な森林行政と、近代的な産業機構のもとに如何に開発されつゝあるか」や、「将又之《はたまた》等の資源が我等近代人の生活に如何に重要なる関係をもってゐるかを紹介し、併せて満洲に住める人々に、森林愛護育成の精神を喚起せんとする目的のもとに製作され」[86]たとその趣旨を語っている。

この作品は、満洲国における豊富な森林資源と、それに対する政府の合理的かつ経済的な管理や開発の様子を強調している。それに先立つ講演における、国防上要請される特用農作物の耕作の動員やそれに対する政府側の指導と支援といった内容と、相似形をなしている。講演で語られた政府の指導は映画で可視化され、観衆の農民たちは取り組むべき特用農産物の増産への政府の働き掛けをより明確に理解できるようになったといえる。

２日目の12日には、「国兵法ニ就テ」と題する講演が行われた後、「風潮」と「満映ニュース」が上映された。およそ8000人の農民観衆が集まった。主催側は、「映画ニ対シ一般民衆ハ大イニ喜」んだと、その宣伝効果を評している。講演は、前年4月に発布された国兵法により、順調に徴兵検査等が終わり、翌月の1日に第1回の国兵が入営するようになったことを背景としている。そして、「此等入営兵に対し国民は一致協力之を援護致し軍人をして後顧の憂なく一意奉公の誠を盡《つく》さしむることを要する」と主張した。これは、前年度に発布され、国民の援護について定めた「軍事援護法」に基づくものであった。講演の後半は、軍人家族や遺族、入営中の俸給や医療扶助などの福利厚生政策を紹介するものであった。講演の最後には、8月に実施される予定の第2回の徴兵活動についての宣伝があった。[87]

この講演が実施された後、図4－31の「風潮」（満洲映画協会、1940年）が上映された。この映画は、満映史上初の満系監督である周暁波《ジョウシアオボー》がシナリオと演出を担当したものである。主演は張敏《ジャンミン》で、徐聡《シュイツォン》ら満映俳優養成所出身の満系俳優が出演している。この点について、雑誌『満洲映画』に「一本の満系監督の手による最初の作品として満洲映画に一エポックを劃《かく》すべきもの」と評価されている。[88] 周暁波によってスピーディに書かれた脚本は、強烈で劇的なものであったと評されている。[89]

そのあらすじは以下の通りである。主人公の小香《シアオシアン》は元女工であるが、社長の弟に愛され、可愛い娘、

図4-31　劇映画「風潮」（満洲映画協会、1940年）のスチール写真（小香と雪玲）
（出典：『満洲映画』1940年7月号、24頁）
国立国会図書館関西館蔵

雪玲《シュエリン》を生んで幸福な家庭を営んでいた。しかし、主人の日本留学中に、悪意ある兄の妾《めかけ》の奸計《かんけい》によって家を追われた。小香は幼子を慈善団体である同善堂に預けて辛うじて自活した。20年後、雪玲は同善堂の子どもの世話をしながら女学校に通っていたが、学友の兄に求愛された。しかし、雪玲の身分が明らかでないことから、この恋愛は難航した。小香は同善堂堂長にすべてを打ち明けて助けを求めた。めでたい結婚式の日、母は娘の晴れ姿と、夫の姿を目のあたりにして名乗ることが出来なかった。[90]

宣伝性の低い「風潮」は、農民観衆に娯楽慰安を提供する劇映画として、観衆の支持を得ていたようである。この映画は、一見して国兵法宣伝の講演と関係ないが、この作品の選択は農民観衆向けに講演の効果を上げるための工夫の結果であったともいえよう。映画の娯楽性と講演の宣伝性が組み合わされている。

このような傾向は、14日のプログラムにも顕著に見られる。14日には、「阿片断禁政策ニ就テ」と題した講演の後、「煙鬼」と「満映ニュース」が上映された。約1万人の農民観衆が来場した。主催者は、その宣伝効果について「民衆ハ宣伝ノ来意ヲ理解シ最モ良好ナル成績ヲ擧ゲ工作ヲ完了セリ」と評した。

講演は、「阿片麻薬が国民の大敵であると云ふことを話し政府が行って居る阿片麻薬断禁政策に付て皆さんの本当に心からなる協力をお願いしたい」という趣旨説明から始まった。講演は18世紀イギリスのアヘン貿易から満洲国「建国」後のアヘン制度と禁止方策の状況まで説明している。続いて、「阿片麻薬が国民の大敵であると云ふことは政府のみならず国民大衆も日常の生活に於て充分に阿片麻薬怖るべし」と注意喚起を行い、奉天省の省民のなかにいまだに「尚悪夢より覚めず新たに吸煙を開始するもの又は一旦解癮《かいいん》したる者が再癮《さいいん》に陥るなど国民として自覚なきもの」と、中毒者の存在を認めるとともに、それを断罪している。アヘン麻薬をやめられない原因として、「古い旧癖から脱け得ず廃煙に突進する自省自戒の精神が足りない」点を指摘している。その上で、満洲国中央政府による国策としてのアヘン断禁を実現させるため、救療施設を整備しつつアヘン麻薬の公売の廃止に取り組んでいるとの説明があった。さらに、地方の各市県に康生院を設置することによる、国民の自発的な廃煙を提案した。[91]

この講演の直後に上映された図4－32と図4－33の「煙鬼」（満洲映画協会、1939年）は、まさに直前に行われた講演の内容を映像化したものであった。

この作品は、「阿片は民族の発展を妨害し文化の前進を阻止するもので、新興国家は絶対にその存在を許すべきでない」という問題意識によって、「人々に阿片の害を明瞭ならしめる映画」として誕生した。「煙鬼」の原作者は坂田昇で、吉林省公署募集の当選作品である。内容はアヘン「断禁」に向けて働く警官と、アヘンを扱う匪賊との闘争を描いたもので、その間に種々のエピソードが挿入

図4-32　劇映画「煙鬼」（満洲映画協会、1939年）のスチール写真（父の依健章と娘の小菊）
（出典：『満洲映画』1939年6月号、73頁）
国立国会図書館関西館蔵

図4-33　劇映画「煙鬼」（満洲映画協会、1939年）のスチール写真（妹の小菊と兄の万年）
（出典：『満洲映画』1939年7月号、65頁）
国立国会図書館関西館蔵

されている。撮影には吉林省公署の積極的援助を得て、満開のケシ畑を借りている。そこで警官と匪賊との激戦のロケーションが行われ、ケシ畑はすっかり荒らされた。脚本は中村能行が担当し、水ヶ江竜一が監督に当たった。配役は周凋《ジョウディアオ》、季燕芬《ジイエンフェン》、馬旭儀《マーシュイイー》などの経験豊富な満系俳優が中心となった。[92]

さらに、この作品はアヘン「断禁」というテーマゆえ、「全満各地」で「成績は良好」であったのみならず、満洲映画としてははじめて「通検に際しては治安部に於いて『本映画は国家の阿片断禁政策に協力せる適切なるものと認む』との理由の下に検閲料免除」の特別待遇を受けた。[93] これが地方政府によってアヘン「断禁」政策の宣伝道具となったのは当然といえる。

物語は、家族関係とアヘンの毒害を描いている。銀行に務める依健章《イージエンジャン》には、警察官の息子万年《ワンニエン》と周家の嫁となった娘小菊《シアオジュイ》がいる。みな平和で幸福な生活を送っていたが、誠実な依健章はアヘン館の経営者王某の家屋抵当の仕事をした際、意志が弱かったため、アヘンに耽溺《たんでき》するようになった。さらに小菊の嫁ぎ先である周家の息子もアヘン吸食者であり、王某へ借金を返済できずにいた。依健章は娘を助けようとし、王某の言いなりになって違法に保証物件に承認を与えた。依健章が警察に検挙されたというニュースが新聞に出たため、周家の者は小菊がアヘン中毒者の娘だと罵り、小菊を追い出す。小菊は戒煙所で働く決意をする。依万年は自分の父が吸煙のために検挙されたことを知り、署長に辞表を提出する。署長は万年の日頃の働きぶりを知っているため、慰留する。兄妹はこれに感激し、禁煙工作に従軍しようと決心する。その後の兄妹は、兄万年が警察官として中毒者と匪賊の撲滅の第一線に立ち、妹小菊は戒煙所に勤務しアヘン患者の更生のために献身的な働きを続けた。一方、父の依健章はケシの栽培を行い、畑の一つで管理にあたっていた。万年の属する警察隊は、ケシの花が満開の畑で、匪賊と激戦をくりひろげ、警察隊は完全に勝利するが、その裏には依健章らの死があった。万年は悲痛な声を上げたが、まもなく私情を離れ、警察官の立場で隊長に向かって、「私は一人の煙匪の死を見ただけです！　私の父は1年前すでに死んだはずです。お父さんを殺したのはアヘンだ！　僕の一生、誓ってアヘン撲滅をやってみせるぞ！」と告げ、アヘンの撲滅を誓う。[94]

満洲国のアヘン「断禁」政策と警察による作戦、アヘン吸食をやめられない人を待つ悲惨な運命、満洲国の各地に整備された救療施設の様相が詳しく描かれたこの作品は、講演の内容と対応しており、講演の内容を適切に可視化したものといえる。そのため、観衆は家族の悲劇を描く娯楽的な映画を、教訓的な講演と結びつけて理解することができるのであろう。この宣伝効果は、やはり「最モ良好ナル成績」を上げたと評された。

１９４０年の大石橋迷鎮山娘々廟会における講演と映画の協働は、主に講演内容の要点とそれを可視化する映画の物語との相互作用、講演における宣伝とそれを理解させるための別題材の娯楽映画の組み合わせという二つの種類に分けられる。講演と映画を対照できる部分を見いだし、それを宣撫活動で利用するのは１９４０年代の娘々廟会の主催側の戦略でもあったといえよう。

以上論じてきたように、娘々廟会における宣撫活動は、観光宣伝、商品宣伝と畜産植林産業の開発宣伝を中心とする満鉄主導の満洲事変以前の商業的な宣伝工作から、国策宣伝を重視する満洲国の宣撫活動へ発展していった。満洲国「建国」後、娘々廟会の開催数が増加するとともに、その宣伝方法は絵と文字による印刷物から複数のメディアと活動の協働へとその重点を移した。このような複数のメディアとの協働は、施療施薬活動や講演などの活動にみられる。

これら宣撫活動の手法には、各種メディアの内容の連関もみられる。娘々廟会を捉えた各メディアの内容は、記録する側でもあり記録される側でもあるという相互関係にある。娘々廟会のイメージを描く印刷メディアによる宣撫活動が、廟会の全景を記録する映画に収められている。こうした表象の相互関係のなかで、各メディアや活動は宣伝性を発揮する。さまざまなメディアを利用することにより、メディアの内容と他の活動の内容は相互的に影響し合っていた。講演の際の映画上映では、前後に実施された講演の内容と対照できる部分があることで、映画の娯楽性が講演の宣伝機能を補完するように企図された。

娘々廟会を利用した宣撫活動は、識字率が3割未満の国民向けに行った具体的な事例である。宣撫活動の実施側は、国策宣伝に対する農村部民衆の理解が、各種の宣撫活動とメディアの内容の相互関係に影響されると認識していた。実施側は娘々廟会という場で、参詣者の漢族民衆が一番見たい娘々廟会の風景の映像を提供しつつ、漢族民衆の視野に入りにくい満洲国の国策宣伝を娘々廟会の映像と結びつけた。娘々廟会における宣撫活動は、日本の技術によって現地文化を活かした。このように傀儡国家の宣撫活動は、土俗的な現地農村文化の多様化を引き起こした。

第二節 多民族多文化地域への拡散
――北満における蒙古族のラマ教廟会

前節で見た漢族の娘々廟会における宣撫活動の経験は、多民族向けの宣撫活動にどれほど応用されたのか、どのような相違があったのか。本節では、「北満」における蒙古族のラマ教廟会を事例にし、満洲国の宣撫活動がどのように多民族多文化に対応したかを明らかにしていきたい。

関東軍によって占領された地域のうち、蒙古地域と呼ばれるのは、満洲国が管轄する内蒙古の東部と蒙古聯合自治政府（蒙疆《もうきょう》政権）が支配する内蒙古の西部を指す。関東軍とこの二つの傀儡政権は、新聞、映画、ラジオなどのメディアを統制し、蒙古地域で集会、宣伝キャンペーン活動に注力する宣伝週の設定、展覧会、宣撫班の派遣、ビラやポスターの配布などの手段によって、都市部と草原部双方の蒙古族住民に対して宣撫活動を実施していた。[95] 蒙古地域における宣撫活動を検討した任其懌《レンチーイー》は、こうした宣撫活動を帝国日本の文化侵略としている。しかし、そこでは蒙古族向けのラマ教廟会における宣撫活動が十分に検討されているとはいえない。そこで、本節では満洲国管轄下のラマ教廟会に着目する。なお、蒙古族に対する宣撫活動を論じる部分で、蒙疆政権の事例についても触れる。

1　ラマ教廟会における宣撫活動の位置づけ

満洲国管轄下の蒙古地区におけるラマ教廟は、清代の対蒙古ラマ教政策のもとで建設されたものを起源とする。そのなかで、甘珠爾廟《カンジュルミャオ》、葛根廟《ゴオゲンミアオ》と大板上廟《ダーバンシャンミアオ》の廟会は1960年代まで内蒙古地区で最大規模を誇っていた。章末資料の表4－6は、それぞれの廟会についてまとめたものだが、甘珠爾廟会と大板上廟会が鉄道沿線より遠く離れた「茫々たる草原の中の淋しい存在」[96]であったことがわかる。図4－34[97]に示した3カ所のラマ教廟の位置（①甘珠爾廟、②葛根廟、③大板上廟）がそれを裏付けている。前節で見た大石橋迷鎮山娘々廟会をはじめとする娘々廟会が満鉄の附属地にあり、満鉄の観光事業の一環として商業的に開発されていたのとは対照的に、内蒙古地区におけるラマ教廟は、満洲国の「建国」まで政治宣伝の場として利用された公式記録が確認できない。関東軍と満洲国政府は、従来の蒙古地区統治政策を踏襲し、ラマ教廟の廟会と定期市を利用し、宣撫活動を主催し、日本と満洲国の存在、および満洲国の政策を宣伝した。ここでは、まず前述の三つのラマ教廟会の宣撫活動のなかでの位置づけを分析したい。

ラマ教の廟会が初めて国策宣伝の場として重要視され始めたのは、盧溝橋事件の翌年であった。そのなかで、興安北省の甘珠爾廟会は、関東軍と満洲

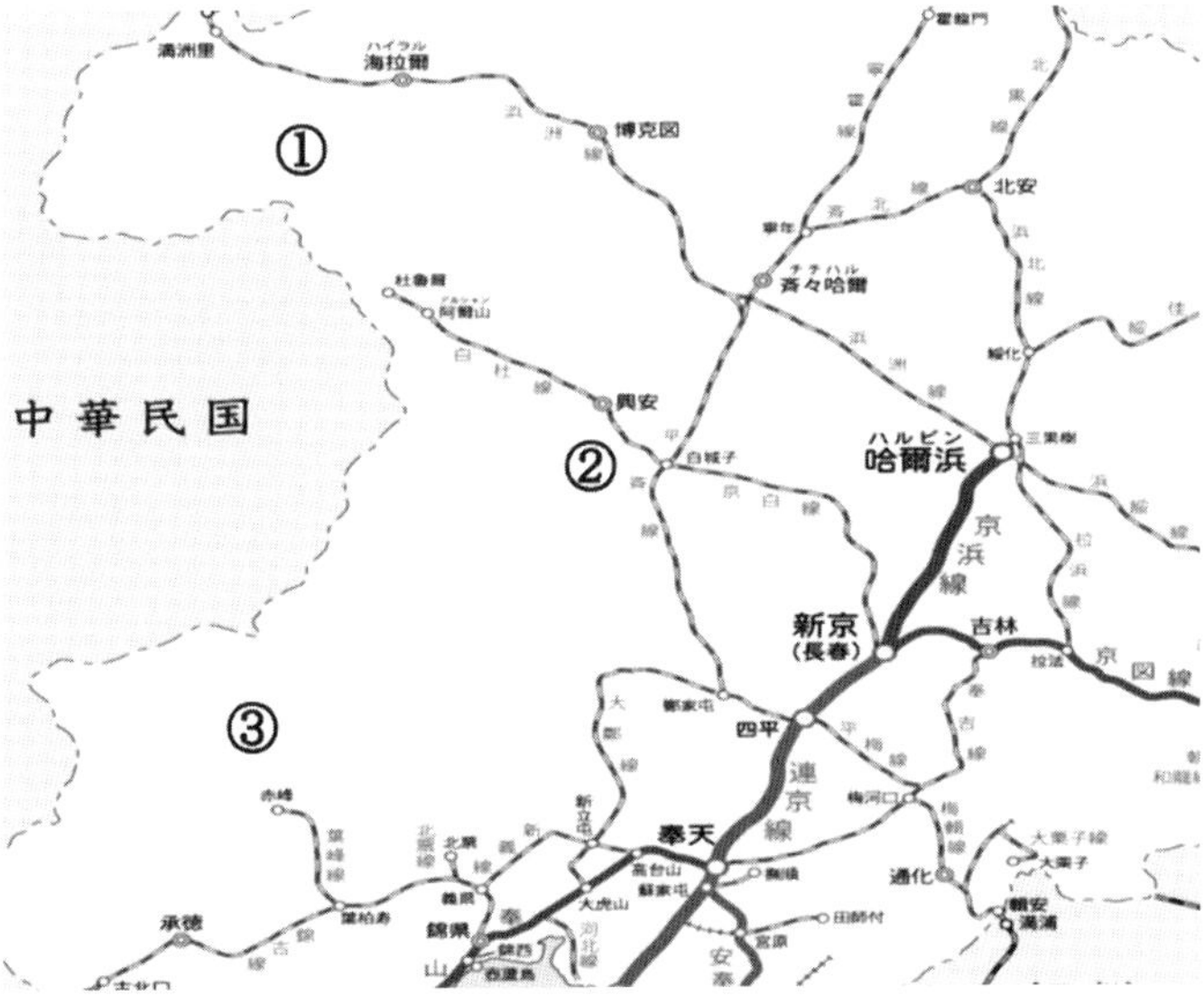

図4-34　甘珠爾廟（①）、葛根廟（②）、大板上廟（③）の位置関係図

国政府によって最も政治的かつ軍事的な意義を持つ廟祭として位置づけられた。1937年7月の日中戦争勃発直後、内蒙古地区における反日的空気を抑制しようと、同年11月に次年度の甘珠爾廟会と定期市の運営について、「従来迄は監督官廳《かんちょう》たる蒙政部の後援」であったものを、「新たに内務局、民政部を加へそれに興安局等国務院直属官廳の斡旋に依り当該省公署始め東西新巴旗《ドンシーシンバーチー》公署にて徹底せる各種宣伝宣撫活動実施」[98]をすることとなった。初めて満洲国の中央政府と地方政府が本格的に協力する、甘珠爾廟会での宣撫活動が行われることになった。

甘珠爾廟会の定期市は、北満鉄路竣成後、海拉爾《ハイラーアル》、満洲里《マンジョウリー》を中心とする蒙古貿易の枢要都市が勃興するなかで行われていた。このころ、ソ連および外モンゴルのモンゴル人民共和国との国境が閉鎖されており、ソ連側の住民と外モンゴル住民が参集できなくなった。満鉄は、こうした背景から甘珠爾廟会が衰退したと考え、[99]満洲国の地方政府も宣撫活動の拠点として甘珠爾廟会の繁栄を復活させようとしていた。

ラマ教の廟会における宣撫活動は、日中戦争のみならず、関東軍の対蒙古人宣伝政策によるものでもある。関東軍は、1934年の段階ですでに蒙古人に対する懐柔政策の必要性を認識していた。関東軍の内部文書では、「関東軍が全てに実施担当機関を統制指導すべき」であり、「日ソ関係の現状によって、速やかに実施すべき」としている。なかでも「主に経済と文化の面における戦略を立てることで、蒙古人が日満に親しくさせ」「主として現地の蒙古人を利用して日満両国に関する宣伝を行うべき」[100]としている。関東軍は、対蒙古人宣撫活動として成吉思汗廟《チャンジースーハン》を建設していた。[101]このようなことを背景に、1938年には興安北省の谷口警務庁長が「将来の宣撫方法として例へば過般の甘珠爾廟会の如き民衆集合の機会を利用し軍事演習等を実施して如実に日本の偉大なる実力を示す如き方法は民度の低き蒙古人に対し最も効果あるものと考へらる」と提案を行っており、「軍部の御援助」[102]を求めた。1937年9月に開催された甘珠爾廟会では、多数の民衆が集合する機会を利用し、日本軍の実力を宣伝する軍事演習が行われていた。これは、興安北省政府による次のような認識に基づいている。

現下の重大時局に際し省民をして飽く迄日満両国の大方針を謳歌する如く誘導し国民思想の安定を期す。之が為め支那事変の誤らざる認識の扶植、建国精神の明徴、日満不可分性の強調、国民の協力団結等を図ると共に当省の特殊事情に鑑み、民族の融合、反共思想の徹底、恐蘇観念の排除不穏分子の策動防過等に重点を指向す。[103]

地方政府が主催し、軍の意向が強く反映された1938年の甘珠爾廟会では、省公署の要求に沿って、「多数蒙古人集合ノ機ヲ利用一般蒙昧民族ニ対シ皇軍ノ威力ヲ示シ之カラシメ以テ日満両国ニ依存シ恐「ソ」観念ヲ一掃スル」ことが目的とされ、「開市ノ初日在海酒井部隊ニヨリ歩砲聯合實弾射撃演習シ参集ノ蒙古人ニ対シ之ヲ見学セシメ其目的達成上並ニ将来宣撫上多大ノ効果ヲ収メ」[104]たと記録されている。

1939年に入ると、ノモンハン事件が勃発した。甘珠爾は「清朝時代以降に於て海拉爾及満洲里方面と内外蒙古要地間との交通の十字路に當り、従って政治的軍事的にも極めて重視されて」いたことが「創廟の地に選ばれた最大の理由でして、又同廟会の定期市が繁栄した一因でも」[105]あったが、それゆえに甘珠爾廟会が宣撫活動の拠点としてさらに重要視されるようになった。ノモンハン事件が進行していた1939年、甘珠爾廟会と定期市の開催地と期日が変更され、濱洲線嵯岡《ビンジョウシェンツオガン》駅北方2キロの地点で開催することになった。[106]そこでの宣撫活動は、ノモンハン事件の影響が精神面・物質面両面で深刻であった、現地および近隣住民向けのものであった。その効果については、「『ノモンハン事件』も両国政府の外交交渉に依る停戦協定の成立と相俟って民心の安定動揺防止、正鵠《せいこく》なる事件内容の把握、反ソ気運の醸成、日満両軍の認識、日本依存心の助長等その効果を完全に収め得た」[107]と興安南省公署に評価されている。甘珠爾廟会における宣撫活動は、その地理的特性ゆえ、当初から1940年代まで日中関係、日ソ関係、そして戦争に影響され、その宣伝効果は国境部で行われた軍事作戦にも影響した。甘珠爾廟会は、満洲国政府と関東軍の共同支配のもとに置かれたものであった。

軍事的かつ政治的な意義を持つ甘珠爾廟会とは異なり、興安南省の葛根廟会と興安西省の大板上廟会は、満洲国管轄下の広大な内蒙古草原中南部における宣撫活動の拠点として位置づけられた。そして、宗教統制と貿易市場拡大の手段とされた。

満鉄白阿《バイアー》線の葛根廟駅に近い葛根廟の廟会開催時には、満鉄が娘々廟会と同様臨時特別列車を運行していた。その地理的特性ゆえ、「満蒙人、それに少数の日本人をも加った善男善女が近郷近在より或は徒歩で馬車で或は列車で葛根廟の白色の堂宇めざして陸続と参集」し、「駅から廟迄の三粁餘《キロメートルあまり》の道は時ならぬ五族の人垣が出来」たと記録されている。まさに「五族協和」を体現する風景と評されたのである。各民族の参詣者は「廟の前面の原ッパにあちこちと……屯《たむろ》してをり中にテント張りの商店が出て」いた。[108]

興安南省公署は、「管内多数寺廟中省代表廟たる格式」、そしてその「規模其の他の条件」から、1939年に葛根廟会を宣撫活動の拠点として選定し、「国策的見地に基き」、同年「特に省、旗協和会主体となり、多数機関団体協力の下に各部門に亘り大いに大衆指導の工作」にあたった。蒙古地区におけるラマ教について、森田正義は「蒙古民族が喇嘛《らま》を信仰し崇拝する、そのために国情が衰退して行くことも気がつかない」と評している。それは、「宗教は阿片なりと云ふが、喇嘛教の如きが、阿片の代表的なもので」[109]あるという観点からであった。そのような観点で、興安南省公署は「未開の蒙地に在りて最も多数の人々参集」する場において、宣撫活動に「當《あた》りては斯《かか》る機会を利すること最も適切有効」と判断した。興安南省公署は、「民心の把握指導」を第一目標として、葛根廟会における宣撫活動について、「宗教利用協調の見地より、指導者対廟、廟対民衆の緊密化てふ見地より可及的盛大有意義に実質的に実施」[110]した。

さらに、大板上廟会とその定期市を利用し、そこに集まった多くの多民族の訪問者向けに実施された宣撫活動そのものが満鉄の期待に沿うものであった。というのも、満鉄は、「斯かる風習は遂に今日の有力な貿易市場を形成し殊に熱河線打通線集貨上に於ける有力な勢力圏」[111]として、大板上廟会の貿易市場に対する期待をしていたからである。当時、在承徳日本領事館の外務通訳生を務めていた中根直介は、大板上廟会とその廟会市を観察し、大板上廟会の貿易市場が蒙古旗民にとって物資を購入するところであり、現地の貴族に対し銀をもって租貢を納める場であった点を記録している。そこはまた、中華民国からやってきた漢族と現地の蒙古の商人にとっての取引決済の場でもあった[112]。すなわち、廟会は「旗民の老若男女」が「永久に誕生式典を礼拝奉祝せんが為遠く数百里の地より騎馬或ひは大車にて馳参じ、毎年盛大に挙行する」場であり、そうした「東部内蒙古に於ける最大の廟会」で開催される定期市は、「国内蒙古は固より遠く錫巴郭爾《シーバーグオアル》、察哈爾《チャアハーアル》、烏蘭察布《ウーランチャアブ》地方蒙古人及錦熱兩省《ジンルアリアンション》（錦州省と熱河省という二つの省）及多倫張家口《ドゥオルンジャンジャアコウ》より遠くは北支漢人商人等来集するもの延人員数十万に及び二ヶ月間に渉《わた》る」一大イベントであった。「地域広大人口稀薄」の興安西省にとって、こうした「稀有のことにして」「多数の人民参集するが如き機会」を「利用するに非《あら》ざれば蒙古地帯に於ける最大の集団的宣伝宣撫工作は到底不可能」[113]であり、省公署は大板上廟会における宣撫活動の必要性を強く認識していた。

以上見てきた三つのラマ教の廟会は、興安北省、興安西省、興安南省の宣撫活動で重点が置かれた。これら宣撫活動における廟会の位置づけはそれぞれ異なっており、甘珠爾廟会は戦争による辺境地区の治安の悪化を抑制するための宣撫活動、葛根廟会はラマ教を利用して蒙古人の民心を把握するための宣撫活動、大板上廟会は多数の民衆が集合する貿易市場を利用した宣撫活動として利用された。

2 民族別の宣撫活動方法

続いて、前項で見てきたラマ教の廟会における宣撫活動がどのような方針に沿って企画されたのかについて、満洲国における蒙古人向けの宣撫活動の知見の分析を通じ、廟会における宣撫活動の策定過程を明らかにしたい。史料として、弘報処の『宣撫月報』のほか、満洲行政学会の『内務資料月報』、蒙疆地区と満洲国の蒙古地区で各種の調査や研究や教育や宣伝を行った善隣協会の『蒙古』(元『善隣協会調査月報』)、満洲国の蒙古地区で軍事行動や宣伝活動を行った満洲国治安部参謀司の『鉄心』を使用する。

蒙古族向けの宣撫活動には、漢族向けに行われているものが、独自の宗教や文化などを利用して改変されているものがある。前節で見た通り、娘々廟会における対漢族の宣撫活動では、各種のメディアを通じて娘々廟会のイメージが利用された。満洲国で商業主義が最も発展した南満洲の都市部では、都市部の漢族の文化や生活が多くのメディアに記録された。南満洲農村部における宣撫活動では、これらが活用された。一方で、1930年代から1940年代にかけて、蒙古族の文化と生活を記録するメディアは非常に少なかった。以下、蒙古族向けの宣撫活動がどのような方法で組織されたかについて、前述の資料を使用し、宣撫活動のターゲットの設定、製作されたメディアについて解明する。さらに、漢族向けとの対比で、蒙古族向けの宣撫活動で民族的特徴がどのように意識されたのかを論じていく。最後にラマ教の廟会を利用した宣撫活動の特徴を分析する。

蒙古地区における治安部の宣撫活動の報告書によると、満洲国軍禁衛隊の青木国良は、1936年度の北満の浜州線(興安北省)の沿線部で映画を利用する宣撫活動に従事した。この工作を通じて、青木は北満に対する知識不足から、青木自身が「半失敗」と記録する結果に至った。青木が携行したフィルムのなかにはモンゴル語のものがなく、現地の蒙古人は漢族の生活を描く劇映画にまったく反応を示さなかった。青木は、将来の解決方法として、青少年を宣撫活動の主要な対象として位置づけたうえで、蒙古人青少年の好みに合わせた映画を選択することを提案している。具体的には、蒙古の人情風景を描く「明け行く西部満洲」や興安軍官学校諸練習を記録した作品など蒙古人が比較的好む作品である。もっとも、映画のリテラシーを持たない聴衆に対しては、その理解のため、現場での説明が必要であった。そこで、青木は、「反日思想」を持たず、リテラシーの向上が期待できる青少年を宣撫活動の主要な対象とし、かれらを満洲国国防の一部を担う日本の友邦の弟軍として育成すべく、映画による宣撫活動を構想した。青木は、「蒙古人の生活状態は将《まさ》に天国にして現在の文明文化を過急に扶植すれば却って離隔すべし」と考え、青少年に「戦闘及乗馬教練等勇猛果敢なる軍事場面」についての記録映画、「訪日武官等の如き日本の文化風景」を紹介する映画、さらに青少年に最も喜ばれた「羊駱駝牛車等蒙古に有るものを使用し兵器軍隊の討伐等を織込みたる軍事漫画」映画の上映を考えた。[114]

その1年後の1937年の興安南省の宣撫活動の報告においても、リテラシーを必要としない、現地文化や生活、軍事に関する内容や、モンゴル語の使用が強調されていた。興安南省宣撫小委員会は、1937年度の宣撫活動実施概況に関し、蒙古人官吏によるモンゴル語による講演が、日本人官吏による日本語講演の同時通訳より効果が大きいと報告している。また、武勇を重んじる蒙古人の民族性ゆえ、軍事行動や戦争場面を記録する文化映画が最も好まれているとも報告している。興安南省宣撫小委員会は識字率が低い蒙古民衆への文章による宣伝は効果がないとした一方、講演や映画やポスターなど「直接耳目に依り注入せしむる」ものが主要手段になると考え、さらなる「創意工夫」の必要性を認識していた。[115]

1930年代後半における、蒙古人向け宣撫活動の経験からは、モンゴル語による講演や説明、武勇を重んじる民族性にふさわしい軍事的題材の多用、映画などの視覚メディアの活用という蒙古族に特化した宣撫活動の方法が構想されるようになった。

こうした宣撫活動の方法は、1940年代蒙古聯合自治政府管轄区域においても応用された。作家横田一路は蒙疆地区を旅したとき、以下のような体験をしている。ここから、1940年代の蒙疆政権による宣撫活動の方法が満洲国と共通していたことがわかる。

道端の電柱や、家の壁に、半紙大にさまゞの漫画を描いた木版が貼ってあるのを不思議に思ったら、之は此の国の住民の八十％といふものが半農半牧の全く無学者で新しい政府が出来てもその施政を徹底させるのが困難で、かういふ漫画で示すとか口伝より外に方法がないといふことであった。[116]

この手法と効果をめぐっては、満洲国側がのちに評価を行っている。1937年の甘珠爾廟会で宣撫活動に関与した興安北省は、その宣撫活動の根本目的として、「民衆を毒する」ラマ教の物的基礎を除去することと蒙古人の生活形態を改善することをあげている。満洲国政権は、蒙古地域における支配的な宗教であるラマ教を、蒙古地域の統治政策の障害と見なしていたため、「蒙民一般大衆の教育その他漸進的な方法」により、その信仰の人的な基礎の切り崩しに取り組んだ。興安北省政府は、廟会を含む一連の宣撫活動を通して、蒙古人を「原始的」と政府が見なしていた遊牧生活から、定住生活へと誘導し、蒙古人の文化を「高度化」させようとしていた。[117]

このような、民族文化の根本的な変革を目差していた宣撫活動において、主に視覚メディアの使用がどれほど効果的なのかについて、当時満洲国地方政府の蒙古統治政策の視察で渡満したドイツの留学生ヴァルタア・ハイシヒが、現地社会の現実と合致していないとして批判している。この記事は、善隣協会の月刊誌『蒙古』に掲載されている。ハイシヒは、蒙古人対象の啓蒙運動と衛生に関する宣伝活動において、貴族以外の蒙古人に備わっていないとされた「特定の受容能力」が前提となると説いた。そのため、絵画の利用も大多数の蒙古人にとって有効ではないというのがその結論である。

ハイシヒは、満洲国地方政府が「活溌な宣伝によって、なかでも少年に対して読むことの学習を要求」する、蒙古人の識字化の取り組みを取り上げている。蒙古人青少年向けの新聞において、絵画によって「単純な遊牧民及び半遊牧民に理解しやすい白黒方法（善悪、利不利を太く対照させる）で、読書の学習と読書能力とを宣伝」しており、「或る繪は青年蒙古人の誇りに訴へ、無知な者を嘲笑」[118]するなど、二項対立を強調した形式をとっている。これによって「青年蒙古人の誇り」や、青年蒙古人の優越感と対日協力的な態度が育成されていた。満洲国政府としては、蒙古人が当局の期待通りに宣伝絵画を理解せずとも、知識をもつ蒙古人としての青少年のプライドに訴えることで、満洲国政府や日本を支持する態度を涵養すればいいと考えていた。

蒙古人青少年と宣撫活動の関わりについて、蒙古青年同盟は善隣協会と連携し、1940年に蒙古民族演劇研究室を開設している。この研究室は、善隣協会による蒙古民族文化調査をもとに演劇を製作し、青年同盟のメンバーである青少年たちが満洲国の蒙古地区各地と廟会で上演していた。

関係者の一人である菊池杜夫は、蒙古青年同盟が関与した一連の文化運動の目標について、「蒙古人自身が彼らの本然の民族精神を高揚して大東亜建設に協力する民族心を喚起する」ことだと考えた。そして、演劇を中心とする宣撫班が青年たち自身の手によって組織された。菊池は、「蒙古における宣撫は既にいわゆる宣撫ではない」という。というのも、蒙古地区における宣撫活動はそれまで南満洲などの満洲国のほかの地域で行われていた宣撫活動と異なっており、単に宣伝活動や施療施物によって現地社会の安定と再建を図るものではないからである。菊池にとって、蒙古地域の宣撫は、モンゴル民族の戦力増大、健全な教養と思想、民族精神の高揚を実現しようとする試みとなっている[119]。蒙古地区における宣撫活動は、視覚メディアを多用しつつ、青少年を主体として行われた蒙古民族の民族精神の高揚を鼓吹する文化的な宣伝でもあった。

満洲国の蒙古地区における宣撫活動では、ラマ教排除と蒙古人の生活形態の変革という目標を具体的な事業に移す際、武勇を重んじる民族性や就学率の低さから、戦闘映画や二項対立的に単純化された絵画を多用した。こうした方法によって、目標を実現できるかどうかにかかわらず、宣撫活動の実施側は、いまだ反日的な態度を身につけていないと見なした青少年を主要なターゲットとし、かれらの民族意識の高揚に取り組んでいた。

こうした蒙古族向けの宣撫活動の方法に基づく、ラマ教廟会での宣撫活動では、多数の民衆が集合する機会という特性を生かして、辺境地区の治安の安定と民心の把握に重点が置かれた。1938年、興安北省宣撫小委員会はそれまでの廟会における宣撫活動の方法をまとめた。従来の宣撫活動は「廟会催物等の民衆集合の機会」を利用して、講演会、映写会、施療施薬、座談会等を開催する一方、ポスターや小冊子や絵本等を用いて実施されていた。そこでは、蒙古人に好かれる「わかりやすい絵本ポスター等に依る宣撫は力効果と思料せらる」と評価されている。[120] 治安部の申鶴鎮は、自らラマ教廟会での募兵宣伝工作に参加した経験をもとに、蒙古人大衆の「自然的心服」を促すべく、かれらにあらかじめ満洲国軍と関東軍の活動と威力を見せつける必要性を主張した。そうすることで、廟会などでの宣撫活動で、蒙古人に「感謝の念」を抱かしめることができ、民心把握ができるという。[121]

こうした従来の対蒙古人宣撫活動の経験と、廟会での宣撫活動の評価により、廟会は宣撫活動上の最重要期と見なされた。たとえば興安北省は、１９４０年度の宣撫活動の最重要期を甘珠爾廟会とした。廟会開催時期までに「あらゆる宣伝機能を整備して」、廟会に「全性能を発揮せし」め、そのために「夫迄の工作には大体完成せる機能より順次使用すること」[122]が決定され、ポスター、紙芝居、映画、民族音楽、演劇、講演、ハンドキネマ（小冊子の各頁に連続畫《が》を描き迅速にめくれば動くように見えるもの）などの視覚メディアを使用した活動の準備が進められた。廟会における宣撫活動こそ、絶えず議論されてきた蒙古族向け宣撫活動の手法の集大成であった。

3　複数のメディアと活動の重複

次に、ラマ教の廟会における宣撫活動の具体的なあり方を分析していく。日本占領期の蒙古地区における文化政策とその実践については、主に善隣協会や蒙疆美術研究会などの組織が考察の対象となってきた[123]。これらの研究では、善隣協会による医療活動と学校開設活動、関東軍による蒙古地区の新聞の統制、満洲国政府のラマ教に対する改造政策、蒙古地区における日本人美術家の活躍、日本人知識人による蒙古題材の紀行文学など蒙疆地区と満洲国の蒙古地区における宣伝工作が検討されている。これらの研究では、ラマ教廟会における宣撫活動を、満洲国の宣撫活動の政策との関連で十分論じてこなかった。ラマ教廟会における宣撫活動の実施側は、蒙古地区を舞台として活動した善隣協会ではなく、南満洲における漢族向けの宣撫活動の経験の応用を図る満洲国政府と普済会であった。

さらに、関東軍と満洲国政府は、ラマ教教団と協力しつつ、ラマ教を利用することで蒙古地区の近代化と蒙古人の支持を得ようとした。一方で、ラマ教との協力は、必然的にラマ教の旧来の風習の維持を意味し、この協力関係は蒙古地区の近代化という目的と矛盾していた[124]。ラマ教廟会を利用し、伝統行事を行いながら近代的なメディアや諸活動を実施する宣撫活動は、矛盾に満ちたラマ教改造政策の具現化であった。この点を踏まえ、本論は主に弘報処の『宣撫月報』、満洲国治安部の『鉄心』と普済会（満洲国赤十字社の前身）の『恩賜財団普済会史』から、宣撫活動の実施側の視点でラマ教廟会における宣撫活動の様相を明らかにしていく。

日中戦争勃発後のラマ教廟会では、中央諸機関と地方政府が協力関係を築いて宣撫活動を行っていた。１９３８年の甘珠爾廟会では、すでに「中央部諸機関（興安局、弘報処、内務局、民生部、畜産局、鉄路総局、恩賜財団普済会等）、省宣撫小委員会、協和会、省公署、満鉄医院、官医院等」複数の政府機関が連携して運営していた[125]。

ここで、1940年度の葛根廟会の計画から、その具体的な役割分担を明らかにしたい。1940年度の葛根廟会では、弘報処、地方処、興安局と協和会中央本部が廟会全体の宣伝指導を担当した。廟会開催直前に、弘報処と興安局が用意した宣伝ポスターが各方面から配布され、紹介パンフレットの作成も計画された。1940年までの葛根廟会では、旗県公署所在地から葛根廟駅までの鉄道車賃や自動車賃に値上げがあったが、1940年からは満鉄斉々哈爾《チーチーハーアル》鉄道局が廟会の運営に協力し、白温線を中心に臨時列車の運転と半額の割引乗車券の販売を始めた。さらに、「廟間最短距離の地点に仮ホーム」が設置された。

廟会の開催中、治安部は時局宣伝と「軍民一致運動」の宣伝を行った。時局関係に重点を置く講演は、それまでの経験を踏まえ、地方政府の工作員があらかじめ原稿を作成し、葛根廟の主要なラマ僧を話し手にするものであった。こうした講演は、開催期間中毎日行われた映画、演劇、音楽、花火の機会や廟による法会の機会を利用し、その前後で行われることになった。興安軍官学校は、戦闘の演習と鹵獲品《ろかくひん》展覧会を担当した。「新戦術戦闘演習」は、「軍民一致運動」を宣伝する活動で、治安部と興安軍官学校の共催によるものである。興安軍官学校部隊の戦車、大砲等の新兵器による戦闘演習には、航空隊の参加も計画された。満洲赤十字社は、衛生思想普及のための展覧会を開催し、花柳病その他の標本を展示するほか、施療施薬も行った。民政部と蒙古会館は識字運動の宣伝を担当した。蒙古会館は廟会の衰退にしたがって次第に廃止されていった蒙古角力《すもう》の復活に取り組んだ。また、農務司と興蒙組合も種子と農具の展覧会を主催し、種子、改良奨励農具、ポスターなどを展示することとなった。

そのほか、娯楽活動も組織された。映画上映について、興安南省公署は蒙古人指導宣伝の目的に沿って、かれらの低い識字率を踏まえ、できるかぎりトーキーの漫画映画、文化映画とニュース映画で蒙古人の興味を引こうとした。また、廟会での満洲芝居は、斉々哈爾鉄道局の職員による劇団が担当した。さらに、蒙古族の伝統音楽については、「管内各旗県及省外蒙旗より募集し」「出演者には旅費、出演料の外特に優秀なるものには賞品を授与す」ることとした。加えて、地方処は現地の蒙古人に馴染みのない打ち上げ花火200発を用意し、廟会期間中毎日「随時打上を実施」することとした。このような葛根廟会を記録するため、満映もニュース映画の撮影隊の派遣を計画した。満洲電信電話会社は斉々哈爾放送局や現地の王爺廟電報電話局と協力し、廟会でのラジオ放送や、廟会の各種行事の録音を担当した。[126]

現在確認できる、蒙古地区の臨時列車と廟会行事についての最も早い記録は、1940年度の葛根廟会の計画書である。ここから、蒙古地区におけるラマ教廟会では、1940年代に入ってから南満洲の娘々廟会の経験を応用し、臨時列車の運行や廟会行事の記録映画や記録レコードの製作も検討されるようになったことがわかる。

次に、廟会でどのようなメディアが蒙古人向け宣撫活動で使用されたかを見ていきたい。特に、メディア利用について最も多く記録されている甘珠爾廟会関係の資料を中心に分析する。甘珠爾廟会では、モンゴル語とモンゴル文化を題材とするメディアが多用されていた。甘珠爾廟会定期市では、モンゴル語の歌が蓄音機で再生され、蒙古人参詣者を引きつけた。モンゴル語のレコードは、1936年から主催側に重要視されるようになっていた。それまで、モンゴル語の歌は顧みられることがなく、１９３６年の甘珠爾廟会では、治安部が携行した漢族向けの音楽レコードに蒙古人が全然反応せずに、「寧ろ日本軍歌、吹奏楽を好み追分、博多節、尺八の音の如き哀愁的なるものを好む傾向」があったという。そのようななかで、治安部は将来モンゴル語の軍歌やチンギス・ハンを主題とする歌のレコードが必要となり、蒙古人青年の士気を鼓舞するという重要な役割を果たせるという提案を、廟会の見学にきた日本コロムビア新京支部の職員に行っている。日本コロムビア新京支部は、かつて川島芳子の吹き込んだ牧歌のレコードを製作したが、その売れ行きは思わしくなく、蒙古人を商売相手として立てることができなくなった。このようなことを背景に、日本コロムビア新京支部は、「軍政部、蒙政部、民生部等より幾千枚か纏《まとま》りたる註文」をした。[127] モンゴル語のレコードは、モンゴル語のビラ配布や、日本商品の実物展示の際に、日本商品の宣伝広告として用いられた。[128]

モンゴル語の宣伝ポスターと紙芝居などの印刷メディアは、軍事力と衛生啓蒙に着眼するものが多かった。１９３６年の甘珠爾廟会では、満洲国軍の宣伝や募兵のためのモンゴル語のポスター「民之前駆国之屏障《ミンジーチエンチュイグオジーピンジャン》」(民の先駆、国の障壁)を２５０枚配布した。[129] さらに、性病の蔓延が問題化されていた蒙古地区において、衛生啓蒙の宣伝は常に「駆黴《くばい》」中心であった。１９４１年の甘珠爾廟会では、衛生啓蒙宣伝として梅毒の害悪を図解したポスターと、モンゴル美人の図案に駆黴宣伝用の字句を組み合わせたポスターが使用された。廟会で使用される宣伝ポスターは、一般大衆から公募したもので、「蒙古民衆とは全然遊離した近代日本知識層の感覚に訴へる様なもの」が多くあった。そのため、興安北省公署は１９４１年、省弘報要員を総動員してポスターの図案と字句を作成した。

紙芝居についても、脚本から図案まですべて省弘報要員の作品であった。テーマとしては、「駆黴」関連の宣伝のほか、国兵法と募兵の宣伝のためのお伽話もあった。紙芝居はすべて蒙系工作員により、モンゴル語の台詞に仕上げられている。[130]

他方、蒙古地区の廟会における映画上映は複数の公的機関により実施された。日中戦争勃発まで、ラマ教の廟会が宣撫活動の拠点地として位置づけられることはなかった。それまで、蒙政部と省公署が支援した廟会での映画上映では、主に娯楽慰安のための満洲国各地の風景を紹介する映像が使用された。１９３５年の甘珠爾廟会で上映された映画は、「甘珠爾廟の写真、南満の風景、内地の風景、漫画等十〇巻程」であった。花火打ち上げの後の映画上映では、観衆の蒙古人は、甘珠爾廟の記録映画で出た草原、砂漠、家畜、包《パオ》、蒙古人の映像にしか歓喜の声を上げなかった。満鉄の横田誠治は、観衆が「漫画も幾分判るらしい」[131]と考え、１９３６年治安部は「興安北省募兵映画宣伝」の一環として、９月の甘珠爾廟会で、「大典観艦式」「輝く満洲国軍」「雪之討匪（靖安軍東部国境討匪写真）」「軍政部記録（興安軍官学校之部）」「明け行く西部満洲（蒙古風俗紹介写真）」のほか、斉々哈爾協和会より借用した漫画映画を上映した。上映される夜までに、治安部は軍事宣伝ポスター総計２１０枚を地方有力者へ渡し、一般部落での掲示を依頼した。２日間連続で治安部映画宣伝班班長の「開会の辞」で始まった映画上映の効果については、治安部禁衛隊の青木が「約七百名の観衆場を埋る盛況にて完全に目的を達す、特に軍政部記録及明け行く西部満洲は蒙人の喜ぶ所なり」と評価している。こうした「凡ゆる階級の蒙人集合し、映画宣伝には最良の機会」とされた甘珠爾廟会は、将来的に省公署や鉄道総局が宣伝のために利用すべき機会と見られていた。[132]

１９３８年に入ると、宣撫活動の拠点地とされた甘珠爾廟会での映画上映は、主に満映が担うようになった。坪井與をはじめとした満映製作部の社員たちは、廟会の直前３日間の定期市で一般蒙古人を対象に、４日目には甘珠爾廟の構内でラマ僧を対象に、さらに花火の打ち上げとともに上映を行った。上映作品は、「興安軍官学校」「躍進国都」のほか、家畜防疫に関する文化映画、支那事変のニュース映画、漫画映画等であった。高野山大学出身で甘珠爾廟の「円拉札爾《イエンラージャアル》」ラマ僧は、拡声器ですべての映画の説明を行った。興安北省公署は、上映作品は蒙古人の「興味本位」で選ばれたもので、１日平均約６００名の観衆が集まったと報告している。[133]

当時満映では劇映画「興蒙驃騎《シンモンビアオチー》」の製作中であった。坪井らは「興蒙驃騎」の製作が不首尾に終わっても甘珠爾廟会に際して開催された定期市の記録映画を次年度の廟会で上映する可能性を考え、映画の上映を行った。そして、興安北省公署は坪井らが撮影したその定期市の記録映像を、特別に編集して１本の映画とするよう満映に求めた。[134]

実際には、１９３９年の甘珠爾廟会で興安北省公署は時局紹介のニュース映画、「のらくろ鬼中尉とミッキーマウス　芝居騒動」「聖戦」「壮志燭天《ジュアンジージュウティエン》」「エノケンノ法界坊」「のらくろ一等兵」「白ウサギ」と満鉄の愛路運動の宣伝映画を上映した。[135]

このように、１９３５年から甘珠爾廟会で上映された映画は、日本、南満洲、蒙古地区それぞれの状況を紹介する映画のほか、時局報道のニュース映画、娯楽目的の漫画映画もあった。観客の蒙古人は、そうしたメディアに対するリテラシーの点から、かれら自身の生活に近いものしか理解しなかったと報告されている。そのため、蒙古地区の風景を捉えた映画はより重要視され、廟会の風景を記録する映像も常に活用されていた。南満洲の娘々廟会と同様、廟会を捉えた映像作品そのものが廟会の宣撫活動を通して廟会の場で上映されるようになっていた。映像で表象されるラマ教の廟会における伝統行事と宣撫活動は、そのイメージも含めて宣撫活動の道具となった。廟会を利用する宣撫活動において、映画による宣撫活動のイメージが宣撫活動の重要な部分をなしている。

こうしたメディアの動員とともに宣撫活動に関わった、満洲国赤十字社の前身である普済会による施療施薬活動についても見ていきたい。普済会は１９３６年より施療施薬班を編成し、興安北省甘珠爾廟、興安西省大板上廟と興安南省葛根廟の廟会に派遣した。普済会は、蒙古地区のラマ教の廟会を漢族にとっての娘々廟会と同じく蒙古族の唯一の祭典である一方で、草原あるいは砂漠である点で異なっていると認識していた。普済会は、従来の蒙古人参詣者による混雑から、葛根廟においては１９３７年より外廟壁と他の場所で案内のビラを掲示し、廟の前庭の天幕の下で施療施薬活動を行った。そして廟の前庭で行われた蒙古芝居や伝統舞踊の観衆に向けて普済会施療班の趣意を蒙古人通訳つきで講演した[136]。大板上廟会では、定期市の入口に包を設営し、その入口付近で「普済会施療所」と「皇恩浩蕩《ホアンエンハオダン》」と記された旗を掲げた。施療の開始まで、旗公署職員は蒙文と漢字併記で「施療班来了」(施療班が来ている)の宣伝ビラを各所に掲示した。さらに、映画上映、ラジオや蓄音機の放送、紙芝居などの重要な行事の合間を利用し、蒙古人参詣者が集合する場で講演と仁丹による施薬を行った[137]。

蒙古人向けの宣伝ポスターと薬品袋に記す文字について、普済会はその場での調査に基づいて、非識字率の高い蒙古人のなかではモンゴル語を読めるものは必ず漢字を読めることを見いだした。

そこで、非識字者が大勢を占めた蒙古地区において、ポスターやビラなど普済会の印刷宣伝品に蒙文と漢字の双方が使用されることになった。また、薬品袋の「欽賜薬品」という記述についても、遺漏がないよう意見があった。[138]

以上の点から、満洲国の蒙古地区のラマ教廟会における宣撫活動は、日中戦争勃発の1937年に大きな変化が見いだせる。本論では1937年以降に出版された廟会での宣撫活動の記録を主要資料として使用しているため、それ以前の蒙政部主導の廟会に関する分析が不足している。[139]そこで、それをまとめた結果、1937年前後で以下の相違が見いだせる。まず、1937年以前は、蒙政部と地方政府と治安部などの機関がそれぞれの異なる内容のメディアを選択し宣撫活動を行っていた。現存資料からは、1937年以前の廟会における宣撫活動が主に娯楽慰安と募兵という二つの目的に沿うものであったことがわかる。1937年以降、中央諸機関と満鉄による連携体制となり、臨時列車の運行や施療施薬活動におけるメディアの活用などが発展した。各機関は廟会と定期市における宣撫活動の統制委員会の指導の下、相互の連絡により、「民心把握を期し併せて建国精神の普及徹底、非常時局の認識強化衛生思想の喚起産業開発等に資する」宣撫活動という目的を共有していた。

このような廟会の形態の変化は、各種メディアの内容の変容も伴った。1937年以前は、満洲国建国後の各地域の風景や満洲国軍の宣伝映画などが上映作品として主催機関の目的に合致していた。1937年以降は、弘報処主導の宣撫活動の下、満洲国の発展や軍隊などを宣伝する満映の文化映画や劇映画、娯楽目的の漫画映画が多数廟会に持ち込まれた。蒙古地区の廟会で上映された映画のテーマは時局に合わせて調整された。さらにポスターや紙芝居などの印刷メディアが、１９３７年以降次第に現地の蒙古人の知識人の手で、現地文化に合わせた表現と物語になっていった。

他方、１９３７年前後の廟会での宣撫活動の連続性もある。映画上映が重用されたほか、廟会の記録映像の廟会における上映に対する関心、映画と他のメディアや活動の協働についての方法、現地のモンゴル語とモンゴル文化を中心に据える態度などがあげられる。１９３７年以前の蒙古地区の廟会での宣伝工作は、１９２０年代の満鉄附属地で始まり、１９３７年までにすでに一定程度の発展を遂げていた南満洲の娘々廟会の経験を活かしていたことがわかる。

4　講演と映画の交替実施

以上の考察結果を踏まえ、廟会で使用されたメディアの内容についても考察したい。資料の制約ゆえ、使用された絵画、写真、モンゴル語活字メディアが宣撫にどのように利用されていたのかについては具体的な検証が難しい。そのため、ここでは資料から明らかにできる、廟会で上映された映画とその前後や幕間で行われた講演の内容を比較していく。そこで、上映された満映および満鉄製作の映画作品や日本映画、そして現地の蒙古人ラマ僧と官僚の講演の分析から、蒙古人大衆の直感に訴えかけるイメージや情報をどのように提供しようとしたのか、蒙古人大衆はそれら国策宣伝の内容をどのように受容していたのかについて解明する。ここでは主に１９３８年と１９３９年の甘珠爾廟会における講演と映画を対象とする。使用する資料は、１９３８年の廟会における映画と講演のタイトルが記載されている坪井與の「蒙古人と映画」(『宣撫月報』1939年1月号)と阿部武志の『甘珠爾廟會定期市——バルガ流通機構の集中的形態として』(南満洲鉄道株式会社北満経済調査所、1939年)である。そのほか、表4－7で示した、興安北省の『康徳六年度甘珠爾廟定期市調査報告書』[140]記載の、1939年9月24日から26日までの講演の要旨と上映作品のタイトルを参照した。

まず、1938年の甘珠爾廟会では、満映製作部が「興安軍官学校」(松竹、1936年)[141]、「躍進国都」(満洲映画協会、1937年)、家畜防疫に関する文化映画、支那事変のニュース映画、漫画映画を上映している。そこでは上映の前後や幕間を利用して、官僚による講演が行われた。講演と映画を交互に実施しているのは、蒙古人大衆が講演を嫌うため、その場を離れないよう、映画や花火やその他の活動などで引きつけ、講演を聞くようにするためである。満鉄の阿部は、このような方法で「講演に依る建国精神の発揚、非常時国民の覚悟、又日満両国現状の認識を深める等相等効果を修め」ることを聴衆に求めた。[142]阿部は講演のタイトルを時間順に記録している。そのなかには、興北警備軍マクソル少尉による「募兵と徴兵に就いて」、内務局阿属官による「建国精神に就いて」、畜産局徐事務官による「家畜病疫の防止に就いて」、内務局図事務官による「日支事変及張鼓峰事件と防共に就いて」など、上映映画のテーマと合致していたものが見いだせる。こうした記録から、講演と映画の内容が関連するよう企図されていたことがわかる。

次に、講演と映画の内容が関連するケースについて、具体的にそれがどのような内容に基づいていたか、1939年の甘珠爾廟会を事例に見ていく。表4－7は、1939年の9月24日から26日にかけての映画と講演について整理したものである。上映と講演は省長による講演を除いて毎晩交互に行われた。興安北省はこれらの映画が「内容簡明、興味絶大」なものであるとして選択した。

トーキーによる中国語と日本語の台詞はモンゴル語通訳によってその場で説明がなされた。蒙古人観衆たちは、毎晩観客席を埋め尽くし、その場を利用して講演が行われた。興安北省は、講演に聴衆を集めるこの方法を、効果の大きなものとして高く評価した。[143]

興安北省は、映画

表4-7 1939年の甘珠爾廟会における講演と上映された映画

<table>
<tr><th></th><th colspan="4">上映された映画のタイトル、製作年、製作側とフィルムの所属</th><th colspan="3">講演の実施日、タイトルと講演者</th></tr>
<tr><td rowspan="9">1939年 興安北省公署による</td><td>1.ニュース</td><td>1.不明</td><td>1.不明</td><td>1.満洲映画協会</td><td rowspan="2">9月24日</td><td>1.時局解説</td><td>1.省公署民生科長</td></tr>
<tr><td>2.ミキイマウス</td><td>2.不明</td><td>2.(「のらくろ鬼中尉とミッキーマウス 芝居騒動」)ライオン</td><td>2.同上</td><td>2.ノモンハン事件ト旗民ノ覚悟</td><td>2.東新巴旗総務科長</td></tr>
<tr><td>3.聖戦</td><td>3.1938</td><td>3.横浜シネマ・東京日々新聞社・大阪毎日新聞社</td><td>3.同上</td><td rowspan="3">9月25日</td><td>3.時局ト民生</td><td>3.西新巴旗長</td></tr>
<tr><td>4.壮志燭天</td><td>4.1938</td><td>4.満洲映画協会</td><td>4.同上</td><td>4.非常時局蒙古人ノ覚悟</td><td>4.総務庁地方処職員</td></tr>
<tr><td>5.エノケンノ法界坊</td><td>5.1938</td><td>5.東宝映画</td><td>5.同上</td><td>5.黴毒ニ就イテ</td><td>5.陳巴爾虎旗公医</td></tr>
<tr><td>6.ノラクロ一等兵</td><td>6.1935</td><td>6.(のらくろ一等兵) 瀬尾発声漫画研究所</td><td>6.省公署</td><td rowspan="4">9月26日</td><td>6.旗民ニ告グ</td><td>6.佐藤関東軍嘱託</td></tr>
<tr><td>7.白ウサギ</td><td>7.不明</td><td>7.不明</td><td>7.同上</td><td>7.南満視察ヨリ帰リテ</td><td>7.東新巴旗文教股長</td></tr>
<tr><td>8.愛路宣傳映画</td><td>8.不明</td><td>8.満鉄映画製作所</td><td>8.鉄道総局</td><td>8.鉄道愛護ニ就イテ</td><td>8.満洲里鉄道警護隊長</td></tr>
<tr><td></td><td></td><td></td><td></td><td>9.北支事情解説</td><td>9.甘珠爾喇嘛バラジヤル</td></tr>
</table>

出典:「JACAR(アジア歴史資料センター)Ref.B08061755000、各国年市関係雑件(E-2-8-0-9)(外務省外交史料館)」160頁、165頁に基づいて、筆者が作成した。164頁の記載によれば、興安北省長による講演「世界ノ現状並ニ満ソ国境論」(9月25日)は映画の上映と交互に行われたものではないため、本表ではこれを削除した。

を見た蒙古人観衆が戦時中の強い恐怖の観念から解放されたような笑いから、平和的な様子を見いだした。まるで映画が理想郷を実現したようだとその場の風景を描き出している。こうした様子がどのような映画によってもたらされ、付随する講演はこうした映画の娯楽性にどのような形で合わせたのかを見ていきたい。1939年の甘珠爾廟会では、3日間にわたって映画上映と宣伝目的の講演が実施されていた。1日目は時局紹介のニュース映画の上映と時局を説明する講演が行われた。ニュース映画のタイトルは不明だが、同年9月15日に成立した日ソ停戦協定、蒙疆政権の確立、ノモンハン事件勝利品展覧会の開催、ソ連の「圧迫」から満洲国へ逃げた外モンゴル難民に対する救済についての説明が講演「時局解説」で行われていたことから、上映内容もそれに関連するものであると推測される。甘珠爾廟会はノモンハンの戦場と地理的に近く、第二次ノモンハン事件終結間もない時点において、娯楽慰安を目的とした映画上映が多かったようである。

娯楽慰安を目的とした作品として、漫画映画「のらくろ鬼中尉とミッキーマウス 芝居騒動」（ライオン、製作年不明）[144]と「のらくろ一等兵」（瀬尾発声漫画研究所、1935年）[145]が1日目と3日目に上映されており、1日目と3日目には講演「ノモンハン事件ト旗民ノ覚悟」と「旗民ニ告グ」が実施された。このうち、田河水泡が描いた、軍隊に入って奮闘する黒い野良犬の活躍を描いた漫画「のらくろ」シリーズは、1931年から大日本雄弁会講談社の雑誌『少年倶楽部』に連載され、戦時期の日本で爆発的な人気を博した。1935年には、「のらくろ」シリーズの中国語翻訳版が上海の児童雑誌に掲載されるようになった。[146] 漫画原作の漫画映画も多数製作され、漫画とともに大陸における日本占領区へもたらされた。「のらくろ」シリーズのこの二つの漫画映画は、ともにのらくろが敵を撃退する戦争をテーマとしている。いずれも台詞が少なく、効果音と音楽を中心としている。登場キャラクターはみな動物で、のらくろのほか、ミッキーマウスや山猿などである（図4－35）。

これら「のらくろ」の漫画映画の上映と交互に実施された二つの講演は、ノモンハン事件の被害を宣伝している。講演「ノモンハン事件ト旗民ノ覚悟」は、ノモンハン事件の開戦の理由をソ連の侵略に帰し、事件による周辺の物資の欠乏ゆえに、そこで生活する蒙古人大衆の困窮をもたらしたと指摘した。最後に講演者は関東軍の作戦への支援を提供した地方政府と大衆へ感謝を述べ、廟会定期市への豊富な物資の提供を宣伝した。もう一方の、関東軍の佐藤による講演「旗民ニ告グ」では、ソ連がいかに世界の「赤化」に努めていたか、それによってもたらされる具体的災難を紹介し、国家のために命を捧げる覚悟を促した。興安北省による宣撫活動では、「のらくろ」のような蒙古人に馴染みのある動物中心の漫画映画を選び、短い台詞にモンゴル語の通訳をつけた。ノモンハン事件の被害やソ連の「邪悪さ」、さらに戦争協力への喚起を取り上げた講演を、蒙古人の興味に合わせた娯楽性の高い漫画映画と組み合わせ、作中の動物たちの戦争のイメージを借りることは、蒙古人観衆の講演内容へのさらなる理解を期したものであるといえる。

漫画映画のほか、娯楽慰安を目的とした作品として、満洲国軍軍人を描いた満映製作の劇映画「壮志燭天」（満洲映

図4-35 漫画映画「のらくろ鬼中尉とミッキーマウス 芝居騒動」（ライオン、製作年不明）の静止画（画像提供：おもちゃ映画ミュージアム）

画協会、１９３８年）があげられる（図４－36）。この作品の上映の幕間には、講演「非常時局蒙古人ノ覚悟」が行われた。講演はソ連とその支配下にある外モンゴルの脅威を強調し、ノモンハンにおける日満軍によるソ蒙軍撃退を宣伝した。加えて、ノモンハン事件以降の蒙古人大衆による「自粛自戒安居楽業」の生活への希望を述べた。

他方、映画「壮志燭天」の内容は講演とは対照的である。「壮志燭天」（邦題「村の英雄」）は、坪井與がはじめて監督を務めた作品であり、カメラマンは大森伊八である。満映俳優養成所出身の満人俳優である王福春《ワンフウチュン》、張敏《ジャンミン》と鄭曉君《ジォンシアオジュン》が出演した。「壮志燭天」は満映の第一号作品であり、脚本は弘報処の仲賢禮によるもので、募兵宣伝映画として満洲国治安部の委嘱を受けて製作された。この映画はアフレコによるトーキーだが、「満語」の字幕や観衆の理解を助けるためのナレーションも付された。満映が都市部以外の観衆でもわかる映画を目指してつくったものであった。しかし、内容は満洲国軍宣伝の性格が強く、都市部の映画館では上映されず、もっぱら農村部の各地の宣撫活動用に使われた。[147]

図4-36　「壮志燭天」（満洲映画協会、1938年）のスチール写真
（出典：「壮志燭天・満映・トーキー八巻」『満洲映画』1938年4月号、54頁）
国立国会図書館関西館蔵

映画「壮志燭天」は、満洲国軍で働く農村部出身の「模範青年」劉徳功《リウダゴン》の「出世」を描く作品である。劉はしばしば「匪賊」に襲撃されており、満洲国軍の募兵広告を見て、母や叔父を説得し入営を志願

したが、それを認められなかった。しかし、兄を「匪賊」に殺された恋人である瑞坤《ルイクン》は入営を積極的に支援し、劉は入営した。兵営生活では、劉は軍務に励み、まもなく昇進した。ある日の「匪賊討伐」において、劉は重傷を負いながらも首領を刺殺した。その後、陸軍病院での療養中に国防婦女会による手厚い見舞いを受け、帰郷した。中間幹部となった劉は、青年訓練の指導員として瑞坤とともに満洲国の「忠良」な国民として新しい生活を送り始めた。[148]

宣撫活動に合わせた脚本や、字幕とナレーションなどの工夫を施したこの満映第一号作品は、満洲国の軍人の成長物語による、農村部青年の軍事動員の宣伝であった。この作品は、一見して戦闘行為やその被害を語る講演とは対照的な劇映画であるが、これがノモンハン事件の戦場に近い甘珠爾廟会で上映されることで、講演で語られた満洲国軍の勝利やその英雄的なイメージを可視化したものとなる。そして、講演で語られた日満軍の戦力と精神を具体的イメージで示し、蒙古人の生活を保障する満洲国国防力というアピールにもなった。

講演内容を具体的に可視化するために、一見して講演内容との関連が見えづらく、また観衆の生活とも直結しにくい娯楽作品を興安北省公署が用いるという方法は、衛生政策の宣伝についても見られる。たとえば、蒙古地区で流行していた性病の伝染経過や治療実績などに関する衛生啓蒙的な講演「黴毒《メイドゥ》ニ就イテ」には、「エノケンノ法界坊」（東宝映画、１９３８年）が組み合わされていた。

他方、１９３９年の甘珠爾廟会において、講演テーマと上映作品の内容が一致するケースもある。講演「時局ト民生」では、ノモンハン事件停戦直後の蒙古人に対して、日本の「支援」による満洲国社会の「改善進歩」への貢献を呼びかけている。これと組み合わされた記録映画が「聖戦」（横浜シネマ、1938年)である。また、沿線の遊牧民に鉄道保護を訴えた講演「鉄道愛護ニ就イテ」は、満鉄の愛路運動の宣伝映画と組み合わせて実施された。

以上見てきたように、1939年の甘珠爾廟会での映画上映は蒙古人向けの宣撫活動の方法の応用例と見ることができる。映画と講演との組み合わせとして、ノモンハン事件終結直後という時局を反映した講演に戦争ものの漫画映画や劇映画など娯楽目的の映画をあてたもの、蒙古地区の「啓蒙」のための講演にその理解を助けるための別素材の娯楽映画をあてたもの、特定のテーマの宣伝のための講演に同じテーマの記録映画をあてたものがある。1939年の蒙古地区の廟会における宣撫では、蒙古人に対する映画上映は、単に娯楽慰安を提供するだけではなく、講演の内容と一見関わりのないように見える映画によって観衆の歓喜の念を呼び起こし、講演をより受け入れさせるという役割も期待されていたといえる。

第二節で論じた、北満を中心とする蒙古地区における満洲国の宣撫活動には、南満洲の娘々廟会で見られたようなメディアの内容の相互連関は見られない。ラマ教廟会の記録映画の製作は企画されたが、娘々廟会のように観光事業として開発されておらず、宣伝メディアや定期市で販売された印刷メディア、上映された映画に廟会それ自体のイメージを描き出すことが稀《まれ》であった。視覚メディアの多用が強調されたが、それは廟会を広大な草原に散在している蒙古人を集合させる場として利用しようとしただけであった。そこでは、廟会のために製作されたメディアではなく、蒙古文化を踏まえた啓蒙的かつ宣伝的な内容やイメージによるメディアが使用された。それゆえ、ラマ教廟会は娘々廟会のようなメディア・イベントとしては機能せず、そこには一見無関係に見えるメディアが存在した。しかし、一方で宣伝内容と無関係に見えるメディアこそ、蒙古人に娯楽慰安を提供し宣撫活動の効果を生み出す条件であった。蒙古人の娯楽に対する欲求を満たすことこそ、国策宣伝に対する理解をはぐくんでいく前提になるという認識があったといえる。

小括

第四章では、宣撫活動の実践について代表的な例である南満における漢族の娘々廟会と北満における蒙古族のラマ教廟会を取り上げて考察した。廟会は人口が分散している満洲国の農村部で最も人が集合する場である。南満の娘々廟会では、満洲国政府が直接宣撫活動に関与し、国策宣伝のみならず、観光誘致も行われていた。１９２０年代以降、娘々廟会における宣撫活動は次第に観光宣伝による商業主義と接合していった。しかし、満洲国建国後、満鉄主導の商業的な宣伝から国策宣伝重視の宣撫活動へ転換するようになった。これにより、宣伝方法も満鉄の宣伝に見られる図像と文字による印刷物から複数のメディアと活動の協働へと重点が移った。たとえば、１９４０年の大石橋迷鎮山娘々廟会の事例からは、講演内容を可視化する映画、講演をより納得させるための娯楽の提供としての映画という二つの手法が見いだせる。娘々廟会における宣撫活動のメディアは、それぞれに表象されるイメージが相互に交差しながら宣伝性を発揮することになる。こうして実施側は娘々廟会という場で、参詣者の漢族民衆が一番見たい娘々廟会の風景の映像を提供しつつ、漢族民衆の視野に入りにくい満洲国の国策宣伝を娘々廟会の映像と結びつけた。娘々廟会における宣撫活動は、日本の技術によって現地文化を活かしながら、現地農村文化の多様化にも貢献した。

一方で、1937年以前の北満における蒙古族のラマ教廟会で行われた宣撫活動は、主に蒙政部と地方政府と治安部などの機関がそれぞれの異なる内容のメディアを持つ娯楽慰安と募兵宣伝であった。しかし、1937年からは臨時列車の運行や施療施薬におけるメディアの活用も加えられた。各機関は統一的な目的を共有するようになり、各種メディアの内容の特徴も変容していった。1937年以前は、満洲国建国後の各地域の風景や満洲国軍の宣伝映画などが上映作品として主催機関の目的に合致していた。1937年以降は、弘報処主導の下、満洲国の発展や軍隊などを宣伝する映画が多数廟会に持ち込まれた。さらに印刷メディアが、1937年以降現地文化に合わせた表現と物語になっていった。だが、観光開発の欠如ゆえ、宣撫活動の様子と廟会そのものを描くイメージは稀であった。さらに、映画の多用は、広大な草原に散在する蒙古人を集合させるためであった。ほかの使用されたメディアは蒙古文化に基づく啓蒙活動と宣伝活動のために製作されたものである。

このように満洲国の宣撫活動は、廟会を利用し漢族以外の多民族多文化に対応しようとした。つまり、農村部で新たな植民地文化を創出しようとした宣撫活動は、地域と民族ごとに異なる民族文化を土台として、重層的かつ多様なメディアと活動を用いて発展したものである。

［注］

1 弘報處地方班「儀式（祭典）と宣伝」『宣撫月報』１９３９年12月号、46頁

2 深尾葉子・安冨歩「満洲の廟会――『満洲国』期を中心に」『アジア経済』45（5）、２００４年5月

3 橋本雄一「日本植民地の近代メディアはどうはたらいたか」安田浩・趙景達編『戦争の時代と社会――日露戦争と現代』青木書店、２００５年

4 貴志俊彦『満洲国のビジュアル・メディア』吉川弘文館、２０１０年

5 高媛「観光・民俗・権力――近代満洲における『娘々祭』の変容」『旅の文化研究所研究報告』（25）、２０１５年12月

6 国立東北大学『東北要覧』三台国立東北大学出版組、１９４４年、７６８－７６９頁

7 具体的に満洲国各地における廟会の開催地と開催時期を整理している研究はある。各種の廟会について、深尾葉子・安冨歩（２００４）は各種の廟会を網羅的にまとめている。高媛（２０１５）は満洲国の各地の娘々廟会のリストを整理している。

8 文則「廟会在満洲」『麒麟』１９４２年5月号、満洲雑誌社、74頁

9 Feuchtwang, Stephan. 2001. Popular Religion in China- The Imperial Metaphor. Routledge

10 前掲書（国立東北大学、１９４４）７６９頁

11 奥村義信『満洲娘々考』満洲事情案内所、１９４０年、１－２頁

12 前掲書（奥村、１９４０）１－２頁

13 田承軍「清代東北地区の碧霞元君廟」『泰安師専学報』２００２年1月号、18－21頁／娘々廟は諸病を治す治眼娘々、福寿を授く財福娘々、授子を司る授子娘々という三体の神位を奉祀するところである。娘々廟会は、娘々廟で行われる女性のための祭りで、女性に福を授け、眼病を治し、子が授かるように祈るのである（前掲書（貴志、２０１０）１０５頁／前掲書（奥村、１９４０）１４５－１４６頁）。

14 浜江省青岡県公署「娘々廟祭と宣伝」『宣撫月報』１９３９年8月号、２８３－２８４頁

15 前掲書（深尾・安冨、２００４）77頁（原出典／（趙炳火＋両臣口述・班耀東構成）「娘娘廟会震関東」『営口港埠面観　営口文史資料第10輯』営口市文史資料研究委員会、１９９４年、２１３頁）

16 前掲書（深尾・安冨、２００４）76－77頁（原出典／張永夫「迷鎮山娘娘廟祭及〝五大聖会〟」『営口港埠面観　営口文史資料第7輯』営口市文史資料研究委員会、１９９０年、91頁）

17 津田良樹・中島三千男・堀内寛晃・尚峰「旧満洲国『満鉄附属地神社』跡地調査からみた神社の様相」『年報　人類文化研究の

ための非文字資料の体系化』2007年3月号、神奈川大学21世紀COEプログラム、209頁

18 南滿洲鐵道株式會社總裁室地方部殘務整理委員會「第二部　大石橋」『満鉄附属地経営沿革全史　中巻』龍溪書舍、1977年、238－239頁

19 前掲書（南滿洲鐵道株式會社總裁室地方部殘務整理委員會、1977）239頁

20 「吉林廟会誌盛」『盛京時報』1921年6月7日、5面

21 『南満洲鉄道株式会社社報』3349、1918年5月12日、南満洲鉄道株式会社、2頁

22 満洲経済事情案内所『満洲国の娘々廟会と其市場研究』満洲文化協会、1933年、14頁

23 前掲書（満洲経済事情案内所、1933）2頁

24 奥村義信「迷鎮山への瞑想」『協和』1929年5月15日号、満鉄社員会、8頁

25 稲葉亨二「娘々廟会素描――大石橋」『日満女性』1933年4月1日号、日満女性社、8頁

26 南満洲鉄道株式会社『南満洲鉄道旅行案内』南満洲鉄道、1924年、86頁

27 佐々木秀光「娘娘廟祭を観る」『旅』1931年5月号、新潮社、31頁

28 前掲書（佐々木、1931）30－31頁

29 今枝折夫「娘々祭點描」『満蒙』1930年6月号、満蒙社、119頁

30 前掲書（満洲経済事情案内所、1933）2頁

31 前掲書（満洲経済事情案内所、1933）37頁

32 奥村義信「迷鎮山への瞑想」『協和』1929年5月15日号、満鉄社員会、8頁

33 前掲書（満洲経済事情案内所、1933）41－42頁

34 前掲書（佐々木、1931）36頁

35 『満洲日報』1928年6月3日、4面

36 前掲書（奥村、1940）209－210頁

37 『満洲日報』1929年5月22日、7面

38 前掲書（稲葉、1933）8頁

39 前掲書（佐々木、1931）32頁

40 細谷清『満蒙伝説集』満蒙社、1936年、66頁

41 浜田本悠『満洲国之宗教』天沼研究室、１９３４年、20頁
42 図４－３は筆者が『満洲国の鉄道路線図（１９４５年）』に基づいて、廟会の位置を示す番号を入れて加工したものである。『満洲国の鉄道路線図（１９４５年）』は以下のリンクから引用した。https://ja.wikipedia.org/wiki/%E6%BA%80%E5%B7%9E%E5%9B%BD%E5%9B%BD%E6%9C%89%E9%89%84%E9%81%93#/media/%E3%83%95%E3%82%A1%E3%82%A4%E3%83%AB:Manchukuo_Railmap_jp.gif
43 「大屯娘娘廟会本年盛大挙行」『盛京時報』１９３７年５月７日、７面
44 「薬王廟会之具体準備　宣伝建国精神招致観光遊客活動社会経済」『盛京時報』１９３７年５月28日、11面
45 「ＪＡＣＡＲ（アジア歴史資料センター）Ref.C12120174300、満洲帝国協和会史料　協和会史資料集　第２集　康徳７年７月（防衛省防衛研究所）」満洲協和会『東邊道工作通報』１９３２年６月６日、８３５－８３６頁
46 「娘々祭り」『満洲日報』１９３５年５月18日、１版９面
47 『満洲日日新聞』１９３６年６月２日、３面
48 『満洲日日新聞』１９３７年６月１日夕刊、１版３面
49 前掲（『満洲日報』１９３５）１版９面
50 奉天省「大石橋娘々廟宣伝工作実施概況」『宣撫月報』１９４１年７月号、51頁
51 『満洲日日新聞』１９４２年５月19日、４面
52 「大石橋娘娘廟会　省弘報股宣傳增産」『盛京時報』１９４３年５月19日、６面
53 ハルビン鉄道局俯業課愛路係「愛路工作の実際」『宣撫月報』１９４１年８月１日号、68頁
54 浦城満之助『恩賜財団普済会史』浦城満之助出版、１９３８年、３１７頁
55 「大石橋第一班施療施薬班日誌」普済会編『恩賜財団普済会施療班報告書　康徳３年』普済会、１９３７年、２８１頁
56 前掲書（普済会、１９３７）２８３頁／「大屯第二班施薬施療班報告」普済会編『恩賜財団普済会施療班報告書　康徳３年』普済会、１９３７年、２８５頁
57 「娘々廟会ニ派遣セル施療施薬班報告　大屯第二班」普済会編『恩賜財団普済会施療班報告書　康徳３年』普済会、１９３７年、２７８頁
58 前掲書（普済会、１９３７）２８６頁、２７８頁
59 「娘々廟会ニ派遣セル施療施薬班報告　吉林第三班」普済会編『恩賜財団普済会施療班報告書　康徳３年』普済会、１９３７

年、278頁
60 「大屯第二班施薬施療班報告」普済会編『恩賜財団普済会施療班報告書 康徳3年』普済会、1937年、288頁
61 前掲書(普済会、1937)281-282頁、285-287頁/「吉林北山娘々廟会施療日誌」普済会編『恩賜財団普済会施療班報告書 康徳3年』普済会、1937年、291頁
62 前掲書(普済会、1937)288-289頁
63 無記名「奉天文化人電影漫談会」『満洲映画』1940年5月号、188頁
64 平塚敏「国民映画網の建設」『満洲映画』1939年3月号、22頁
65 前掲書(浜江省青岡県公署、1939)285頁
66 津村秀夫「大陸記録映画論」『観光満洲』1941年4月1日号、4頁
67 津村秀夫「芥川光蔵と『娘々廟会』」『映画旬報』56号、1942年8月、34-38頁
68 前掲書(津村、1941)4頁
69 「満鉄映画を語る」『キネマ旬報』(580)、1936年7月、88頁
70 『電影画報』は1941年6月に元『満洲映画』から改称された月刊誌である。『満洲映画』は1937年12月に満洲映画発行所から発行された満洲映画協会の宣伝月刊誌である。1941年6月に『電影画報』(第5巻第6期)と改称され、発行元も満洲雑誌社(満洲映画協会の子会社)に変更された。
71 坪井与「満洲映画協会の回想」『映画史研究』(№19)佐藤忠男・佐藤久子編集発行、1984年、43頁
72 「外景隊拾零」『電影画報』1942年9月号、満洲雑誌社、頁数なし。
73 前掲書(弘報処地方班、1939)46頁
74 前掲書(浜江省青岡県公署、1939)286頁
75 前掲書(浜江省青岡県公署、1939)289頁
76 前掲書(浜江省青岡県公署、1939)284-285頁
77 前掲書(浜江省青岡県公署、1939)287頁
78 前掲書(浜江省青岡県公署、1939)286頁
79 前掲書(浜江省青岡県公署、1939)287頁
80 前掲書(浜江省青岡県公署、1939)286頁

81　前掲書（浜江省青岡県公署、１９３９）２８４－２８５頁
82　前掲書（浜江省青岡県公署、１９３９）２８９頁
83　前掲書（浜江省青岡県公署、１９３９）２８８頁
84　前掲書（奉天省、１９４１）52－53頁
85　「文化映画・記録映画　康徳五年十一月末現在」『満洲映画』１９３９年1月号、１０５頁
86　吉田秀雄「満洲の森林」『満洲映画』１９３８年12月号、14頁
87　前掲書（奉天省、１９４１）53－55頁
88　「満映制作現況　『風潮』」『満洲映画』１９４０年7月号、77頁
89　「『風潮』撮影に着手」『満洲映画』１９４０年7月号、24頁
90　前掲書（坪井、１９８４）19頁
91　前掲書（奉天省、１９４１）55－57頁
92　「満洲映画『煙鬼』」『満洲映画』１９３９年7月号、64頁
93　「満洲映画『煙鬼』検閲料免除、封切成績良好」『満洲映画』１９４０年1月号、１２０頁
94　前掲書（「満洲映画『煙鬼』」１９３９）64－66頁／「煙鬼」『満洲映画』１９３９年6月号、73頁
95　任其懌『日本帝国主義対内蒙古的文化侵略活動』内蒙古大学蒙古学院博士論文、２００６年、78頁
96　川崎操『満洲ごよみ』満洲開拓社、１９４１年、61頁
97　図４－34は筆者が『満洲国の鉄道路線図（１９４５年）』に基づいて、廟会の位置を示す番号を入れて加工したものである。『満洲国の鉄道路線図（１９４５年）』は以下のリンクから引用した。https://ja.wikipedia.org/wiki/%E6%BA%80%E5%B7%9E%E5%9B%BD%E5%9B%BD%E6%9C%89%E9%89%84%E9%81%93#/media/%E3%83%95%E3%82%A1%E3%82%A4%E3%83%AB:Manchukuo_Railmap_jp.gif
98　「興安北省新巴爾虎左翼甘珠爾廟会状況報告」『内務資料月報』1（5）、１９３７年11月、51－52頁
99　横田誠治「蒙古の大平原に神秘の扉を開く　甘珠爾廟会ご市」『協和』１９３５年5月号、22頁
100　吉林省档案館、中共吉林省委党史研究室、東北淪陥十四年史総編室編『関東軍文件集』吉林大学出版社、１９９５年、３２１－３２３頁
101　読売新聞大阪社会部編『葛根廟』新風書房、１９９２年、17頁

102 「興安北省宣撫小委員会会議議事録」『宣撫月報』１９３８年２月号、１２６頁
103 前掲書（「興安北省宣撫小委員会会議議事録」１９３８）１２９頁
104 「ＪＡＣＡＲ（アジア歴史資料センター）Ref.B08061754900、各国年市関係雑件（E-2-8-0-9）（外務省外交史料館）」
105 本間猛「甘珠爾廟」『観光東亜』１９３９年８月号、21頁
106 興安北省「興安北省弘報事務報告」『宣撫月報』１９３９年10月号、28頁
107 興安南省公署「康徳六年度甘珠爾定期市調査報告」『宣撫月報』１９４０年１月号、69－71頁
108 田上東「葛根廟を見る」『観光東亜』１９３８年10月号、46頁
109 森田正義「喇嘛僧について」『亜細亜大観・蒙古点描』亜細亜写真大観社、１９３６年、２頁
110 興安南省公署「葛根廟秋季廟会工作実施計画」『宣撫月報』１９３９年10月号、64－65頁
111 『多倫・貝子並大板上廟会事情』南満洲鉄道鉄路総局文書課、１９３５年、１０５頁
112 「ＪＡＣＡＲ（アジア歴史資料センター）Ref.B03050344500、各国事情関係雑纂／支那ノ部／蒙古 第一巻（1-6-1-26_1_5_001）（外務省外交史料館）」
113 興安局・興安西省公署「康徳五年度大板上廟会行事及宣伝宣撫要領」『宣撫月報』１９３８年７月号、１８３－１８４頁
114 禁衛隊・青木国良「映画宣伝状況報告」『鉄心』１９３６年11月号、２０２－２０３頁
115 興安南省宣撫小委員会「興安南省に於ける第二期宣伝実施概況」『宣撫月報』１９３８年２月号、１２２頁
116 横田一路「蒙疆を行く」『観光東亜』１９４０年10月号、51頁
117 前掲書（「興安北省新巴爾虎左翼甘珠爾廟会状況報告」１９３７）55－56頁、67頁
118 ヴァルタア・ハイシヒ（楊井克巳訳）「興安蒙古における教育・衛生宣伝」『蒙古』１９４１年９月号、52－53頁
119 菊池杜夫「蒙古の文化運動——特に演劇について」『蒙古』１９４３年７月号、29－33頁
120 前掲書（「興安北省宣撫小委員会会議議事録」１９３８）１２７頁
121 中鶴鎮「募兵宣傳に關する私見」『鉄心』１９３６年11月号、１９２頁
122 興安北省長官房　土屋英一郎「興安北省康徳八年度弘報計畫樹立ご其経過」『宣撫月報』１９４１年９月号、63－64頁
123 具体的な先行研究は以下の通りである。任其懌の『日本帝国主義対内蒙古的文化侵略活動』（内蒙古大学蒙古学院博士論文、２００６年）／ Boyd, James. 2008. "Faith, race and strategy Japanese–Mongolian Relations 1873-1945." Doctoral dissertation, Department of Asian Studies, Murdoch University ／王中忱「『蒙疆』における深澤省三の美術活動」『アルテス

リベラレス（岩手大学人文社会科学部紀要）』（１０２）、２０１８年６月
124 Narangoa, Li. 2003. "Japanese Imperialism and Mongolian Buddhism 1932-1945." Critical Asian Studies 35[4]: 509
125 前掲書（「興安北省宣撫小委員会会議議事録」１９３８）１３２頁
126 前掲書（興安南省公署、１９３９）64－65頁
127 青木国良「映画宣伝状況報告」『鉄心』１９３６年11月号、２０５頁
128 前掲「ＪＡＣＡＲ（アジア歴史資料センター）Ref.B08061754900、各国年市関係雑件（E-2-8-0-9）（外務省外交史料館）」
129 前掲書（青木、１９３６）２０５頁
130 前掲書（土屋、１９４１）67頁
131 横田誠治「蒙古の大平原に神秘の扉を開く　甘珠爾廟会ご市」『協和』１９３５年５月号、23頁
132 前掲書（青木、１９３６）１９８－１９９頁、２０４頁
133 阿部武志『甘珠爾廟會定期市――バルガ流通機構の集中的形態として』（北經調査刊行書、第39號）南満洲鉄道株式会社北満経済調査所、１９３９年５月、１０３頁
134 坪井與「蒙古人ご映画」『宣撫月報』１９３９年１月号、１０４頁、１０７頁
135 「ＪＡＣＡＲ（アジア歴史資料センター）Ref.B08061755000、各国年市関係雑件（E-2-8-0-9）（外務省外交史料館）」
136 前掲書（浦城、１９３８）３６３頁、３７３頁／「第五章　喇嘛廟施療施薬班」普済会編『恩賜財団普済会施療班報告書　康徳３年』普済会、１９３７年、２９５頁
137 前掲書（浦城、１９３８）３６９頁、３８０－３８１頁
138 前掲書（浦城、１９３８）３７１頁／（「第五章　喇嘛廟施療施薬班」１９３７）２９６頁
139 これまで使用してきた廟会における宣撫活動に関する資料は主に１９３７年以降に弘報処と満鉄によって出版された宣撫活動実施側の資料である。１９３２年から１９３７年にかけて廟会における宣伝工作は順次に興安局、興安総署とのちの蒙政部を中心として行われていたが、それらの機関が主催した廟会の記録に関する資料が見当たらないため、本論は１９３７年以前のラマ教の廟会を十分に論じられなくなっている。また、満洲国成立以前の「蒙古地区」の廟会における宣伝活動に関する資料もいまだに見当たらない。
140 前掲「ＪＡＣＡＲ（アジア歴史資料センター）Ref.B08061755000、各国年市関係雑件（E-2-8-0-9）（外務省外交史料館）」
141 満洲国軍を宣伝する文化映画シリーズ「看啊！　國軍」（筆者訳／「ほら！国軍」）の第２巻である、１９３６年製作、製作会社

不明（常石史子「ロシア・ゴスフィルモフォンドの日本映画調査・収蔵完了報告」『NFCニュースレター第61号』2005年6月、東京国立近代美術館フィルムセンター、14頁）。満洲映画協会が設立された1937年まで、満洲国の各機関は自らの経費で日本本土の映画会社へ発注し宣伝映画を製作してもらった。1933年から満洲国治安部は「映画を利用する宣伝計画」を立てた。治安部は日本の松竹に依頼し満洲国題材の記録映画の製作を始めた（胡昶・古泉『満映——国策電影面面観』中華書局、1990年、20頁）。ここで、『興安軍官学校』の製作会社は松竹だと推測できる。

142 前掲書（坪井、1939）104頁、（阿部、1939）103頁

143 前掲「JACAR（アジア歴史資料センター）Ref.B08061755000、各国年市関係雑件（E-2-8-0-9）（外務省外交史料館）」

144 「のらくろ鬼中尉とミッキーマウス　芝居騒動」は玩具映画のフィルムである。芝居小屋へやってきたのらくろ鬼中尉が、観劇中にギャングに会う。突然現れたミッキーマウスとともにギャングと戦うという物語である。人気キャラクターを無理矢理共演させるストーリーは原作のディズニーと田河水泡とは無関係な偽物アニメである（太田米男・松本夏樹「玩具映画とフィルム・アーカイブについて」『芸術』（25）大阪芸術大学芸術研究所紀要、2002年、173頁）

145 「のらくろ一等兵」は10分15秒のアニメーション映画である。猛犬連隊のブル連隊長が乗った気球が敵対する山猿軍に捕えられてしまう。それを追ったのらくろは山猿軍に近づき、ビックリ箱で山猿軍を驚かせてブル連隊長を救い出し、気球に乗って2人は脱出するストーリーである。

146 佐々木睦「海を渡ったのらくろ——民国期児童雑誌における日本漫画の受容」『人文学報』首都大学東京人文科学研究科人文学報編集委員会、2016年3月、177－182頁

147 前掲書（坪井、1984）7頁

148 無記名「壮志燭天」『観光東亜』1938年4月号、92－93頁

▼章末資料

表4−3 娘々廟会で配布されたポスターやビラ

図番号	種類	制作者	図	文字情報
図4−4	ポスター	満洲国資政局弘法処		「娘娘的神徳無遍／滿洲國王道有光」（「娘々の神徳に偏りなし、満洲国の王道に光あり」）
図4−5	ビラ	満洲文化協会		現物を見つけておらず、裏にある説明文を判読できない

図番号	種類	制作者	図	文字情報
図4-6	ポスター	満洲文化協会		「娘娘廟會又到了。無論那一年、這個娘娘廟會總是人山人海的熱鬧。今年又有放花大會、若是運氣好、還能得到一筆大財喜。就是彩票。第一彩有一隻大豬、還有第二彩、更可以占你今年的鴻運如何。一文不費、又好玩、又得彩。還真是難逢的好機會啊。另外還計畫設救護會。有病用藥、一分錢也不要。善男信女、趕快來吧。中日文化協會」 (「娘々廟会がまた開催されます。どの年もたくさんの参詣客で賑わっています。今年は花火大会を再び開催します。運がよかったら、大金をもらえますよ。一等賞は豚です。二等賞に当たったら、今年の運勢を占ってさしあげます。無料で遊べて、プレゼントももらえるチャンスです。また、救護会を設営する予定です。診療と薬、全部無料。善男善女、奮ってお越しください。中日文化協會」)
図4-7	ビラ	満洲文化協会		「神霊〇〇/威顯應彰」 (「神霊〇〇、威が顕れ彰かに応があり」)

図4－8	ポスター	満洲国政府（部署不明）		「康徳元年四月十八日（陰暦）娘娘廟会 坦坦王道／浩浩皇恩」（「坦々たる王道、浩々たる皇恩」）
ほか①	ポスター	自治指導部		「王道政治！我們的光明來了」（「王道政治！我らの光が来た」）
ほか②	ポスター	満洲国政府（部署不明）		「娘娘的功徳宏大無遍／王道的恩恵普遍万民」（「娘々の功徳は宏大無辺、王道の恩恵は万民に行き渡る」）
ほか③	ポスター	満洲国政府（部署不明）		「廟會與王道／我滿洲帝国立国的根本、在於道徳、而道徳的源流、乃在王道、王道與、則忠孝的人多、善男善女、忠孝之人、皆国家之良民也、廟會之意義、在於導人為善、実為使國人歩入王道之〇……」（「廟会と王道／我々満州帝国の立国の根本は道徳にある。道徳の源流は王道にある。王道が盛んであることは、忠孝を尊ぶ人が多くなることである。善男善女や忠孝を尊ぶ人は、皆国家の良民である。廟会の意義は、人を善に導くことにあり、即ち国民を王道に導くことにある……」）

図4－4、図4－5、図4－6、図4－7は満洲経済事情案内所『満洲国の娘々廟会と其市場研究』（満洲文化協会、1933年（東京大学経済学図書館蔵））と『満蒙』1933年5月号（満洲文化協会（東京大学総合図書館蔵））からの出典である。図4－8は京都大学東南アジア地域研究研究所「満洲国ポスターデータベース」からの出典である。ほか①②③は高媛「観光・民俗・権力――近代満洲における『娘々祭』の変容」（『旅の文化研究所研究報告』（25）、2015年12月）の「表3 娘々像と娘々祭を図案にしたビラとポスター」からの引用である。図案については、ほか①「雲の上に立つ娘々像1体、鳩3羽」、ほか②「雲の上に立つ娘々像1体」、ほか③「娘々の頭像3体」という。

表4－4　娘々廟会における普済会のポスターと薬品袋

図番号	種類	図	文字情報
図4－11	ポスター（薬品袋の意匠）		恩賜薬品／「普救全民衆、済世頼仁慈。蒼天施雨露、生我是皇恩。／満洲帝国恩賜財団普済会奉旨製送」（恩賜の薬品／「すべての民衆を救い、仁慈で世を助ける。天から雨露の恵みを授け、我々を育てるのが皇恩である。／満洲帝国恩賜財団普済会が聖旨を奉じて製作発行を担う」）
図4－12	ポスター		「皇恩浩蕩／普救全民衆、済世頼仁慈。蒼天施雨露、生我是皇恩。／恩賜財団普済会施療班」（「浩蕩たる皇恩」／漢詩の内容が図4－11と同じ）

図4－13	図4－14
薬品袋	薬品袋

「欽賜薬品／普救全民衆，済世頼仁慈。蒼天施雨露，生我是皇恩。」（「欽賜の薬品」／漢詩の内容が図4－11と同じ）	「欽賜薬品／恩賜財団普済会」（「欽賜の薬品」）

図4－11の現物はハーバード大学燕京図書館満洲国コレクションに所蔵されている。図4－12、図4－13、図4－14は普済会編『恩賜財団普済会施療班報告書　康徳3年』（普済会、1937年）からの出典である。国立国会図書館蔵

表4－6　甘珠爾廟会と葛根廟会と大板上廟会の詳細について

番号	廟会	所在地	廟会縁日	歴史背景
①	甘珠爾廟会	「新巴爾虎左翼旗正黄白旗内に在りて満洲里を距る東南方、海拉爾の西南方約一七五粁、坦々たる自然道路の所々は日本軍に依り設けられたる井戸あるのみ、人家なく自動車にて六時間にて達する地点にある。」	廟会：旧暦八月六日より始まり十五日に終わる 定期市：八月一日より四日間	「一七八四年建立にかかり、清帝の聖旨を以て寿寧寺の名を賜ったものである。」「この廟会が数多いラマ教廟会の中でも全満一と称される盛大なものだけに、定期市も蒙古地帯唯一の交易市場。」
②	葛根廟会	「白温線鉄道の起点白城子から西へ五四粁二、同名の駅の北方約三粁の處に在る……汽車の便が頻繁にないので、仔細に見るためには此地に宿泊しなければならない。宿泊すべき旅館等の設備は外にないから廟僧に頼んで廟内に宿を借るのであるがこの場合は適宜御礼の喜捨をすれば好いことになってゐる。」	廟会：旧暦四月十五日及び七月十五日	「本名廣覚寺と称し、明代の創建だと傳へられるが清朝の対蒙古ラマ教政策により保護せられたものだと思はれる。」
③	大板上廟会	「大板上は……大巴林右翼旗公署所在地である……」	廟会：旧暦六月十五日より十日間 廟会市：六月十日より十日間	「大板上には東大板上西大板上の両廟あり、清朝乾隆年間に建立せられたるものにしてすでに二百星霜を経たる蒙古人信仰地である」「昭烏達盟十三旗を統轄する盟長の所在たる大板上薔福寺なる寺廟」「巴林右翼旗大板上廟会は興安北省新巴爾虎左翼旗の甘珠爾廟会と共に東部内蒙古に於ける最大の廟会」である。

出典：佐藤惣之助「葛根廟に就て（白温線）」『亜細亜大観』13編6回、65頁／中田又四郎「甘珠爾廟会と定期市」『新天地』18（11）、１９３８年、新天地社、69頁／「興安北省新巴爾虎左翼甘珠爾廟会状況報告」『内務資料月報』１（５）、１９３７年、51頁／「甘珠爾　定期市」満洲経済事情案内所『満洲国の娘娘廟会と其市場研究』満洲文化協会出版、１９３３年、33頁／矢田行蔵『満蒙の鼓動』興亜学舎出版部、１９３６年、１８８頁／興安局・興安西省公署「康徳五年度大板上廟会行事及宣伝宣撫要領」『宣撫月報』１９３８年７月号、１８３頁／『多倫・貝子並大板上廟会事情』南満洲鉄道鉄路総局文書課、１９３５年、１０５頁／以上に基づいて筆者が作成した。

終章

1930年代から終戦にかけての中国大陸は、複数の勢力による政治宣伝の激戦区といっても過言ではない。中国共産党、国民党および日本軍と日本軍支配下の傀儡《かいらい》国家満洲国政権は、異なる地域でそれぞれ宣伝活動を実施していた。多様なターゲットを説得しようと、宣伝活動の実施側は独自の体制と方法を構築した。なかでも、満洲国は日本本土から渡ったエリートと関東軍という日本人支配層がはじめて中国大陸の多民族を統治する実験場であった。当時の満洲国農村部の識字率は3割以下であり、各民族の言語も異なっていた。その現実を前に、帝国日本は自力で宣伝活動のあり方を模索していた。このような1930年代の満洲国政権による中国大陸農村部における宣伝活動は、単なるメディアによる政治宣伝のみならず、複数のメディアと活動を併用することによって、宣撫宣伝活動と呼ばれていた。宣撫活動では、帝国日本の宣伝やメディア戦略が意図的な情報伝達を基本目的とするのに対して、その受け手たる多文化多民族の非識字者がその情報をそのまま読み取ることができないという矛盾があった。その矛盾の解消に向けた方策を見いだすことが宣撫《せんぶ》活動では要請されていた。

こうした農村部における宣撫活動の実情については、従来の研究では見逃される傾向があった。そして、一般的な認識として、戦時期の宣撫活動と戦後の東アジアにおける宣伝活動との完全な断絶が強調された。この認識上の断絶は、ファシズムの性質を備える植民地宗主国の役割をすべて否定する思想傾向によってもたらされたものである。そのため、満洲国農村部における宣撫活動は長らく見落とされ、満洲国の統治政策の実施のあり方、満洲国時代に創出された植民地文化、そして戦後東アジアのイデオロギー対立のなかでの宣伝活動の歴史的な背景が十分に説明されてこなかった。また、宣撫活動は、帝国主義とファシズムの産物でありながら、満洲国農村部における実践を通して、現地の環境によって進化しながら、満洲国農村部に変容をもたらす役割も果たしていた。ファシズムと帝国主義の政治宣伝という枠組みのなかで、なぜ宣撫活動が娯楽や衛生啓蒙を必要不可欠なものとしたのか、なぜメディアの利用や活動は必ずほかの福利厚生的な活動やメディアの利用と組み合わされる形となったのか、そしてそもそも「宣撫」とは何であったのかについて、これまでの議論では十分な答えが出せないでいた。

本書は、１９３２年から１９４５年にかけて存続した満洲国農村部で実施された宣撫活動に焦点をあて、宣撫活動の概念の形成、発展、方法と実践例を分析することで、宣撫活動のあり方を新たに浮き彫りにし、13年間にわたって継続的かつ体系的に実施された宣撫活動がいったいいかなる変容を生み出してきたのか、多民族を統治するどのような経験と基盤を共産党にもたらしてきたのかを明らかにすることを目的としてきた。それは前述の問題意識によるものである。「宣撫」という言葉は、日本が中国で行った軍事行動の責任を自覚させるものであるがゆえに、１９７０年代から日本語の世界では死語となった。それと向き合い、見つめ直すことによって、満洲国の統治政策と現地社会のせめぎ合いを問い直すことができる。この終章では、その結果をまとめたい。第一節では、各章の内容をまとめ、宣撫活動の性格を明らかにしたうえ、本書の結論を述べる。第二節では、戦後の中国大陸の共産党政権と台湾に撤退した国民党政権が構築した新しい宣伝体制のなかにみられる宣撫活動との類似点から、戦後宣伝体制がどのように誕生し、変容していったのかという残された課題に言及する。第三節では、本書の意義と今後の課題について考える。

第一節　満洲国農村部における宣撫宣伝活動の展開

本書は、宣撫活動の遺産が戦後の東アジアの政権の統治体制の土台の一部として機能したという背景のなかに位置づけられるものである。それは、宣撫活動を通して、宣伝体制や技術や方法などに加え、その実施によってもたらされた現地社会の変容に戦後の統治体制との連続性を見ることができると考えたからである。その変容の様相を浮き彫りにするために、本書を宣撫の概念、歴史と基盤、方法と代表的な実践例で構成する。各章においてこれらの側面を分析することで、宣撫活動が実践と挫折を通して改善され、宣撫活動そのものが洗練されていったのみならず、現地社会の発展を促進したことが論じられる。以下、各章について、宣撫活動そのものと現地社会の変容の内実を明らかにしていく。

まず、第一章で論じたように、満洲国で宣伝理論関係の本が数多く図書館に流入したことを背景として、ヨーロッパの社会学理論、宣伝理論、宗教、歴史と文学を多用する『宣伝の研究』と、アメリカ社会学・心理学の分野で議論された豊富な宣伝理論を掲載している『宣撫月報』が誕生した。こうした欧米宣伝理論の輸入は、記者や作家出身の満洲国国務院総務庁情報処・弘報処官僚によって満洲国独自の宣伝文化を発展させる試みでもあった。かれらは特に『宣撫月報』を通じて、科学的かつ客観的に、「学問」として米国のコミュニケーション学などの宣伝理論を受容し、独自に発展させた。そこでは、群衆理論から満洲国の宣伝活動のターゲットを捉えようとしている。施物と国策宣伝を中心とする「建国型」宣撫活動が次第に農村部大衆の興味を引かなくなると、より多くの大衆に影響を与えるべく、まず個別のメディアのレベルで、娯楽と宣伝についての検討が始まった。これをきっかけとして、宣撫活動のターゲットが、単に消極的かつ感情的な「群衆」ではなく、民族的にも文化的にも階層的にも複雑な構成を持つものとして認識されるようになった。かれらは非識字率が高く、「民度が低い」と思われたため、宣撫活動の内容は、その理解を促進すべく、かれらの生活実態や現地文化に適合的になるよう工夫がほどこされた。このように宣撫活動は、農民たちが理解でき、楽しめる内容を製作し、農民たちが信頼できる現地の有力者を利用するようになってきた。同時に、中国戦場における宣撫官や日本の医学者や南満洲鉄道株式会社（以下、満鉄）の知識人などがそれぞれの立場から、現地文化への理解を訴えてきた。宣撫活動の土台は相手国の文化を理解することであり、現地の古来の伝統に沿う生活様式に基づいて、それを意図的に変化させるのではなく、自然にそれを利用し民衆を教化する必要を主張した。このように、満洲国の文脈において、「群衆」と見なされた現地人の階層性と教養、さらに占領社会建設を目指す宣撫活動の目的に基づいて、実施側は宣撫活動のなかの娯楽慰安の部分も重要視し始めた。このような宣撫活動における娯楽慰安が、口頭宣伝、ポスター、紙芝居、映画、施療施物という複数のメディアと活動を通して提供された。各種のメディアの製作、利用、活動にあたっては、娯楽性と宣伝性を組み合わせ、それによる補完効果が期待された。このようにメディア利用の面において、宣撫とは複数のメディアと活動の併用を指すものとなった。こうした宣撫の概念の形成と変容の経緯に見られるのは、欧米理論の吸収と現地の伝統文化や階層構造の維持という矛盾である。

こうした宣撫活動はなぜ現地社会の文化と階層を大きく変更しなくても継続できたのか、宣撫活動と現地社会の関係性がなぜ、どこから生まれたのか、いかなる制度の下で形成されていったかに関して、第二章で確認した。第二章では、宣伝と広告の面を内包する満鉄の弘報活動の一部として、満洲国宣撫活動の濫觴《らんしょう》とされた満鉄の慰安活動と鉄道愛護運動（以下、愛路運動）が発足した経緯を示した。１９２０年代から発足した満鉄の慰安列車の活動は植民地支配側と支配される側の従属関係ではなく、企業と社員の関係性に従う活動である。しかし、鉄路総局の慰安活動は、満鉄の慰安列車を土台として発展したものである一方、関東軍と満洲国政府に求められる国策宣伝の役割も果たすようになった。満鉄の慰安列車はすでに中間駅の日本人従業員のみならず、鉄道沿線部の現地住民向けに、かれらが喜ぶ廉価な商品や娯楽活動を想定し提供していた。鉄路総局の慰安活動では、娯楽活動と施設を利用し地方有力者の関係を深化させるように招待したり、鉄道愛護などの宣伝を行ったりしていた。こうした満鉄から鉄路総局にいたる慰安活動は、企業の福利厚生としての慰安活動から、政府寄りの「物心両面」の宣撫活動へ変容していったといえよう。一方、満鉄が主導した愛路運動では、満鉄側が「智的水準の低い民衆」として位置づけた現地の愛護団員と「友情」関係を築くことを重要視していた。こうして満鉄は愛路運動の宣撫活動において、特別に製作した愛路運動をテーマとしたメディアの利用、施療施物活動などといった慰安活動、講演や演芸などの実践を通じ、満鉄と現地住民の間に友情関係を創出しようとした。さらに、満鉄は日本と満洲国の一般国民向けに自社の弘報体制を活かし、日満の各種の公開出版物で紹介記事を掲載させたり、自ら書籍を出版したりしていた。他方で、満鉄宣撫班の経験から発展した関東軍の宣撫活動は、次第に現地文化と現地人との協力を重要視するようになった。満鉄の宣撫活動と関東軍による宣撫活動は、いずれも現地社会と文化に適応しようとした。現地社会と文化を重視しなければならないという宣撫活動の方針は、具体的に現地出身の多民族の宣伝員と弘報要員を中心とする人員的な制度、映画設備の輸入と国産化、宣伝自動車の開発などに見られる。満洲国農村部の宣撫活動の人員は、主に視覚メディアの使用と製作の技術や講演の方法を習得した現地出身の多民族の宣伝員と弘報要員である。さらに、満洲国の宣撫活動で応用された映画をめぐる設備は、最初米国から輸入された発電機技術と16ミリ映写機技術を中心としたが、戦争の展開によって、次第に大豆フィルムや満洲光音映写機などといった宣撫活動の特徴と満洲国独自の資源などに合わせる技術的な基盤が形成されていった。また、これらの映画機材を含める多種多様なメディアと設備を積載する宣伝自動車は、満洲国の各機関が複数のメーカーのトラックを改造して製造された。こうして第二章で論じた宣撫活動の制度化の過程のなかで、植民地における資本主義の発展の結果として、満鉄は社員向けの福利厚生の提供や、アメリカのＰＲ理論と近い鉄道沿線住民との「友情関係」の構築に取り組むようになった。これに加えて、ファシズムの侵略の一環である関東軍の宣撫活動も並行していた。つまり、宣撫活動の制度は資本主義とファシズムによって推進されることで発展していった。また、植民地開発政策により進んでいた満洲国国内の工業化は、宣撫活動専用のメディアを開発する技術も高めていた。こうした工業化の産物である映画設備は、国産だけでなく、米国から輸入されたものもあり、その操作方法を現地出身の宣撫活動の人員に教えていた。こうして、植民地近代化による満洲国におけるメディア技術の近代化も制度化されつつあった宣撫活動の土台となった。

このような宣撫活動の制度のなかで、宣撫活動でメディアを利用する方法とメディアの内容を創出する経緯について、第三章で明らかにした。まず、講演と映画の併用によって、宣撫活動で上映する映画の題材が次第に変容していった。１９４０年までの宣撫活動では、講演が地域性と教化性を強調するのとは対照的に、日本的なものを中心とする映画は外来性と娯楽性という性格を持っていた。このような宣撫活動の方法が失効しつつあったなか、講演は言葉遣いと内容面において次第に「愛情」と娯楽性を増加させるとともに、映画は教化的な満洲国関連の内容へ変容し始めた。満洲国独自の国策宣伝映画を製作することを目的とした満洲映画協会（以下、満映）は、農村部における宣撫活動の一環である巡回映写活動を展開した。このような実践を通して得られたフィードバックに基づいて、満映の映画政策方針は次第に満洲国の農民と農村生活を中心とするようになり、その表現方法もわかりやすくなった。一方、教化的な啓民映画の製作陣も現地化された。こうして、宣撫活動における講演が映画の内容に影響を与えた結果、両者が次第に同調するようになった。次に、宣撫活動における施療施薬と映画上映を組み合わせることによって、衛生映画が誕生した。施療班は、施療施薬活動と衛生知識を示す部分が現れる衛生映画を衛生知識の普及のために利用した。さらに、施療施薬とほかのメディアおよび映画、音楽、紙芝居などという複数のメディアと講演が、それぞれ共通のテーマを表現していた。１９４０年代からメディア製作側は、共通のテーマを基につくられる特定のメディアとほかの活動とメディアの内容の併用を議論しつつ、実践の面においてテーマ別の宣撫活動を行い始めた。１９４０年代以降、弘報処主導の宣撫活動では、メディアの内容の併用と相互連関が一つの方法として成立するようになった。第三章で論じたように、宣撫活動で使用された映画の内容は、講演と施療施薬に影響されることでその内容が変容した。それは、帝国主義のファシズムとそれにともなう衛生知識などといった啓蒙思想という矛盾が現地社会における統治政策の実践のなかで処理されたことを裏付けている。同時に、一つのテーマに基づく複数のメディアの内容の創出と併用による相互連関は、資本主義の大量複製技術によってもたらされた変化である。つまり、宣撫活動の方法は、帝国主義に内包されるファシズムと啓蒙思想という両面性の矛盾の解決および資本主義の発展による複製技術の応用によって形成された。

第四章では、人口が分散している満洲国の農村部で最も人が集合する娘々廟会《ニャンニャンミャオホイ》とラマ教廟会を宣撫活動の具体例として考察した。南満洲の娘々廟会では、満洲国政府が直接宣撫活動に関与し、漢族参詣者の国民意識の涵養や満洲国傀儡政権への支持獲得といった国策宣伝のみならず、観光誘致も行われていた。１９２０年代以降の満鉄の事業にみられるように、商業的な観光事業の宣伝のため、娘々廟会における宣撫活動は次第に商業主義と接合していった。しかし、満洲国建国後、満鉄主導の商業的な宣伝から国策宣伝重視の宣撫活動への転換が図られる。この転換により、宣伝方法も満鉄の宣伝に見られる図像と文字による印刷物から複数のメディアと活動の協働へと重点が移った。メディアと活動の協働のいまひとつの事例として、廟会における講演と映画の組み合わせによる、時局に関する宣伝があげられる。１９４０年の大石橋迷鎮山《ダーシーチアオミージェンシャン》娘々廟会の事例からは、講演内容を可視化する映画、講演をより納得させるための娯楽の提供としての映画という二つの手法が見いだせる。娘々廟会における宣撫活動では、メディアの内容の相互連関という側面も見いだせる。印刷メディアは、娘々廟会自体を記録するものとして、愛路運動の宣伝、施療施薬、伝統演劇などの宣撫活動とともに、娘々廟会の記録映画に収められた。そうした映像がさらに娘々廟会で上映されることで、宣撫活動のイメージそれ自体が宣伝道具となった。ここで、娘々廟会における宣撫活動のメディアは、それぞれに表象されるイメージが相互に交差しながら宣伝性を発揮することになる。

一方で、北満における蒙古族のラマ教廟会の事例からは、満洲国の宣撫活動の地理的な拡大による変容の一端が見える。1937年以前の廟会における宣撫活動は、主に娯楽慰安と募兵宣伝であったが、1937年からは中央諸機関や満鉄が運営を担い、臨時列車の運行や施療施薬におけるメディアの活用など、宣撫活動の形態が発展した。各機関は統一的な目的を共有するようになり、各種メディアの内容の特徴も変容していった。上映された映画は時局に合わせて選択され、ポスターや紙芝居など印刷メディアは現地の蒙古人知識人が関与して現地にふさわしい構成となっていった。こうした北満を中心とする蒙古地区での宣撫活動には、南満洲の娘々廟会におけるメディアの内容の相互連関は見られない。観光開発の欠如ゆえ、ラマ教廟会の記録映画には宣撫活動の様子はみられず、印刷メディアにも廟会自体を描くイメージは稀《まれ》であった。日本の劇映画やアニメーション映画などの視覚メディアの多用は、広大な草原に散在する蒙古人を集合させるためであった。廟会のために製作されたメディアではなく、蒙古文化に基づく啓蒙的かつ宣伝的なメディアが使用された。

以上で述べたように、農村部で新たな植民地文化を創出しようとした宣撫活動は、商業目的の観光開発と軍事目的のファシズムの宣伝を土台として発展したものである。南満洲の娘々廟会における宣撫活動は資本主義の大量複製によるメディアの相互連関という形式で行われた。それと対照して、北満における蒙古族のラマ教廟会の宣撫活動は、国境部の草原に散在する蒙古族を集めて単に軍事作戦の時局と政策の宣伝と啓蒙知識の伝達を目的として開発された。そこで使用されたメディアは、蒙古人を集合させる娯楽的なものと啓蒙知識や時局や政策を説明する宣伝的なものに二分された。こうして、満洲国農村部における宣撫活動によって創出されようとした新たな植民地文化は、地域と民族ごとに異なる、重層的かつ多様な構造をもつ。このような宣撫活動のなかで、植民地における商業主義の発展、啓蒙思想の伝播と帝国主義のファシズムの拡張が共存したことが見いだせる。

こうした検討の結果、本書は次のような結論を提示することができよう。

「宣撫」の本来の意味は海外の異民族の土地を占領し、かれらを教化することである。満洲国の文脈における「宣撫」は帝国日本の立場から、満洲国の各民族を自ら異民族として位置付けつつ、かれらの反抗を抑圧・誘導するために行われるものである。こうした各種の矛盾と相反する要素の相互作用によって、宣撫活動は帝国日本が満洲における勢力を拡張しようとする一つの方法として行われた。それは、ファシズムを土台に、現地の伝統文化と社会階層をそのまま維持したうえ、資本主義と工業化の発展と結びつけつつ、欧米よりの知識と技術の輸入、日本の文化、啓蒙思想の伝播および植民地主義と帝国主義の国策的な宣伝を行うものである。このような宣撫活動は、トランスナショナルな技術と知識を備えることで、多民族のターゲット向けに、多文化の内容を媒介する複数のメディアと活動を併用した。そして、このような重層的な構造をもつ宣撫活動は、一体成功したのだろうか。現存する資料のなかにも、宣撫活動に対する農村部大衆の反応についての記録が確認できないため、宣撫活動は成功したか、あるいは失敗したかを分析することができなかった。しかし、以下の2点から宣撫活動の効果を推測できよう。

まず、以上で考察したように、宣撫活動では、地方有力者や弘報要員などと呼ばれる中間層が上意下達という情報伝達の過程のなかで、日本人支配層と農民たちを仲介する役割を果たすことが期待されたとわかる。つまり、宣撫活動の効果は日本人支配層がいかなる程度で中間層と協力関係を築いていたかに大きく影響されるものだといえる。

そして、農村部で行われた宣撫活動の頻度を考えなければならない。農村部で映画の上映を見た劉氏のインタビュー[1]からは、映写班が村を1年間に1回しか訪れなかったため、国策宣伝の側面よりも、映画技術にもたらされた衝撃感と娯楽感のほうが印象的だったという。さらに１９４２年の満映の巡回映写の観客総数が当時満洲国の農民人口の８％しか占めていないことから、満映の映画上映の影響のおよぶ範囲が非常に限られていることがわかる。つまり、映画の上映という側面から、事実上農村部で行われた映画利用の宣撫活動の影響範囲は非常に限られていたと推測できる。

第二節　戦後の中国と宣撫宣伝活動

満洲国農村部で展開された宣撫活動は、同時代の中華民国政府機関や知識人の注意を引き、北京や上海で出版された雑誌で満洲国建国直後から紹介されていた。なかでも、『外交週報』１９３４年11月号と『新生週刊』１９３４年12月号は、満洲国農村部の保甲制度に基づく、現地人から構成される宣伝班の組織と規定について紹介した。特に宣伝員の資格、宣伝活動の場所、映画、幻灯、レコード、絵画などの宣伝道具、県宣伝班や憲兵隊や関東軍旅団司令部との連絡関係をまとめた。[2] さらに、農村部における映画の上映効果についても、次のように紹介している。

満洲国政府は自分が製作した宣伝映画を農村部の野外で無料上映し、農民観衆をできる限り集合している。現地のほとんどの人は映画を観たことがなく、好奇心に駆られたため、数多くの人は映画を見た。官僚たちはこの政策がすでに大成功を収めたと思っているようだ。[3]

このように、満洲国の宣撫活動は当時の中華民国のメディアに紹介されたことがあるとわかる。また、満鉄が派遣した宣撫官たちは、日中戦争中に華北、華中、華南などを占領した日本軍を支援し、宣撫班とその制度を立ち上げた。こうした満洲国の国境を越えた宣撫活動の影響力は、戦後の中国ひいては東アジアにおいて、断絶したのであろうか。戦後の新政権が満洲国の宣撫活動関係資料を参照したことを裏付けられる証拠は確認できないが、戦後まもなく誕生した宣伝活動の体制や実施方法や設備などに、満洲国との類似点を見いだすことができる。

中国共産党は、1950年以降ソ連の宣伝員制度を模倣し、東北地区で宣伝網制度を立ち上げた。特に1950年から朝鮮戦争に参戦した人民志願軍のための総動員のため、北京政府は東北地区における宣伝網と宣伝活動の実施を最も重要視した。1951年初旬になると、東北地区の宣伝網体制はすでに12万人以上の宣伝員を擁する中国最大規模となり、その実績も最も顕著であった(当時2番目の華北区は3万人の宣伝員を擁していた)。[4] ソ連の宣伝員制度は、1920年代から公式に発足したため、満洲国成立後の宣撫活動がそれを参照した可能性も考えられる。ここに、新中国東北地区の宣伝網が満洲国時代の宣撫活動から断絶によって構築されたのか、あるいは部分的に活用したのかという点が問題となる。

新中国の東北地区の宣伝工作は、豊富なメディア設備を用いて実施されたものである。国共内戦で東北地区全域を手に入れた共産党は、図5－1のような拡声器を設置した宣伝自動車を利用し、ハルビン市の隅々まで共産党の軍事作戦の勝利を告知した。都市部では、共産党は各映画館で映画上映の途中で一旦上映を止めて対国民党の軍事作戦の勝利を紹介する字幕付きの幻灯の画面をスクリーンに映していた。そのほか、新聞紙面でも同様の記事を掲載していた。[5] 農村部においては、共産党は農民向けの宣伝活動で報告、座談会、個別談話、新聞輪読会、幻灯、映画、演劇などさまざまな方法を採用し、農民たちの要求に合わせて、農産物の増産、農業生産に関する技術を宣伝した。[6] たとえば、牧畜獣医関係の科学知識を普及させるため、農林部宣教処は何人かの「旧藝人」を擁する宣教班を組織し、幻灯、映画、楽器、芝居、漫才などの方法によって、2万人近くの農民・牧民向けに育種と防疫の知識を説明した。農林部はこの宣伝方法について、「演出の形式は旧《ふる》いものだが、内容は完全に大衆が馴染んでいるものがゆえに、大衆が受け入れやす」く、「しかも、現地社会で起こった本当の出

図5-1　ハルビン市の街頭で走った宣伝自動車
（出典：呂向全「慶祝全東北解放的裝置擴音機的宣傳卡車駛至市府門前」『東北画報』東北画報社、1948年11月号、20）

来事に基づいて創作したネタのために、大衆に信頼されやすい」と評価した[7]。ここで共産党は藝人と演出の方法を「旧い」と形容しているが、その「旧」は共産党のイデオロギーにおいて中華人民共和国建国前のことを指す定型表現である。つまり、農林部が組織した宣教班とその人員は、1949年よりも前にすでに東北地区に存在した農村部向けの宣伝方法や技術的・人的基盤を活用していたとわかる。

新中国初期の東北地区の農村部で上映された映画は、主に先進的なソ連社会を紹介する映画と東北電影製片廠の新中国政権の合理性を宣伝する映画である。満映の人員と技術を引き継いだ東北電影製片廠は「循環放映隊」を設立し、農村部で巡回映写を行っていた。たとえば、森林部の労働者を慰安する場合、「民主東北」(東北電影製片廠、1947年)などの国共内戦の戦場の様子を記録した映画を上映した。このような映画に対して、林業生産の実情と労働者の様子を映画のなかに捉えてほしいという現地からの要望もあった[8]。東北電影製片廠は、映画のみならず、幻灯の巡回映写も行った。東北電影製片廠はこうした電気設備を備えていなかった農村部にふさわしい、蓄電池つきの幻灯機を1948年から製造し始めた[9]。このように、新中国初期の東北地区における宣伝工作の形式や設備や人員は、満洲国時代の宣撫活動と類似する部分が存在する。

このような宣撫活動と類似する宣伝工作は、1949年以降の中国東北地区だけでなく、国民党政府が統治した台湾の農村部でもみられる。林果顯《リングオシェン》氏の博士論文「1950年代反攻大陸宣伝体制的形成」(台湾国立政治大学歴史学系研究部、2009年)では、1950年代からの国民党政府の農村部向けの宣伝体制の形成が明らかにされている。国民党政府は国共内戦の反省として、中国大陸農村部の民心を失ったことと文芸による宣伝工作の失敗を重要な理由としてあげている。そして、同じ失敗を繰り返さないように、国民党は台湾の農村部における宣伝体制を構築する政策を立ち上げた。関東軍参謀部第四課と近い形で、国民党は中央委員会の下で台湾の大衆をターゲットとする宣伝業務を仕切る第四組を設立した。この第四組が主導し、数多くの知識人が宣伝理論に関する研究を始め、国民党の機関誌『宣伝週報』を創刊した。[10] これは現在台北の中国国民党文化伝播委員会党史館に所蔵されている。『宣伝週報』は満洲国の『宣撫月報』と非常に類似した性格を持つ、国民党内部の宣伝関係者向けの専門誌であり、1952年8月に創刊され、1960年9月に廃刊された。

台湾に逃亡した国民党の宣伝政策は、主に巡回宣伝箱、反共抗ソ宣伝列車、宣伝自動車と特殊な地区へ派遣される文化巡回工作隊によって実施されていた。巡回宣伝箱の中身は国旗、宣伝冊子、展覧用の写真、幻灯画、幻灯機、拡声器とラジオなどである。巡回宣伝箱による宣伝はおよそ以下のような手順で行われる。まず、昼に宣伝員が写真展覧会とラジオ放送を利用し大衆を引きつけ、講演を始めた。夜には幻灯上映が行われ、それに先立ち住民に「反共復国歌」とほかの反共抗ソの歌を教えた。写真展覧会のテーマと講演の内容は、類似のものである。[11] 1953年には、反共宣伝列車がつくられ、毎年1カ月にわたり台北から南下しまた台北へ戻る巡回宣伝工作を行った。列車と路線は日本植民地時代に製造されたものである。宣伝列車は2両編成、5両編成、6両編成の3種類がある。車体には、中華民国国旗である青天白日満地紅旗の三色「青白赤」で、「反共抗蘇宣伝列車」と書かれていた。車内には宣伝用の写真とスローガンが掲示され、写真や書籍や画報などを収納する本棚もある。幻灯機、ラジオ、拡声器、マイク、レコード、映画の映写機や診療の機材も用意された。[12]宣伝自動車は5台の自動車によって編成されたものである。装飾の方法は列車と同じく、青白赤の3色の車体に国旗と「反共抗蘇宣伝列車」という文字が掲げられた。宣伝自動車が実施した活動は、主に演劇、舞踊、映画と幻灯の上映、写真展覧、漫画とビラの配布、講演および施療施薬である。[13]文化巡回工作隊は、主に道路状況が悪かった山地地区や林業開発の現場と塩村や漁村などへ、原住民とその文化を活用することで、宣伝列車と自動車と同じような各種の宣伝活動を行っていた。

『宣伝週報』によれば、大陸で統治権を失った失敗に対する反省と日本植民地時代の工業施設の基盤に基づいて発展した国民党による農村部向けの宣伝活動の形式は、かつて中国大陸で同じ宣伝列車による宣伝活動が行われ、この宣伝方法が非常に効果的だと認識されたことによる。[14]

以上論じたように、戦後の新中国で中国共産党は、満洲国時代の設備と形式を活用し共産主義と社会主義のイデオロギーを宣伝していた可能性がないでもない。そこでは、ソ連の宣伝体制を模倣しその経験も参考にしつつ、[15]旧満洲国時代の宣撫活動の遺産に基づいて独自の宣伝制度、方法と技術的・人的な基盤をつくり上げたかもしれない。一方、中国国民党も国共内戦で台湾に逃れ、農村部の台湾人向けに、満洲国の宣撫活動と非常に近い体制と形式によって、三民主義と反共抗ソのイデオロギーを宣伝し始めた。満洲国の宣撫活動は、多民族多文化が集中する中国大陸と台湾の農村部に適合的な宣伝の方法と体制の先駆としての役割を果たしていたといえよう。

第三節　本書の意義と今後の課題

本書の学術的意義は、満洲国の宣撫活動を事例に、これまで十分解明されてこなかった満洲国における宣伝活動の独自性、関連性と多様性を浮かび上がらせたことである。第一に、これまでの研究は１９３０年代から終戦までの中国大陸における体系的な宣伝活動を主に中国共産党と中国国民党に主導されたものに絞って論じている。本書は、これらの研究が見逃している満洲国宣撫活動の存在に光を当てることで、１９３０年代から１９４０年代にかけての中国農村部で行われた宣伝活動に関する近代史研究の空白を埋める試みである。

第二に、これまでの先行研究では、日中戦争開始後に日本が占領した中国各地における宣撫活動の方法が満洲国側からの輸入であると指摘されているが、満洲国における宣撫活動のあり方についてまだ十分に解明されていない。本書は、初めて実証的な歴史研究として満洲国農村部の宣撫活動を解明した。これにより、主に都市部で展開した活字メディアによる華北・華中・華南農村部における宣撫活動と対照させ、それぞれの相違点も見いだすことができる。

第三に、これまでの研究は主に漢族中心の満洲国都市部における宣伝活動に注目し、農村向けの宣伝活動の独自性を見落としていたが、本書では満洲国農村部を対象とする宣伝の様相をはじめて明らかにし、そのメディア史や満洲国研究の空白を埋める意義もある。

第四に、従来の宣伝に関する研究が単一のメディアに限定していたのに対し、本書は施療施物や講演などを含む複数の活動の相乗効果から成り立たせる宣撫活動のあり方に注目することで、複数のメディアを含める「プロパガンダ」概念の意味を取り戻すものである。この点で、メディア研究にも「複数のメディア」を統合する視座を提供することができる。

しかし、本書は以下の三つの側面で顕著な限界をもつものである。

第一に、本書の一次資料はほとんどが宣撫活動を実施し、また体験した日本人によるものである。そのため、在満日本人エリートの立場からの視点に偏っている。農村部の多民族の大衆は字が読めず、自らの体験と感想を文字に残すことはできなかったため、かれら自身の体験を明らかにすることはできなかった。

第二に、農村部で宣撫活動を体験した存命の当事者との面会がきわめて難しく、文字による記録はもとより、インタビューの実施も叶わなかった。現存する満鉄・満洲国政府関係資料のなかにも、宣撫活動に対する農村部大衆の反応についての記録が確認できない。そのため、満洲国の宣撫活動の効果を分析することができなかった。

第三に、満洲国の宣撫活動は、満洲国独自の状況と関東軍の政策によって決められた。日本軍による華北・華中・華南占領地では、それぞれの政策に合わせて、満洲国とは異なる宣撫活動の手法がとられた。本書で考察した満洲国の宣撫活動は、あくまで同地に適合的なものであり、ほかの中国大陸の日本軍占領地の手本でこそあれ、同一のものとして論じることはできない。

いずれにしても、本書では満洲国の宣撫活動とその効果、さらに他の中国大陸の日本占領区における宣撫活動との相違点について、多様な立場から十分に解明できたわけではない。今後の課題として探求していきたい。

［注］

1 劉：1928年旧満洲国浜江省珠河県（現黒龍江省尚志市）生まれ。解放軍陸軍大尉を経て、元天津職業大学教師。インタビューは2016年9月8日に北京市内にて実施された。フルネームでの記載は避けてほしい要望があったため、本文で「劉氏」として記載している。

2 「一周来之東北（十一月二日至八日）——日偽利用宣伝班愚弄東北同胞」『外交週報』1934年11月号、外交月報社、18－20頁／「東北情報——麻酔東北人民的宣伝班」『新生週刊』1934年12月6日号、新生週刊社、5頁。『外交週報』は北京拠点の外交月報社が出版した雑誌であり、東北地区の時局、日中関係と国際関係を紹介するものである。『新生週刊』は上海拠点の新生社が出版した総合雑誌である。

3 「娯楽世界——東北電影事業——宣伝電影免費開映」『市政評論』1936年3月号、市政評論社、23頁。『市政評論』は北京で創刊された都市計画分野の関連理論と事例を紹介する雑誌である。

4 『党的宣伝工作文件選編（1949－1966）』中共中央党校出版社、1994年、64頁

5 「錦州各電影院　經常變換幻燈畫片内容 宣傳時事頗受群眾歡迎」『東北日報』1950年12月22日、2版

6 幼青「學習農村宣傳經驗」『東北日報』1953年12月15日、3版／「蛟河縣年來普遍建立通訊組黑板報讀報組」『東北日報』1949年2月14日、2版

7 「農林部幻燈宣傳組下郷 宣傳生産政策傳播科學技術」『東北日報』1951年8月23日、2版

8 「深入林區循環放映 鼓舞工友積極伐木」『東北日報』1949年2月14日、2版

9 「幻燈機　東影年産二千台」『東北日報』1949年7月21日、4版

10 任育徳「中国国民党宣伝決策核心與媒体的互動（1951－1961）」『国立政治大学歴史学報』第32期、国立政治大学歴史学系、2009年、221－262頁

11 林果顯『1950年代反攻大陸宣伝体制的形成』台湾国立政治大学歴史学系研究部博士論文、2009年、94頁（原出典／魏紹徵『宣伝技術之研究』国民党中央委員会第四組編、1957年、66－75頁）

12 前掲書（林、2009）97頁（原出典／『宣伝週報』1953年7月3日号、国民党中央委員会第四組編、5頁）

13 前掲書（林、2009）98頁（原出典／『宣伝週報』1953年9月11日号、国民党中央委員会第四組編、9頁／『宣伝週報』1953年12月4日号、国民党中央委員会第四組編、7頁）

14 前掲書（林、2009）96頁（原出典／『宣伝週報』1953年8月7日号、国民党中央委員会第四組編、10頁）

15 余敏玲『形塑「新人」——中共宣伝與蘇連経験』中央研究院近代史研究所、2015年

参考文献

・本書に関連する文献を、一次資料（資料集、書籍、新聞記事、雑誌記事、公文書、パンフレット、映像資料）と二次資料（書籍、論文）に大別して掲載する。一次資料と二次資料とも、さらに日本語、中国語、英語の文献に分けて提示する。
・配列について、日本語文献は編著者あるいは刊行機関の五十音順、中国語文献は中国語の音順、英語文献はアルファベット順に従う。さらに、一次資料の新聞記事は発行日順、公文書は番号順に従う。
・一次資料の資料集から参照したものすべてを記載すると膨大になるため、本文中の注釈にのみ記すという方法にした。

【一次資料】

(1) 資料集

①日本語

『恩賜財団　普済会施療班報告書　康徳3年』普済会、１９３７年
『恩賜財団普済会史』浦城満之助出版、１９３８年
『北窗』満鉄ハルビン図書館、１９３９年－１９４４年
『協和』満鉄社員会、１９２７年－１９４３年
『協和運動』緑蔭書房、１９９５年
『芸文』満洲芸文聯盟、１９４４年－１９４５年
『弘報内報』満鉄弘報課、１９４０年
『宣伝の研究』満洲国国務院総務庁弘報処、１９３５年
『宣撫月報』満洲国国務院総務庁弘報処、１９３７年－１９４５年
『鉄心』満洲国治安部参謀司第二課、１９３５年－１９３７年
『日本人物情報大系　満洲編』皓星社、１９９９年
『満洲映画』満洲映画発行所、１９３７年－１９４１年
『満洲芸文通信』満洲芸文聯盟、１９４３年
『満洲国出版目録』金沢文圃閣、２００８年

②中国語
『東北日報』中国共産党中央東北局、１９４５年－１９５４年
『関東軍文件集』吉林省档案館、中共吉林省委党史研究室、東北淪陥十四年史総編室編、吉林大学出版社、１９９５年
『旧満州東北地方文献聯合目録』大連市図書館社会科学参考部、黒竜江省図書館采編部、吉林大学出版社、１９９０年
『満洲交通史稿　第20巻』解学詩編、中国社会科学文献出版社、２０１２年
『同軌』鉄路総局（鉄道総局）、１９３４年－１９４３年
『宣伝週報』国民党中央委員会第四組、１９５２年－１９６０年
『中国館蔵満鉄資料聯合目録』満鉄資料編輯出版委員會、２００７年

(2) 書籍

①日本語
青木実『北方の歌』国民画報社、１９４２年
阿部武志『甘珠爾廟會定期市――バルガ流通機構の集中的形態として』南満洲鉄道株式会社北満経済調査所、１９３９年
大滝重直『満洲農村紀行』東亜開拓社、１９４２年
奥村義信『満洲娘々考』満洲事情案内所、１９４０年
小保内虎夫ほか『現代心理学　第７巻　国防心理学』河出書房、１９４１年
清水幾太郎『流言蜚語』日本評論社、１９３７年
津田秀夫『映画戦』朝日新聞社、１９４４年
鐵道總局附業局愛路課編『鉄道愛護運動の概要』鐵道總局附業局愛路課、１９３９年
鐵道總局附業局愛路課編『護れ愛路旗　愛路文芸集』鐵道總局附業局愛路課、１９３９年
長与善郎『満支このごろ』岡倉書房、１９３６年
南満洲鉄道株式会社『南満洲鉄道旅行案内』南満洲鉄道株式会社、１９２４年
南満洲鉄道鉄路総局文書課『多倫・貝子並大板上廟会事情』南満洲鉄道鉄路総局文書課、１９３５年
南満洲鉄道株式会社總裁室地方部残務整理委員會『満鉄附属地経営沿革全史　中巻』南満洲鉄道株式会社、１９３９年
南満洲鉄道鉄道総局編『国線鉄道愛護村概要並愛護村現勢』南満洲鉄道鉄道総局、１９３７年

日満交通新聞社『満洲自動車業視察報告座談会――満洲の自動車は何処に行く』聯合商事社出版部、1936年
浜田本悠『満洲国之宗教』天沼研究室、1934年
春山行夫『満洲の文化』大阪屋号書店、1943年
深瀬信千代『オロチョンの挽歌――満鉄厚生船終焉記』交栄印刷株式会社、1974年
細谷清『満蒙伝説集』満蒙社、1936年
松岡林造『興亜問題を語る』大日本愛国義団本部、1939年
満洲経済事情案内所『満洲国の娘々廟会と其市場研究』満洲文化協会、1933年
満洲国軍政部軍事調査部編『満洲共産匪の研究　第2輯』大安、1964年
満洲国実業部臨時産業調査局編『康徳元年度農村実態調査報告書』満洲国実業部臨時産業調査局、1937年
満洲帝国協和会中央本部開拓課編『満洲農民への理解』満洲帝国協和会中央本部、1940年
満洲評論社『満洲農村雑話』満洲評論社、1939年
三田了一『新秩序建設と宣撫工作』改造社、1940年
山田英吉『映画国策の前進』厚生閣、1940年
弓削靖『スミダちよだ陸軍保護六輪自動車取扱法』協同国産自動車株式会社、1936年

②中国語
国立東北大学『東北要覧』三台国立東北大学出版組、1944年

(3) 新聞記事

①日本語
『満洲日報』1928年6月3日、4面
『満洲日報』1935年5月18日、1版9面、
『満洲日日新聞』1936年6月2日、3面
『満洲日日新聞』1937年6月1日夕刊、1版3面
『満洲日日新聞』1942年5月19日、4面

②中国語
「吉林廟会誌盛」『盛京時報』１９２１年６月７日、５面
「大屯娘娘廟会本年盛大挙行」『盛京時報』１９３７年５月７日、７面
「薬王廟会之具体準備　宣伝建国精神招致観光遊客活動社会経済」『盛京時報』１９３７年５月28日、11面
「満映招開映画講習會各縣派員參加」『大同報』１９４０年２月15日、10面
「満映光音會社已在國都誕生」『大同報』１９４２年４月16日、６面
「大石橋娘娘廟会　省弘報股宣傳増産」『盛京時報』１９４３年５月19日、６面

（4）雑誌記事

①日本語
青木実「鉄道愛護運動の文献」『新京図書館月報』１９４０年９月号
青木萬平「大陸宣伝の体験」『宣傳』１９４３年６月号
浅見渊「満洲文学管見」『満洲文化記』国民画報社、１９４３年
甘粕正彦「決戦下の満映」出版物名不明，Makino Collection Box 682 Series 7.2、コロンビア大学東アジア図書館所蔵
甘粕正彦（談）「満人のために映画を作る」『映画旬報』１９４２年８月号
甘粕正彦「満人のために映画を作る」『映画旬報』１９４２年８月号
伊奈文夫「満洲蓄音機の特殊性」『観光満洲』１９４１年10月号
稲葉亨二「娘々廟会素描――大石橋」『日満女性』１９３３年４月１日号
今枝折夫「娘々祭點描」『満蒙』１９３０年６月号
ヴァルタア・ハイシヒ（楊井克巳訳）「興安蒙古における教育・衛生宣伝」『蒙古』１９４１年９月号
宇和田武「満洲農民生活考」『観光東亜』１９３９年７月号
岡田益吉「民族と宣伝　標語『撃ちてし止まむ』を中心に」『宣傳』１９４３年５月号
菊池杜夫「蒙古の文化運動――特に演劇について」『蒙古』１９４３年７月号
佐々木秀光「娘娘廟祭を観る」『旅』１９３１年５月号
主幹「日本光音興行を訪ふ」『科学画報』１９３７年３月号

田上東「葛根廟を見る」『観光東亜』1938年10月号
津村秀夫「大陸記録映画論」『観光満洲』1941年4月1日号
津村秀夫「芥川光蔵と『娘々廟会』」『映画旬報』56号、1942年8月号
『南満洲鉄道株式会社社報』3349、1918年5月12日
平本四郎「ホームライトに就て」『計器』1936年6月号
本間猛「甘珠爾廟」『観光東亜』1939年8月号
無記名「宣撫と修復」『北支画刊』第7号、1938年10月
無記名「小型映画関係会社紹介　日本光音興行株式会社」『文化映画』1939年11月号
無記名「菱美電気商会の披露宴」『ワット』1930年12月号
無記名「『啓民映画』検討座談会」『文化映画』1942年6月号
無記名「華北治安の宣伝自動車」『写真週報』1942年10月号
無記名「満鉄映画を語る」『キネマ旬報』(580)、1936年7月
無記名「外景隊拾零」『電影画報』1942年9月号、満洲雑誌社
無記名「興安北省新巴爾虎左翼甘珠爾廟会状況報告」『内務資料月報』1(5)、1937年11月
無記名「壮志燭天」『観光東亜』1938年4月号
無記名「回覧板」『満洲観光』1941年8月号
武藤富男(談)「満洲は世界一の映画国になる！」『映画旬報』1942年8月号
茂木久平「力強く再出発するのだ」出版物名不明、Makino Collection Box 682 Series 7.2、コロンビア大学東アジア図書館所蔵

②中国語
「東北情報——麻酔東北人民的宣伝班」『新生週刊』1934年12月6日号、新生週刊社、5頁
橐吾「演説学　上」『東北文化月報』1923年11月号
橐吾「演説学　下」『東北文化月報』1924年1月号
文則「廟会在満洲」『麒麟』1942年5月号、満洲雑誌社
「一周来之東北(十一月二日至八日)——日偽利用宣伝班愚弄東北同胞」『外交週報』1934年11月号、外交月報社、18-20頁

「娯楽世界――東北電影事業――宣伝電影免費開映」『市政評論』１９３６年３月号、市政評論社、23頁

（5）公文書

ＪＡＣＡＲ（アジア歴史資料センター）Ref.B03050344500、各国事情関係雑纂／支那ノ部／蒙古 第一巻（1-6-1-26_1_5_001）（外務省外交史料館）

ＪＡＣＡＲ（アジア歴史資料センター）Ref.B04012569900、本邦神社関係雑件／靖国神社関係 第一巻（I-2-2-0-2_1_001）（外務省外交史料館）

ＪＡＣＡＲ（アジア歴史資料センター）Ref.B08061754900、各国年市関係雑件（E-2-8-0-9）（外務省外交史料館）

ＪＡＣＡＲ（アジア歴史資料センター）Ref.B08061755000、各国年市関係雑件（E-2-8-0-9）（外務省外交史料館）

ＪＡＣＡＲ（アジア歴史資料センター）Ref.C01002797500、昭和７年「満密大日記14冊の内其６」（防衛省防衛研究所）

ＪＡＣＡＲ（アジア歴史資料センター）Ref.C01002848000、昭和８年「満密大日記 24冊の内其７」（防衛省防衛研究所）

ＪＡＣＡＲ（アジア歴史資料センター）Ref.C04011247400、昭和７・５・２～７・５・５「満受大日記（普）其１０１／２」（防衛省防衛研究所）

ＪＡＣＡＲ（アジア歴史資料センター）Ref.C04011560800、昭和８・４・13～８・４・26「満受大日記（普）其71／２」（防衛省防衛研究所）

ＪＡＣＡＲ（アジア歴史資料センター）Ref.C04011565100、昭和８・４・13～８・４・26「満受大日記（普）其72／２」（防衛省防衛研究所）

ＪＡＣＡＲ（アジア歴史資料センター）Ref.C04012102400、昭和10年「満受大日記（普）其31／２」（防衛省防衛研究所）

ＪＡＣＡＲ（アジア歴史資料センター）Ref.C12120174300、満洲帝国協和会史料　協和会史資料集　第２集　康徳７年７月（防衛省防衛研究所）

ＪＡＣＡＲ（アジア歴史資料センター）Ref.C12120178200、満洲帝国協和会史料　協和会史資料集　第４集　中央事務局新京移転前後（防衛省防衛研究所）

（6）パンフレット

『満洲映画協会案内』満洲映画協会、１９３８年７月号

（7）映像資料

『満州の記録――映像の証言』テンシャープ、1994年
『満洲アーカイブス――満鉄記録映画集［8］』ケーシーワークス、2005年

【二次資料】

（1）書籍

①日本語

青江舜二郎『大日本軍宣撫官――ある青春の記録』芙蓉書房、1970年
青山貴子『遊びと学びのメディア史――錦絵・幻燈・活動写真』東京大学出版会、2019年
赤上裕幸『ポスト活字の考古学――「活映」のメディア史1911－1958』柏書房、2013年
飯島渉『マラリアと帝国――植民地医学と東アジアの広域秩序』東京大学出版会、2005年
飯島渉『ペストと近代中国――衛生の「制度化」と社会変容』研文出版、2000年
猪狩誠也『日本の広報・PR100年――満鉄、高度成長そしてグローバル化社会』同友館、2015年
池川玲子『「帝国」の映画監督坂根田鶴子――『開拓の花嫁』・一九四三年・満映』吉川弘文館、2011年
内田洋一『風の演劇――評伝別役実』白水社、2018年
梅村卓『中国共産党のメディアとプロパガンダ――戦後満洲・東北地域の歴史的展開』御茶の水書房、2015年
梅村卓・大野太幹・泉谷陽子（編）『満洲の戦後――継承・再生・新生の地域史』勉誠出版、2018年
大島幹雄『満洲浪漫――長谷川濬が見た夢』藤原書店、2012年
加藤厚子『総動員体制と映画』新曜社、2003年
川崎賢子『もう一人の彼女――李香蘭／山口淑子／シャーリー・ヤマグチ』岩波書店、2019年
貴志俊彦『満洲国のビジュアル・メディア』吉川弘文館、2010年
貴志俊彦・松重充浩・松村史紀編『20世紀満洲歴史辞典』吉川弘文館、2012年
駒込武『植民地帝国日本の文化統合』岩波書店、1996年
佐藤卓己『大衆宣伝の神話――マルクスからヒトラーへのメディア史』ちくま学芸文庫、2014年＝1992年
佐藤卓己『ファシスト的公共性――総力戦体制のメディア学』岩波書店、2018年

参考文献

佐藤忠男『キネマと砲声――日中映画前史』リブロポート、１９８５年

佐藤忠男『日本のドキュメンタリー2 政治・社会編』岩波書店、２０１０年

柴崎菊雄『企業情報参謀学』ダイヤモンド社、１９８４年

白戸健一郎『満洲電信電話株式会社』創元社、２０１６年

沈潔『「満洲国」社会事業史』ミネルヴァ書房、１９９６年

隋藝『中国東北における共産党と基層民衆 １９４５－１９５１』創土社、２０１８年

代珂『満洲国のラジオ放送』論創社、２０２０年

高野麻子『指紋と近代――移動する身体の管理と統治の技法』みすず書房、２０１６年

高橋伸夫『党と農民――中国農民革命の再検討』研文出版、２００７年

塚瀬進『「日本人物情報大系 満洲編」解題』皓星社、１９９９年

塚瀬進『満洲国――「民族協和」の実像』吉川弘文館、１９９８年

津金沢聡廣・佐藤卓己編『広報・広告・プロパガンダ』ミネルヴァ書房、２００３年

坪井與『映画史研究「満洲映画協会の回想」』(19)、佐藤忠男・佐藤久子編集発行、１９８４年

鄭成『国共内戦期の中共・ソ連関係――旅順・大連地区を中心に』御茶の水書房、２０１２年

東京計器製造所『東京計器略史――65年の足跡』東京計器製造所、１９６１年

バラク・クシュナー『思想戦 大日本帝国のプロパガンダ』明石書店、２０１６年(=Kushner, Barak. 2006. The Thought War: Japanese Imperial Propaganda. University of Hawai'i Press)

峰毅『中国に継承された「満洲国」の産業――化学工業を中心にみた継承の実態』御茶の水書房、２００９年

松本俊郎『「満洲国」から新中国へ――鞍山鉄鋼業からみた中国東北の再編過程 １９４０－１９５４』名古屋大学出版会、２０００年

山口猛『幻のキネマ満映――甘粕正彦と活動屋群像』平凡社、１９８９年

山口猛『哀愁の満州映画――満州国に咲いた活動屋たちの世界』三天書房、２０００年

山本武利『「宣撫月報」解題・総目次・索引』不二出版、２００６年

山本武利『日本のインテリジェンス工作――陸軍中野学校、７３１部隊、小野寺信』新曜社、２０１６年

山本武利『解説――「宣撫月報」の性格』不二出版、２００６年

読売新聞大阪社会部編『葛根廟』新風書房、１９９２年
四方田犬彦編『李香蘭と東アジア』東京大学出版会、２００１年

②中国語

班耀東構成「娘娘廟会震関東」『営口港埠面観　営口文史資料第10輯』営口市文史資料研究委員会、１９９４年
『党的宣伝工作文件選編（１９４９－１９６６）』中共中央党校出版社、１９９４年
古市雅子『「満映」電影研究』九州出版社、２０１０年
胡昶・古泉『満映——国策電影面面観』中華書局、１９９０年（＝横地剛・間ふさ子訳『満映——国策映画の諸相』パンドラ、１９９９年）
冷錦繍『「満鉄」図書館研究』遼寧省人民出版社、２０１１年
李淑娟『日偽統治下的東北農村１９３１－１９４５』当代中国出版社、２００５年
王希亮『日本対中国東北的政治統治』黒竜江人民出版社、１９９１年
王向遠『「筆部隊」和侵華戦争——対日本侵華文学的研究与批判』北京師範大学出版社、１９９９年
魏紹徴『宣伝技術之研究』国民党中央委員会第四組編、１９５７年
余敏玲『形塑「新人」——中共宣伝與蘇連経験』中央研究院近代史研究所、２０１５年
張永夫「迷鎮山娘娘廟祭及〝五大聖会〟」『営口港埠面観　営口文史資料第７輯』営口市文史資料研究委員会、１９９０年

③英語

Barnes, Nicole Elizabeth. 2018. *Intimate Communities: Wartime Healthcare and the Birth of Modern China 1937-1945*. University of California Press
Ben-Canaan, Dan, Frank Grüner, and Ines Prodöhl. 2013. *Entangled Histories: The Transcultural Past of Northeast China*. Springer.
Brook, Thmothy. 2005. *Japanese Agents and Local Elites in Wartime China*. Harvard University Press.
Chiasson, Blaine R. 2010. *Administering the Colonizer: Manchuria's Russians under Chinese Rule 1918-29*. University of British Columbia Press.
Clausen, Soren, and Stig Thøgersen. 1995. *The Making of a Chinese City: History and Historiography in Harbin*. M.E. Sharpe.
Culver, Annika A. 2013. *Glorify the Empire: Japanese Avant-Garde Propaganda in Manchukuo*. University of British Columbia Press.

Culver, Annika A, and Norman Smith. 2019. *Manchukuo Perspectives: Transnational Approaches to Literary Production*. University of Hong Kong Press.

Denison, Edward, and Guangyu Ren. 2017. *Ultra-Modernism: Architecture and Modernity in Manchuria*. Hong Kong University Press.

DuBois, Thomas David. 2017. *Empire and the Meaning of Religion in Northeast Asia: Manchuria 1900–1945*. Cambridge University Press.

Duus, Peter, Ramon H Myers, and Mark R Peattie. 1989. *The Japanese Informal Empire in China 1895-1937*. Princeton University Press.

Feuchtwang, Stephan. 2001. *Popular Religion in China- The Imperial Metaphor*. Routledge.

Jones, Francis C. 1949. *Manchuria since 1931*. Royal Institute of International Affairs.

Merkel-Hess, Kate. 2016. *The Rural Modern: Reconstructing the Self and State in Republican China*. University of Chicago Press.

Perry, Elizabeth. 2012. *Anyuan-Mining China's Revolutionary Tradition*. University of California Press.

Rogaski, Ruthe. 2004. *Hygienic Modernity: Meanings of Health and Disease in Treaty-Port China*. University of California Press.

Smith, Norman. 2016. *Empire and Environment in the Making of Manchuria*. University of British Columbia Press.

Tamanoi, Mariko Asano. 2005. *Crossed histories: Manchuria in the Age of Empire*. University of Hawaii Press.（＝玉野井麻利子編『満洲―交錯する歴史』藤原書店、２００８年）

Thornber, Karen Laura. 2009. *Empire of Texts in Motion: Chinese, Korean, and Taiwanese Transculturations of Japanese Literature*. Harvard University Press.

Wolff, David. 1999. *To the Harbin Station: The Liberal Alternative in Russian Manchuria 1898–1914*. Stanford University Press.（＝ディビッド・ウルフ『ハルビン駅へ　日露中・交錯するロシア満洲の近代史』講談社、２０１４年）

Young, Louise. 1998. *Japan's Total Empire: Manchuria and the Culture of Wartime Imperialism*. University of California Press.

（2）論文

①日本語

石川研「満州国放送事業の展開――放送広告業務を中心に」『歴史と経済』47（１）、政治経済学・経済史学会、２００６年伊力娜『巡廻診療から見た「蒙疆」・「興安蒙古」における日本の医療政策』（博士論文）桃山学院大学大学院文学研究科、2007年
王中忱「『蒙疆』における深澤省三の美術活動」『アルテスリベラレス（岩手大学人文社会科学部紀要）』（102）、2018年
王楽「満洲映画の上映に関する考察——満洲国農村部の巡回映写活動を中心に」『情報学研究』（92）東京大学大学院情報学環紀要、2017年
小川真理生「『広報』は戦前に始まる」『日本の広報・PR史研究』日本広報学会・広報史研究会、2008年6月
川崎賢子「満洲文学とメディア——キーパーソン〈木崎龍〉で読むシステムと言説」『インテリジェンス』（4）、2004年
川崎賢子「『外地』の映画ネットワーク——一九三〇－四〇年代における朝鮮、満洲国、中国占領地域を中心に」『「帝国」日本の学知 第4巻 メディアのなかの「帝国」』岩波書店、2006年
川島真「『帝国』とラジオ——満州国において『政治を生活すること』」山本武利等編『「帝国」日本の学知 第4巻 メディアのなかの「帝国」』岩波書店、2006年
川島真「満洲国とラジオ」貴志俊彦・川島真・孫安石編『戦争・ラジオ・記憶』勉誠出版、2015年
魏舒林「〈満洲文学〉について——長谷川濬の作品を中心に」神戸大学博士論文、2013年
貴志俊彦「満洲国情報宣伝政策と記念行事」平野健一郎編『日中戦争期の中国における社会・文化の変容』東洋文庫、2007年
金誠「リットン調査団と満洲国建国記念連合大運動会——関東軍による宣伝・宣撫工作としてのスポーツ」『札幌大学総合論叢』（44）、札幌大学、2017年
剣持隆「満洲国の弘報・宣伝（プロパガンダ）——プロパガンダとパブリック・リレーションズのコトバ史」『経済広報』2013年8月号
高媛「観光・民俗・権力——近代満洲における『娘々祭』の変容」『旅の文化研究所研究報告』（25）、2015年
小関和宏「満鉄記録映画と『満洲』」岩本憲児編『映画と「大東亜共栄圏」』森話社、2004年
五島慶一「赤川武助「僕の戦場日記」論——手続きとしての『宣撫』」『三田國文』（43）、慶應義塾大学国文学研究室、2006年
財吉拉胡「日本占領期の内モンゴル西部における医療衛生の近代化」『アジア経済』2019年6月号、日本貿易振興機構アジア経済研究所
崔吉城「満州映画『虱はこわい』考」『アジア社会文化研究』2005年

財吉拉胡『帝国日本の対内モンゴル医療衛生事業の展開、１９００－１９４５』東京大学大学院総合文化研究科博士論文、２０１３年

佐々木睦「海を渡ったのらくろ――民国期児童雑誌における日本漫画の受容」『人文学報』首都大学東京人文科学研究科人文学報編集委員会、２０１６年

清水亮太郎「多声性の空間――満洲国における放送支配の展開」『早稲田政治公法研究』(96)、早稲田大学政治学研究科、２０１１年

清水亮太郎「満洲国統治機構における宣伝・宣撫工作」『戦史研究年報』第17号、防衛研究所、２０１４年

清水亮太郎「國民の創生――満洲国における映画支配の展開」『早稲田政治公法研究』第84号、早稲田大学大学院政治学研究科、２００７年

白戸健一郎「中国東北部における日本のメディア文化政策研究序説――満鉄弘報課の活動を中心に」『京都大学生涯教育学・図書館情報学研究』２０１０年

竹内実「特集　「戦後」批判の原点　ああ　大東亜共栄圏・宣撫の思想（上）」『新日本文学』27（10）、１９７２年

津田良樹・中島三千男・堀内寛晃・尚峰「旧満洲国『満鉄附属地神社』跡地調査からみた神社の様相」『年報人類文化研究のための非文字資料の体系化』２００７年３月号、神奈川大学21世紀ＣＯＥプログラム

難波功士「プロパガンディストたちの読書空間」『一九三〇年代のメディアと身体』青弓社、２００２年

南龍瑞「『満洲国』における満映の宣撫教化工作」『アジア経済』51（8）、日本貿易振興機構アジア経済研究所、２０１０年

橋本雄一「日本植民地の近代メディアはどうはたらいたか」安田浩・趙景達編『戦争の時代と社会――日露戦争と現代』青木書店、２００５年

深尾葉子・安冨歩「満洲の廟会――『満洲国』期を中心に」『アジア経済』45（5）、２００４年

太田米男・松本夏樹「玩具映画とフィルム・アーカイブについて」『芸術』(25)大阪芸術大学芸術研究所紀要、２００２年

龐涛『新中国映画、新中国文芸における「満映」の影響――朱文順、賈作光、王啓民を中心に』北海道大学博士論文、２０１４年

無記名「聞き書き 満映から『仁義なき戦い』まで――キャメラマン 吉田貞次」『ＦＢ――映画研究誌』(3)、１９９４年

モヤ・マリア・デ・ロス・アンヘレス「満鉄映画とは何だったのか」『満洲とは何だったのか』藤原書店、２００４年

山本武利「満洲における日本のラジオ戦略」『Intelligence』(4)、20世紀メディア研究所、２００４年

楊韜「小型映写機という戦争プロパガンダ装置」『移動するメディアとプロパガンダ』勉誠出版、２０２０年

劉春英「『満洲国』時代に刊行された日本語文学資料の保存と整理」『跨境——日本語文学研究』高麗大学校日本研究センター、２０１６年

劉文兵「歴史を映す歪んだ鏡のように——「啓民映画」に見る満洲国の表象」黒沢清、四方田犬彦、吉見俊哉、李鳳宇編『踏み越えるドキュメンタリー』岩波書店、２０１０年

②中国語

曹大臣「日本占領華中初期的基層控制模式——以太倉県為中心」『民国档案』２００４年1期、中国第二歴史档案館民国档案編輯部

陳乃良「『愚民与娯民』的電波——抗戦時期偽満地区的音楽広播研究」『音楽研究』２０１４年5月号、人民音楽出版社有限公司

林果顯『１９５０年代反攻大陸宣伝体制的形成』台湾国立政治大学歴史学系研究部博士論文、２００９年

林木『１９５０－１９５８年東北宣伝網研究』ハルビン工業大学マルクス主義学院中国近現代史基本問題研究専攻修士論文、２０１５年

劉文沛『新中国政府体制的建構与蘇聯因素（１９４９－１９５４）』復旦大学国際関係与公共事務学院中外　政治制度専攻博士論文、２０１３年

李鎮「満目山河空念遠　落花風雨更傷春——従『迎春花』試論〝満洲映画〟の複雑性」『電影芸術』２００８年第5期、中国電影家協会

逄増玉「植民政治与電影美学対中国形象的〝臆造〟——満映国策電影『黄河』的植民話語分析」『文芸争鳴』２０１４年第2期、吉林省文学芸術界聯合会

任其懌『日本帝国主義対内蒙古的文化侵略活動』内蒙古大学蒙古学院博士論文、２００６年

任育徳「中国国民党宣伝決策核心與媒体的互動（１９５１－１９６１）」『国立政治大学歴史学報』第32期、台湾国立政治大学歴史学系、２００９年

王萌「抗戦時期日本在中国淪陥区内的衛生工作——以同仁会為対象的考察」『近代史研究』２０１６年05期、中国社会科学院近代史研究所『近代史研究』雑誌社

王樊逸「唐代的戦争文学与戦争宣伝」『山東社会科学』２０１１年5期、山東社会科学雑誌社

王樊逸「宣諭・宣慰・宣撫——唐代戦争宣伝考論」『新聞春秋』２０１４年３月号、中国新聞史学会、
魏慶傑「日軍在東北的『討伐』与『宣撫』」『蘭台世界』２００１年１月号、遼寧省档案館

③英語

Boyd, James. 2008. "Faith, race and strategy Japanese–Mongolian Relations 1873–1945." Doctoral dissertation, Department of Asian Studies, Murdoch University

Brooks, Barbara J. 2005. "Reading the Japanese Colonial Archive: Gender and Bourgeois Civility in Korea and Manchuria to 1932." *In Gendering Modern Japanese History*, by Barbara Molony and Kathleen Uno. Harvard University Asia Center

Lahusen, Thomas. 2000. "Harbin and Manchuria: Place, Space, and Identity." *South Atlantic Quarterly* (Duke University Press) 99 (1)

Li, Jie. 2014. "Phantasmagoric Manchukuo: Documentaries Produced by the South Manchurian Railway Company, 1932-1940" *Positions: East Asia Cultures Critique* (Duke University Press) 22

Nagayama, Chikako. 2009. "Fantasy of Empire: Ri Kōran, Subject Positioning and The Cinematic Construction of Space." Doctoral dissertation, Department of Sociology and Equity Studies in Education, the University of Toronto

Narangoa, Li. 2003. "Japanese Imperialism and Mongolian Buddhism 1932-1945." *Critical Asian Studies* 35 [4]: 509

Pei, Ieoh Ming. 1940. "Standardized Propaganda Units for War Time and Peace Time China." Bachelor Thesis of Architecture, School of Architecture, Massachusetts Institute of Technology

Qiong, Xie Miya. 2017. "The Literary Territorialization of Manchuria: Rethinking National and Transnational Literature in East Asia." Doctoral dissertation, Graduate School of Arts & Sciences, Harvard University

あとがき

私は中国の黒龍江省《ヘイロンジャン》ハルビン市で四年間の大学生活を過ごした。ハルビンはロシアの雰囲気が漂う都市であり、多民族が集住するところでもある。そこでの大学時代の体験は、中国の他の地域と異なる旧満洲の独特な歴史に興味を持つようになった原点だと思う。そこで多民族の同期と李香蘭についての授業を履修したり、私の所属した日本語学科の創立者が旧満洲国の建国大学ロシア学科出身であると聞いたりした。そのため、まずはこの本の刊行を、留学を決意し自分の問題関心を追求する私を励ましてくださった大学時代の先生と同期に報告したい。

本書は、２０２１年度に東京大学大学院学際情報学府に提出した博士論文「満洲国農村部における宣撫宣伝活動のメディア史」を一般読者向けに加筆・修正したものである。本書を書き上げるにあたって多くの方々にお世話になった。丹羽美之先生、吉見俊哉先生、北田暁大先生、高媛先生、谷川建司先生に博士論文の審査をご担当いただいた。多くの貴重なご助言とご教示をいただき、先生方にも厚く感謝を申し上げる。

私は、２０１１年に中国の大学を卒業する前に、遠い日本にいる丹羽美之先生に外国人研究生として受け入れていただいた。これはまさしく奇跡だといまだに思う。それから修士課程、博士課程に進学し、10年間丹羽研究室に在籍し、華やかな20代を研究と勉学のなかで過ごした。丹羽先生は、日本での生活に馴染めずに、研究とは何かについてもよくわかっていなかった私を丁寧に教え導いてくださった。丹羽先生のおかげで、早くに博士論文の問題意識を見つけ、無事に博士課程を修了することができた。「千里の馬は常に有れども伯楽は常には有らず」。丹羽先生が指導を引き受けてくださったからこそ、今の私があるといえよう。心より深く感謝申し上げたい。そして吉見俊哉先生は、修士課程から私の副指導教員として、いつも心のなかで響き続ける質問を投げかけてくださった。私の研究における根本的な問題をいつもずばりと指摘してくださった。また、高媛先生は留学生の大先輩として、日本における中国出身の研究者の道についていろいろと教えてくださった。

さらに、吉田則昭先生は博士課程満期退学の私を客員研究員として引き受けてくださった。吉田先生のもとで、学位取得後の新しい研究方向性についていろいろとアドバイスをいただいた。日本語修正を担当していただいた松岡昌和さんにも心より深く感謝申し上げたい。日本語を修正してくださったとともに、細部にわたり文章の書き方や言葉遣いなどを指導してくださった。

映画研究関係のシンポジウムなどへの参加のチャンスを提供してくださった晏妮先生、邵迎建先生、韓燕麗先生のおかげで、世界中の中国映画研究者とつながることができた。映画研究は、私の今後の研究者としての道の、かけがえのない一部となっている。土屋礼子先生と中国東北部を横断した旅行は、私の博士課程における忘れられない記憶である。旅行中に土屋先生からメディア史と人生に関するご助言をたくさんいただいた。本書が少しでも先生方への恩返しになっていればと切に願う。また、本書で使用した映像の所在を紹介してくださった記録映画保存センターの村山英世さんと山内隆治さんにも感謝申し上げる。

同世代の友人たちの協力、温かい応援と激励なしには本書を書き上げることはできなかった。中国東北烈士紀念館の鄧祁さんは、いつも熱心に研究資料の紹介や現地での研究調査の協力をしてくださった。北京大学の石賢奎さんは、私の中国東北部における研究調査に2回同行してくださり、存命の満洲映画協会関係者を紹介してくださった。そして、ここではすべての人の名前を挙げきれないが、東京大学で出会った華京碩、傅夢翔、潘夢斐、陳之渝などの友人たちに心よりお礼申し上げたい。

現在、私は東北大学大学院情報科学研究科で特任助教として勤務しており、研究に専念できる職場に恵まれている。特に同研究科の坂田邦子先生からは本書の出版にあたり励ましをいただくなど、大変お世話になっている。ここに感謝の意を表したい。

本書の執筆にあたり、日本学術振興会科学研究費(特別研究員奨励費)17J08114、松下幸之助記念志財団研究助成19－G07、日本科学協会笹川科学研究助成2020－1012を受けた。審査・交付に関わっていただいたすべての方々に感謝申し上げる。

本書の刊行は、公益財団法人新聞通信調査会の出版補助をいただいている。貴重なご助言をくださった出版補助審査委員会と委員長の有山輝雄先生に深くお礼を申し上げたい。また、新聞通信調査会の西沢豊さん、倉沢章夫さん、石山永一郎さん、編集者の舟川修一さんと桑原奈穂子さんにも心よりお礼を申し上げる。

最後に、長い留学生活中、いつでも経済的かつ精神的に支えてくれて、自分の好きな道を自由に歩む環境をつくってくれた家族に本書を捧げたい。

２０２３年3月

王楽

【著者紹介】

王 楽（おう・らく／Wang Le）

東北大学大学院情報科学研究科特任助教

1988年中国山東省生まれ。2011年来日。2015年、東京大学大学院学際情報学府修士課程修了。日本学術振興会特別研究員（DC2）、早稲田大学現代政治経済研究所特別研究所員、東京大学大学院情報学環特任研究員、駒澤大学グローバル・メディア・スタディーズ学部非常勤講師、目白大学メディア学部客員研究員などを経て、2021年に東京大学大学院博士課程修了。博士（学際情報学）を取得。専門はメディア史、歴史社会学。本書の基になった博士論文「満洲国農村部における宣撫宣伝活動のメディア史」で第21回アジア太平洋研究賞佳作賞。

満洲国《まんしゅうこく》における宣撫活動《せんぶかつどう》のメディア史《し》
——満鉄《まんてつ》・関東軍《かんとうぐん》による農村部《のうそんぶ》多民族支配《たみんぞくしはい》のための文化的工作《ぶんかてきこうさく》

発行日　2023年3月31日
著　者　王　楽
発行者　西沢 豊
発行所　公益財団法人新聞通信調査会

〒100-0011 東京都千代田区内幸町 2-2-1
日本プレスセンタービル1階
電話 03-3593-1081（代表）
URL: https://www.chosakai.gr.jp/
ISBN978-4-907087-20-3　C3000
落丁・乱丁はお取り替えいたします。定価はカバーに表示してあります。

公益財団法人新聞通信調査会　2022年度出版補助対象書籍

編集：公益財団法人新聞通信調査会　倉沢章夫
編集協力：時事通信出版局
装幀・本文デザイン：キトミズデザイン
印刷・製本：太平印刷社